Leve, saudável, delicioso

Receitas de entradas, lanches, pratos principais e sobremesas

Diana Henry

PUBLIFOLHA

sumário

introdução

Pare em frente a qualquer banca de jornal e olhe as capas de revista. Conselhos sobre como comer – para combater o câncer, para perder peso, para ter uma pele maravilhosa – estão por toda parte. E um bom número deles é sobre o que você *não pode* comer. Mas, apesar de nos preocuparmos com alimentação e saúde o tempo todo, há claramente algo de muito errado com a dieta ocidental. As taxas de obesidade e diabetes tipo 2 estão subindo; doenças cardiovasculares e cânceres são comuns.

Nesse contexto, comecei a perceber que, em vez de receitas de bolo, meus amigos passaram a me pedir dicas sobre o que fazer com um bife de atum ou como cozinhar quinoa. Eles queriam comer de maneira mais saudável, usar mais legumes, perder um pouco de peso e reduzir o consumo de carne vermelha. Quando me contavam o que estavam cozinhando – tentando pensar em dezesseis coisas interessantes para fazer com peito de peru –, tudo soava muito rígido. Mais ou menos na mesma época, meu médico me dizia que eu precisava baixar a pressão arterial e perder um pouco de peso – e que talvez eu devesse repensar minha alimentação também.

Nem em sonho eu poderia dizer que minha dieta é "ruim". Eu não consumo refeições prontas nem fast-food, embora leve ocasionalmente uma comida indiana para casa. Os únicos alimentos processados na minha despensa são os tomates e feijões enlatados e, de vez em quando, um pacote de biscoitos. Mas adoro comer, e tenho alguns pontos fracos. Um deles é o açúcar, sobretudo em docinhos. Eu faria praticamente qualquer coisa por um croissant de amêndoa ou uma pequena tarte aux pommes às quatro horas da tarde. Também amo pão – uma baguete crocante, um brioche bem amanteigado e dourado –, além dos pães de grãos integrais mais saudáveis. (Posso ter nascido na Irlanda, mas sou claramente francesa. E carboidratos simples são as minhas *bêtes noires.*) Então, decidi explorar o que era de fato uma "dieta saudável" e inventar pratos que fossem tão, mas tão bons (e que *fizessem bem* também, mas que fossem antes de tudo deliciosos) que ninguém ficasse com a sensação de perder o melhor da festa.

O meu maior problema era pensar a comida em termos de "saudável" ou "não saudável". Não consigo encarar as refeições apenas como um conjunto de nutrientes. Elas são uma reunião colorida de alimentos – vários dos quais nós não compreendemos muito bem, em termos de resultados para a saúde – que deve ser, sobretudo, prazerosa. A palavra "saudável" gera sensações negativas em mim (e, de fato, refleti muito se deveria colocá-la na capa deste livro). Ela me faz pensar em uma comida triste, sem cor, e também me cheira a preciosismo. Enquanto eu estava na universidade, dividi casa por pouco tempo com uma garota que era a maníaca da comida "saudável". Ela só comia castanhas, sementes e pequenas tigelinhas com alface-americana. Era não apenas uma das pessoas com menos alegria de viver que eu já conheci, como também demasiado obcecada consigo mesma. (O jornalista norte-americano Michael Pollan usa o termo "ortorexia" para descrever um interesse avassalador e destrutivo pela comida saudável. Segundo ele, isso é um problema crescente nos Estados Unidos.)

Prefiro muito mais viver a vida ao máximo a pensar no meu corpo como um templo. Cerca de dez anos atrás, escrevi um livro sobre gastropubs para o qual esquadrinhei a Grã-Bretanha conhecendo grandes chefs e produtores de alimentos. A alegria e o cuidado com o qual tratavam a comida e seu trabalho era uma afirmação de vida tão notável que me inebriou todos os dias daquela jornada. Ficar preocupado se você está consumindo ômega-3 e vitamina B o suficiente ao comer me parece a postura contrária disso tudo – nervosa, perturbada.

Então estabeleci como meta duas condições que me agradavam. Em primeiro lugar, eu comeria comida "saudável por acaso" – primeiro, tinha de ser deliciosa, depois saudável. Em segundo lugar, eu praticaria um "comer cuidadoso" – descobriria quais gorduras eram boas, se deveria diminuir os queijos, se os grãos integrais eram a melhor opção para mim... portanto, refletiria sobre o que eu estava consumindo, mas nunca teria uma atitude passiva.

Minha alimentação já tinha mudado bastante, especialmente em comparação ao modo como eu comia vinte anos atrás. Havia muito mais legumes e grãos integrais, e quanto mais robustos, melhor. E eu não estava preparada para declarar qualquer coisa proibida. Comer é um dos grandes prazeres da vida, então eu não aconselharia ninguém a abandonar para sempre um bife ao molho béarnaise ou um gratin dauphinoise. Basta não comer com muita frequência (o que, aliás, você nem iria querer, porque eles são gordurosos, mesmo).

Quando comecei a montar listas de pratos "saudáveis por acaso", descobri que eles eram do tipo que eu gostaria de comer em qualquer ocasião. Minha preferência pela comida do Oriente Médio vem de muito tempo antes, e ela é uma ótima opção para começar, mas eu também enveredei pelas cozinhas do Japão, da Tailândia e do Vietnã.

Enquanto preparava pratos diferentes, passei também a ler sobre alimentação e saúde. Uma das coisas mais frustrantes para alguém que tenta comer de maneira "saudável" (e uma das razões pelas quais eu havia esnobado isso por tanto tempo) são as afirmações contraditórias, os "superalimentos", a desinformação. Li muitas coisas contraditórias, descobri que algumas "crenças" tinham mudado havia muito tempo (eu realmente achava que ovo era ruim para o colesterol, por exemplo, embora essa ideia já tivesse sido derrubada) e fiquei com raiva ao perceber o tanto que fomos enganados (informe-se sobre todas aquelas margarinas "saudáveis" com baixo teor de gordura que fomos estimulados a comer na década de 1970, elas eram muito piores do que a manteiga que deveriam substituir).

Como decidi qual conselho seguir? Com bom senso e com a minha própria experiência (há uma extensa bibliografia neste livro, se você quiser consultar). Até meus filhos participaram. Dizer a eles que tinham que reduzir o açúcar era uma coisa. Mostrar a eles um vídeo de Robert Lustig (norte--americano especialista em obesidade e ativista antiaçúcar) no YouTube era outra. Começaram a entender por que o açúcar não era bom para eles e por que, ao contrário do que tinham aprendido na escola (que parece colocar todos os carboidratos no mesmo saco), você não precisa daquela coisa branca para obter energia. Aprender mais sobre o açúcar e o impacto negativo que ele tem na nossa dieta e na saúde do *mundo inteiro* foi a pesquisa mais fascinante e chocante que eu já fiz. Os argumentos para demonstrar por que a contagem de calorias não funciona (eu deveria saber, pois tentei bastante) me convenceram também, e eu entendi aos poucos o pensamento atual sobre as gorduras e os fitoquímicos, compostos encontrados nas plantas que agem no nosso organismo.

Não estou interessada em "nutricionismo". Ver os alimentos apenas em termos de saúde – pelo que podem fazer por nós, e não pelo prazer que podem nos proporcionar, pura e simplesmente – aumenta a ansiedade e a pressão para comprar coisas de que não precisamos. Qualquer produto que tenha algum aditivo, eu dispenso. São os alimentos "funcionais", criados em fábricas e vendidos por marqueteiros para tirar proveito de nossas preocupações. (Não dá para colar um adesivo em um maço de cenoura, mas ele faz mais bem à saúde do que uma caixa de suco de cenoura com montes de "algo a mais" adicionados.) Fiquei contente ao descobrir que algumas das coisas que eu amo – como tomate assado – também fazem bem. (Eles contêm licopeno, o que parece proteger contra doenças cardiovasculares e câncer de mama.) Por fim, essa pesquisa me forneceu algumas respostas sobre o que era saudável (ou, pelo menos, sobre o que era provavelmente saudável, até onde *sabemos* de fato), além de uma série de pratos que eu realmente adorei.

O principal caminho a seguir para ter uma boa saúde é comer uma comida caseira adequada, limitar o consumo de qualquer alimento processado, ficar atento aos carboidratos simples (especialmente o açúcar), optar por grãos integrais em pelo menos algumas das refeições e aumentar a ingestão de legumes.

Nenhuma das receitas deste livro é "mal-humorada" ou punitiva (se fosse, eu não comeria). Há uma porção de azeite e de vegetais. Há um pouco de carne vermelha, mas não demais. Os peixes gordurosos aparecem bastante, assim como os grãos integrais. Há um pouco de açúcar: em bolos, sorvetes e outras sobremesas que fazem parte de menus muito saudáveis e que devem ser considerados pequenas indulgências, e não coisa de todo dia. Há também açúcar em alguns molhos, especialmente aqueles do sul da Ásia que dependem do equilíbrio dos sabores picante, ácido, doce e salgado. E eu acho isso tudo razoável. A questão não é o que você come em uma refeição, mas sim o que você come *como um todo*.

A princípio, eu pretendia montar um livro de receitas para os "dias úteis" da semana, assumindo que a maioria das pessoas tenderia a comer de forma menos saudável no sábado e no domingo. Mas depois deixei de enxergar essa distinção. A comida era tão boa que eu queria oferecer aos meus amigos quando eles viessem jantar, então também coloquei no livro alguns menus sazonais comemorativos.

Passei por uma transformação do meu paladar. Estou comendo melhor, me sinto melhor. Minha meta agora tem sido reduzir os carboidratos simples (que eu só como no fim de semana) e aumentar de modo significativo a variedade de legumes. Você pode usar o conhecimento contido neste livro e estabelecer para si um objetivo diferente. A maior surpresa para mim foi o quanto os amigos e os familiares gostaram da comida. Ela está cheia de sabores marcantes, como pimenta dedo-de-moça, gengibre e limão, o tipo de coisa que você deseja quando não está consumindo alimentos ricos em amido ou gordura. É comida que faz você se sentir revitalizado e cheio de energia. Privação não está no cardápio. Se você preparar os pratos deste livro, vai comer muito bem, ficar satisfeito e nem deve perceber que está comendo de maneira mais "saudável". Nenhum dos seus amigos, ao ser apresentado a qualquer um dos menus, vai achar que você virou o louco da comida saudável. Aqui você encontrará uma comida honesta, para pessoas que adoram comer. O fato de ela também *fazer bem* é um detalhe bem conveniente.

rice
fish

primavera

comer na primavera

Quando a primavera chega, nós nos sentimos como parte de algo maior. Sem tomar nenhuma decisão consciente, de repente desejamos um outro tipo de comida: mais verde, mais limpa, mais leve. Há espinafre, cebolinha e rabanete aos montes, mas também tenho vontade de limão, o qual, de um certo modo, tem um gosto mais "verde" do que o do limão--siciliano, além de hortelã, capim-santo, endro, gengibre e queijos de cabra marcantes.

A impaciência não vale a pena. É fácil se apressar até o verão e sair comprando pimentão vermelho... mas resista, e você vai comer uma comida mais interessante. Na primavera também nos sentimos atraídos por técnicas de cozimento diferentes. Eu sempre fico com vontade de escaldar, cozinhar no vapor, preparar espetos de carne grelhada com saladas bem grandes e molhos vibrantes. Ainda não é hora de montar a churrasqueira, mas sujar as mãos ao comer é tão libertador quanto a sensação do clima mais quente.

Esse tipo de cozinha exige mais cuidado e atenção do que os guisados e assados de inverno, que basta esquecer no forno, mas você está mais alerta na cozinha durante a primavera do que no fim do outono. Se der ouvidos ao que seu corpo parece pedir – uma comida leve e vibrante –, a escalada até o verão traz uma comida saborosa e saudável.

início da primavera

agrião
alho-poró
brócolis
brócolis japonês
cebolinha
cenoura
couve
couve-flor
espinafre
urtiga

abacaxi
kiwi
laranja
laranja vermelha
limão
maracujá
ruibarbo

camarão
linguado
mexilhão
peixe-cabra
salmão
solha
trilha

meados da primavera

alcachofra
alface
aspargo
batata-bolinha
rabanete
repolho
rúcula

azedinha
cebolinha
endro
manjericão

cordeiro

badejo
camarão
caranguejo
truta marinha

final da primavera

batata-bolinha
ervilha

cerefólio
estragão
hortelã
orégano

hadoque

salada persa

Geralmente não pensamos em colocar ervas na salada, a não ser que isso seja sugerido. Mas, no Oriente Médio, as ervas podem *ser* a salada. E essa salada persa é linda, embora dependa de folhas e flores da mais alta qualidade, além das ervas. Eu gosto das flores em tons de azul e branco, que ficam na mesma paleta de cores, mas veja o que você consegue obter. Claro que as flores não podem ter sido tratadas com produtos químicos. Use o rabanete rosa, e a salada vai ficar linda, desde que tudo esteja absolutamente radiante e fresco.

6 PORÇÕES

PARA A SALADA

12 rabanetes

½ pepino japonês (use ½ pepino comum se não encontrar)

75 g de folhas para salada (espinafre, agrião, rúcula e qualquer folha com caule avermelhado que você achar)

20 g de folhas de endro

25 g de folhas de hortelã

15 g de folhas de manjericão

15 g de folhas de salsa

flores e pétalas comestíveis

PARA O MOLHO

4 colheres (sopa) de azeite extravirgem

1 colher (sopa) de vinagre balsâmico branco

uma boa espremida de suco de limão-siciliano

sal e pimenta-do-reino moída na hora

Se a rama dos rabanetes estiver bem fresca, retire-a, lave e seque, pois ela também pode fazer parte da salada. Corte os rabanetes em quartos ou descasque-os – o que você achar que fica melhor. Descasque o pepino, retire as sementes e corte a polpa em pedaços.

Misture todos os ingredientes do molho e tempere bem.

Junte todos os ingredientes e sirva.

coalhada de cabra, mirtilo e agrião

É muito difícil encontrar coalhada de cabra – que tem o sabor de um queijo de cabra mais leve e cremoso, um "quase queijo" –, a menos que você conheça uma loja especializada. Mas ela é facílima de fazer, e também não precisa ser feita em um recipiente "próprio". Espalhe-a no pão e regue com azeite ou um pouco de mel de flor de laranjeira.

Essa salada fica deliciosa com um pouco de espelta (consulte a p. 224 para saber como cozinhá-la; você precisará de apenas 50 g, peso bruto). Misture-a com um pouco do molho e espalhe-a na tigela ou nos pratos antes de adicionar qualquer outra coisa. Você também vai precisar aumentar um pouco a quantidade de molho. O vinagre que eu uso para essa receita contém polpa de framboesa.

A receita da coalhada de cabra é de uma amiga querida, Xanthe Clay, que escreve sobre comida. Rende cerca de 175 g de coalhada.

4 PORÇÕES

PARA A COALHADA DE CABRA

1 litro de leite integral de cabra (pode ser pasteurizado)

1 colher (sopa) de coalho

2 colheres (sopa) de suco de limão-siciliano

sal

PARA O MOLHO

1 colher (sopa) de vinagre de framboesa

2 colheres (sopa) de óleo de avelã

2 colheres (sopa) de azeite extravirgem

½ colher (chá) de mel líquido (opcional)

pimenta-do-reino moída na hora

PARA A SALADA

100 g de agrião sem talos grossos

100 g de mirtilo

150 g de coalhada de cabra

20 g de pistache ou avelã ou amêndoa torrada, picados

15 g de microfolhas (amaranto vermelho fica bem vistoso, se você encontrar) ou brotos variados

Para fazer a coalhada de cabra, aqueça o leite a 25°C. Misture o coalho e o suco de limão, cubra e reserve por 1 hora.

Forre uma peneira com um pedaço de tecido fino (como gaze ou pano de algodão fino) e coloque sobre uma tigela. Coe a mistura no tecido. Junte as pontas para fazer uma trouxa e deixe-a pendurada para escorrer por algumas horas (use uma torneira sobre uma pia ou uma maçaneta de porta, onde o líquido do saco possa escorrer para uma tigela). A mistura deve ficar espessa, mas se você quiser que fique ainda mais, é só deixar escorrer por mais tempo.

Transfira a coalhada do pedaço de pano para uma tigela. Tempere com sal e misture delicadamente. Cubra e mantenha na geladeira.

Bata todos os ingredientes do molho com um garfo e adicione sal a gosto. Misture o agrião e o mirtilo no molho, depois transfira para uma tigela larga e rasa (ou disponha em pratos) e coloque um pouco de coalhada. Polvilhe a salada com as nozes e as microfolhas ou brotos (se for usar) e sirva.

outra ideia... Fatie 350 g de tomate-cereja (de cores variadas, se possível) e coloque em uma tigela com as folhas rasgadas de 1 maço de manjericão italiano. Regue com azeite extravirgem e suco de limão, tempere e espalhe 175 g de nacos de coalhada de cabra por cima. Isso também vai bem com farro cozido e temperado com azeite e limão (veja na p. 223; você vai precisar de 50 g, peso bruto). Rende quatro porções. A coalhada também fica deliciosa com frutas. Use-a no lugar da ricota na receita da p. 149.

menu de primavera luz do sol

salada de feta e laranja com amêndoa ao mel | frango persa ao açafrão e hortelã com cuscuz primavera | sorvete de iogurte grego e damasco

Mesmo podendo ser um pouco gordurosa e pesada, a comida de inverno tem lá suas vantagens. Mas é bem quando chega o finzinho do inverno e o início da primavera que eu começo a ter anseios por suculência, crocância e cor – desejando sobretudo verduras. Esse menu é um antídoto para toda a comida de inverno que ficou para trás. Queijo feta, mel e verduras radiantes, tudo grita "primavera"!

salada de feta e laranja com amêndoa ao mel

Frescor. É tudo o que você quer quando chega a primavera.

4 PORÇÕES COMO ENTRADA, 2 COMO REFEIÇÃO LEVE

PARA O MOLHO

1 colher (sopa) de vinagre de vinho branco

½ colher (sopa) de suco de laranja

sal e pimenta-do-reino moída na hora

5 colheres (sopa) de azeite extravirgem

cerca de ½ colher (chá) de mel líquido

folhas de 1 ramo de tomilho fresco

PARA A AMÊNDOA

½ colher (sopa) de azeite

50 g de amêndoa

1 colher (sopa) de mel líquido

⅛ de colher (chá) de páprica defumada

⅛ de colher (chá) de cominho em pó

PARA A SALADA

3 laranjas

1 bulbo de erva-doce pequeno

60 g de agrião

100 g de queijo feta, quebrado em pedacinhos

10 g de folhas de hortelã rasgadas

Faça o molho misturando bem todos os ingredientes. Prove para verificar o tempero e despeje em uma tigela larga e rasa.

Para fazer as amêndoas, aqueça o azeite em uma frigideira pequena e adicione as amêndoas. Frite-as em fogo médio, até torrarem – fique de olho para não deixar queimar –, depois adicione o mel e as especiarias e cozinhe até o mel borbulhar e quase caramelizar. Transfira as amêndoas com o mel quente para uma assadeira antiaderente ou sobre um pedaço de papel-manteiga. Deixe esfriar um pouco. Você pode picá-las um pouco ou deixá-las inteiras.

Corte uma rodela embaixo e em cima de cada laranja para ficarem com uma base reta. Com uma faca bem afiada, retire a casca e a pele branca de cada laranja, trabalhando ao redor da fruta, em tiras largas de cima a baixo. Corte as laranjas em rodelas e retire os caroços que encontrar. Reserve.

Limpe a erva-doce, reserve as folhinhas e retire as camadas exteriores mais duras. Corte o bulbo em quatro no sentido do comprimento (ou corte ao meio uma metade do bulbo) e retire o talo central. Fatie muito finamente (no fatiador é mais fácil) e jogue no molho. Pique as folhinhas que você reservou e adicione-as também. Descarte os talos de agrião muito duros.

Junte as laranjas, o agrião, o feta e a hortelã na tigela e misture com cuidado. Adicione as amêndoas e sirva imediatamente.

frango persa ao açafrão e hortelã com cuscuz primavera

Um prato bem bonito. Adapte o cuscuz de acordo com o que tiver (você pode até usar cereja fresca quando for época, em vez da seca). Ele só precisa ser fresco e verde, portanto coloque muitas ervas. Você também pode usar a marinada para um frango ou galeto inteiro em vez de sobrecoxas.

4 PORÇÕES

PARA O FRANGO

cerca de ¼ de colher (chá) de pistilos de açafrão

suco de 2 limões-sicilianos e raspas da casca de 1 limão

2 dentes de alho picados

2 pimentas dedo-de-moça pequenas, sem sementes e picadas

2 colheres (sopa) de azeite

folhas de 1 maço pequeno de hortelã

8 coxas de frango sem pele e desossadas

PARA O CUSCUZ

20 g de cereja desidratada ou cranberry desidratado

200 g de cuscuz integral

200 ml de caldo de galinha ou água fervente

2 colheres (sopa) de azeite

1 dente de alho amassado

suco de ½ limão e raspas da casca de 1

2 colheres (sopa) de azeite extravirgem

sal e pimenta-do-reino moída na hora

2 colheres (sopa), de cada, de folhas de salsa e hortelã picadas

2 cebolinhas bem picadas, a parte branca incluída

25 g de pistache picado

um punhado de brotos de trevo ou alfafa (ou outras folhinhas pequenas para salada)

PARA O MOLHO DE IOGURTE

200 g de iogurte natural de consistência firme

3 colheres (sopa) de azeite extravirgem

1 dente de alho pequeno ralado

microfolhas, como as de amaranto, ou 3 rabanetes cortados em palitinhos

Para o frango, coloque o açafrão e o suco de limão em uma panela pequena, aqueça lentamente e mexa para ajudar a dissolver os pistilos de açafrão. Retire do fogo e misture com as raspas de limão, o alho, a pimenta e o azeite. Rasgue as folhas de hortelã na panela. Coloque as coxas de frango em um prato grande e raso que não seja de metal e despeje a marinada por cima.

Vire-as para revesti-las por inteiro, cubra com filme de PVC e leve à geladeira para marinar. Deixe por cerca de 30 minutos.

Enquanto isso, despeje água fervente sobre as cerejas para o cuscuz; deixe hidratar por 30 minutos.

Polvilhe o cuscuz em uma tigela, regue com o caldo ou água e o azeite. Aguarde 15 minutos. Afofe com um garfo para separar os grãos, adicione o alho, o suco e as raspas de limão, o azeite extravirgem, o sal e a pimenta-do-reino. Acrescente as ervas, a cebolinha, o pistache, os brotos e as cerejas já escorridas.

Para fazer o molho de iogurte, misture o iogurte com o azeite extravirgem e o alho e coloque em uma tigelinha ou molheira. Polvilhe as microfolhas ou o rabanete cortado em palitinhos por cima.

Aqueça uma frigideira com grelha até ficar bem quente. Retire o frango da marinada e grelhe-o (faça em dois lotes se a grelha for pequena), virando com frequência. Espere dourar de cada lado. Certifique-se de que o frango está cozido (corte na parte inferior: o caldo deve sair transparente, sem nenhum traço rosado). Sirva com o cuscuz e o molho de iogurte.

sorvete de iogurte grego e damasco

É muito importante peneirar o purê de damasco, caso contrário você terá um sorvete com pedacinhos (porém não use uma peneira com uma malha muito fina, ou o purê não vai passar). Você também pode usar iogurte natural comum em vez de grego, só ficará um pouquinho mais azedo. (Não utilize iogurte desnatado, pois fica duro demais.) Mesmo nessa versão integral, é necessário tirar o sorvete do freezer e deixar perder um pouco o gelo antes de servir.

8 PORÇÕES (REDUZA AS QUANTIDADES PELA METADE, SE PREFERIR)

300 g de damasco turco

300 ml de suco de maçã

2 colheres (sopa) de açúcar demerara

400 g de iogurte grego

4 colheres (sopa) de crème fraîche (creme de leite misturado com um pouco de coalhada ou iogurte natural)*

2 colheres (sopa) de mel líquido

* Misture 1½ xícara de creme de leite fresco com ½ xícara de coalhada ou iogurte natural. Depois de misturar bem, coloque em um pote com tampa e deixe descansar em temperatura ambiente, em um lugar quentinho, por 24 horas, mexendo a cada 8 horas. Leve à geladeira por 12 horas e estará pronto. Dura até 1 semana sob refrigeração.

Coloque o damasco em uma panela com o suco de maçã e o açúcar e despeje 100 ml de água. Leve a fogo médio e deixe até quase ferver. Retire a panela do fogo e reserve durante a noite (vire as frutas de vez em quando para os dois lados ficarem bem encharcados).

Coloque os damascos e a mistura líquida em um processador de alimentos e bata até obter um purê. Você precisa dela o mais fino possível, então bata bem. Passe por uma peneira (com uma trama não muito estreita), apertando bem para obter o máximo possível da mistura. Não deve restar muita coisa na peneira.

Misture o purê de damasco com o iogurte, incorporando-o completamente, depois acrescente o crème fraîche. Prove a doçura.

Despeje em uma máquina de fazer sorvete e proceda de acordo com as instruções do fabricante. Enquanto ela está batendo, adicione o mel. Se você não possuir uma máquina de sorvete, despeje a mistura em um recipiente raso e largo próprio para o congelador e leve para congelar. Você precisa quebrar a massa – a maneira mais fácil é batê-la em um processador de alimentos – três ou quatro vezes durante o processo de congelamento, para que os cristais de gelo fiquem bem distribuídos, e o sorvete, macio. Adicione o mel na última vez em que bater a mistura.

existem calorias e *calorias*

A maioria das mulheres que conheço consegue recitar a quantidade de calorias de um copo de vinho branco, uma maçã ou um pacotinho de amendoim salgado. Eu mesma tomei a decisão – quando ainda era jovem e bobinha – de me "presentear" com um cigarrinho sem calorias em vez de tomar mais vinho ou comer outro punhado de amendoim.

Todos os que têm experiência em fazer dieta – isto é, a maioria de nós – comem números. A sabedoria geral diz: "Se comer, é melhor queimar, caso contrário vai armazenar". E, se você já fez dieta, se autocondenou, mesmo quando restringiu severamente as calorias e não conseguiu perder peso ("eu deveria ter feito mais uma hora na academia").

A batalha contra o nosso peso cada vez maior, tanto no Reino Unido quanto nos Estados Unidos (somos quase 13 kg mais pesados hoje do que éramos 30 anos atrás), foi travada segundo o princípio de "o que entra deve sair". Isso nos levou a acreditar que as pessoas com sobrepeso ou obesas são as únicas culpadas por isso; comem demais e não se exercitam o suficiente. Como acreditamos que todas as calorias são iguais, concluímos que 200 calorias de refrigerante e 200 calorias de peixe fazem a mesma coisa com o nosso peso. (Se você já decidiu pular o jantar porque sucumbiu a um pão doce às quatro da tarde, foi esse o seu raciocínio.)

Eu sei, por experiência própria, que o modelo "o que entra deve sair" não funciona. Tenho certeza de que poderíamos reunir algumas provas contra ele. Atualmente a pesquisa científica mostra que as calorias *não* são todas iguais. Nosso corpo trata os nutrientes presentes em alimentos como açúcar, batata e farinha branca – fonte de carboidratos simples ou pobres em fibras – diferentemente daqueles presentes em frutas, verduras, legumes e peixes. Carboidratos refinados geram picos tanto de glicose (um tipo de açúcar) no sangue quanto de insulina (um hormônio). Nosso corpo precisa de insulina, mas produzi-la demais, basicamente, pode nos fazer ganhar peso. A proteína também estimula a produção de insulina, mas em menor grau, e estimula um outro hormônio, o glucagon, que atenua os efeitos do ganho de peso que podem ser consequência da insulina em excesso. A gordura, ao que parece, não estimula a insulina.

A forma das calorias é muito importante. Os efeitos diferentes dos três macronutrientes – carboidratos, proteína e gordura – sobre os principais hormônios envolvidos no metabolismo resulta em potenciais de ganho de peso diferentes. Saber disso ajuda não apenas a perder peso, mas também – de forma ainda mais crucial – a manter um peso saudável depois de emagrecer.

Controlar o peso é ainda mais complicado pela questão da gordura. Desde a década de 1970 aprendemos que a gordura, especialmente a saturada, é ruim e causa doenças cardiovasculares. Dietas com baixo teor de gordura, margarinas com baixo teor de gordura... ficamos louco por elas. O resultado claro de comer menos gordura – e nós tivemos sucesso em reduzir a nossa ingestão de gordura – é que consumimos mais carboidratos, especialmente aqueles altamente processados e com baixo teor de fibras.

Há muitos estudos que acompanharam dietas diferentes – a mesma quantidade de calorias consumidas, mas em proporções diferentes de gorduras, carboidratos e proteínas –, e a maioria deles demonstra que dietas de baixa gordura não ajudam a perder peso (tampouco ajudam a prevenir doenças cardiovasculares) e que dietas com alta quantidade de proteínas e baixa quantidade de carboidrato (como a dieta Atkins) o fazem. Mas, como em toda dieta, você precisa entender a história inteira. Um dos trabalhos de pesquisa em dieta mais recentes foi realizado em 2012 por Cara Ebbeling e David Ludwig, do Hospital Infantil de Boston. Eles colocaram três grupos de pessoas em dieta com o objetivo de perder de 10% a 15% do peso.

Um grupo seguiu uma dieta-padrão com baixo teor de gordura: 60% de calorias provenientes de carboidratos (com ênfase em frutas, legumes e grãos integrais), 20% de proteína e 20% de gordura. Esse é o tipo de dieta que, ouvimos por aí, seria a melhor. O segundo grupo seguiu uma dieta com quantidade de carboidratos muito baixa (semelhante à Atkins), com 10% de calorias provenientes de carboidratos, 60% de gordura e 30% de proteína. A terceira dieta envolvia baixo índice glicêmico, com 40% de carboidratos (carboidratos complexos ou ricos em fibras como cereais integrais, feijões, frutas e legumes), 40% de gordura e 20% de proteína.

Os resultados foram claros. Aqueles na dieta do tipo Atkins, com baixo teor de carboidratos, queimaram 350 calorias a mais por dia do que os que seguiram a dieta-padrão com baixo teor de gordura. Os da dieta de baixo índice glicêmico queimaram 150 calorias a mais. Então é *realmente importante* saber de onde vêm as calorias. Ludwig concluiu que "a dieta com baixo teor de gordura, que tem sido a principal abordagem há mais de uma geração, é de fato a pior na maioria dos resultados". E isso é o que diz a Escola de Saúde Pública de Harvard: "Com o tempo, comer muito 'carboidrato pobre em fibras' pode aumentar o risco de doenças cardiovasculares e diabetes tanto quanto – ou até mais – do que comer muita gordura saturada".

Vamos dar uma olhada nos regimes pobres em carboidrato e ricos em gordura que funcionaram. Os discípulos das dietas do tipo Atkins são veementemente contra os carboidratos. Eles acreditam que mesmo os que são ricos em fibras (feijões e cereais integrais) devem ser mínimos (quando não excluídos). Argumentam, ainda, que, de uma perspectiva nutricional, carboidratos têm pouco valor e que todos os nutrientes de que você precisa podem ser encontrados em outras fontes. Não se preocupam com fibras, porque elas existem nos legumes. Não acreditam que carne ou uma alta ingestão de gordura possa fazer mal.

Mas, mesmo que estejam certos, o quadro é bem mais complexo; é preciso prestar atenção no que a dieta faz ao nosso corpo além de conseguir diminuir o peso. No mesmo estudo, os dados mostraram que uma dieta com baixo teor de carboidratos e alto teor de gordura resultou em problemas quando mantida por um período mais longo. Ela aumentou a quantidade do hormônio do estresse, o cortisol, e os níveis de uma coisa chamada proteína C-reativa, que é uma medida de inflamação crônica. Ludwig afirma que ambos são "fortemente ligados a problemas e mortalidade do coração a longo prazo". Assim, a dieta pobre em carboidratos (especialmente em carboidratos ricos em fibras), embora pareça a mais bem-sucedida na perda de peso, tem desvantagens a longo prazo.

Quem é a favor dos carboidratos apenas defende os carboidratos ricos em fibras, e não os carboidratos refinados ou amidos encontrados no açúcar, em refrigerantes, no pão branco e na batata (porque, afinal de contas, eles variam e muito!). As diferenças entre os carboidratos podem ser vistas no seu índice glicêmico (IG). O índice glicêmico é uma escala que marca – de 0 a 100 – a rapidez com a qual um alimento aumenta os níveis de açúcar no sangue. Quanto mais alto o IG, mais ele eleva os níveis de glicose no sangue. Uma abundância de carboidratos com alto IG (que você come em excesso em um prato de massa) provoca maior liberação de insulina, que vai transportar esses carboidratos para as células, onde eles podem ser armazenados. Alimentos com IG mais baixo (55 ou menos) não provocam uma resposta tão forte da insulina, então não resultam em depósitos de gordura como fazem os alimentos com IG alto (70 ou mais).

Dietas com alto teor de proteína e gordura e baixo teor de carboidratos funcionam de modo espetacular para a perda de peso (eu mesma as segui). Mas comer daquele jeito é algo difícil de manter. É caro, difícil de cortar as frutas (frutas contêm coisas boas, mas também são cheias de açúcar) e difícil de ficar longe dos cereais, do arroz, dos pães e dos feijões. Mesmo sem olhar a pesquisa sobre o que esse tipo de dieta pode fazer, não dá a sensação de que é saudável comer um monte de carne e gordura (não sou contra isso como uma maneira de perder bastante peso, mas você tem que mudar sua maneira de comer depois).

David Ludwig concluiu que a dieta de baixo índice glicêmico parecia funcionar melhor, porque não elimina toda uma classe de alimentos – você pode comer os carboidratos com um teor maior de fibras. Eu concordo com ele. Quando penso na minha infância – na década de 1970, antes da obsessão com gordura saturada –, lembro que minha mãe ficava de olho no peso do meu pai eliminando as batatas (e a sobremesa) do prato dele. Sabíamos que os alimentos doces e ricos em amido não faziam bem nenhum. De alguma forma, essa sabedoria se perdeu.

Eu queria saber o que acontece quando você restringe severamente as calorias (o tipo de dieta que eu fazia a torto e a direito). O Experimento Minnesota, realizado há mais de 60 anos, é uma das peças mais importantes de investigação nessa área. Ele selecionou 36 homens saudáveis e examinou o que acontecia com eles durante 56 semanas, primeiro comendo de maneira "regular", depois em uma dieta de baixo teor calórico (de quase inanição), em seguida por um período de comida "restrita" (a quantidade de calorias aumentava um pouco) e, finalmente, em uma fase sem restrições (na qual poderiam comer o que quisessem).

Os homens perderam de um quinto a um quarto do seu peso durante a fase de baixa caloria, mas o gasto de energia caiu quase 40%. Eles também ficaram deprimidos, exaustos, não conseguiam se concentrar e pensavam em comida sem parar. Talvez você tolere isso para perder peso. Mas aí é que está o xis da questão. Assim que os homens de Minnesota foram liberados para comer o que bem entendessem – sem restrições calóricas –, eles se empanturraram, muitas vezes ingerindo 4 mil calorias por dia. E, quanto mais peso eles tinham perdido durante a dieta, mais queriam comer. Os participantes terminaram com níveis de gordura 75% mais elevados do que quando começaram a dieta.

Quando cortamos severamente as calorias, nosso corpo luta, nosso peso se mantém. A nossa vontade de comer não é totalmente determinada pelo que está no estômago, mas também pelos hormônios, que dizem ao corpo quão bem abastecido ele está de gordura. A dieta convencional (contagem de calorias) pode ser não só ineficaz como também pior do que não fazer nada. *O que importa é de onde vêm as calorias.*

Esqueça a contagem de calorias, que só faz a sua vida mais penosa (ou faz você fumar). São os carboidratos refinados – e principalmente o açúcar – os verdadeiros inimigos.

aspargo à moda do vêneto

Esse prato soa muito simples, mas não é. Trata-se de um faça-você-mesmo que é um verdadeiro deleite de preparar na mesa. Você consegue sentir o cheiro do azeite assim que ele encosta no ovo quente e nos aspargos. Vá devagar com o vinagre, tempere com cuidado.

6 PORÇÕES

1,25 kg de aspargo fresco

6 ovos

azeite extravirgem de muito boa qualidade

sal e pimenta-do-reino moída na hora

vinagre de vinho tinto de boa qualidade

Quebre ou corte qualquer ponta fibrosa dos aspargos e coloque os ovos para ferver. Quando estiverem cozidos (cerca de 7 minutos a partir da fervura), escorra-os e mergulhe-os na água fria. Deixe esfriar um pouco, mas só até ficarem mornos o suficiente para manusear. Coloque-os em uma cesta de arame ou tigela forrada com um pano de prato, ajeitando o pano em volta dos ovos para mantê-los aquecidos.

Enquanto isso, em uma panela própria ou em uma panela alta e estreita, com tampa, cozinhe os aspargos, em pé, com a parte inferior em 5 cm de água e a parte de cima dos caules encostadas na lateral da panela. Depois de 4 a 6 minutos, os aspargos devem parecer levemente macios quando perfurados com a ponta de uma faca. Retire-os da água, seque-os rapidamente com um pano de prato, coloque-os em uma travessa, regue-os com azeite extravirgem e tempere-os com sal e pimenta-do-reino moída na hora.

Coloque a garrafa de azeite na mesa junto com o vinagre de vinho tinto e os temperos. Cada pessoa deve descascar e amassar seu ovo, acrescentando vinagre e azeite extravirgem – cerca de 1 colher (chá) de vinagre e 2 colheres (sopa) de azeite por pessoa é a medida certa.

mais uma opção... aspargo com camarão e endro Prepare e cozinhe 1,5 kg de aspargo da mesma forma que a descrita acima. Enquanto ele cozinha, derreta 75 g de manteiga em uma frigideira e aqueça 200 g de camarão cozido, sem casca e sem tripa (de preferência orgânico), em fogo baixo, com as folhas picadas de 6 ramos de endro. Divida os aspargos entre os pratos (ou sirva em uma travessa grande). Coloque alguns camarões com manteiga de endro sobre cada porção e tempere com sal e pimenta-do-reino moída na hora. Rende oito porções.

mimosa de aspargo

"Mimosa" é um termo aplicado aos pratos decorados com ovo cozido passado na peneira. Essa versão é um pouco mais rústica. Você pode fazer alho-poró da mesma forma (cozinhe-os até ficarem completamente macios; o tempo de cozimento depende da espessura do alho-poró).

6 PORÇÕES

2 colheres (sopa) de suco de limão, ou a gosto

uma pontinha de mostarda de Dijon

sal e pimenta-do-reino moída na hora

8 colheres (sopa) de azeite extravirgem, ou a gosto, mais um pouco para servir

1½ colher (sopa) de folhas de salsa bem picadas

1½ colher (sopa) de alcaparra enxaguada e picada

4 ovos

700 g de aspargo fresco

Faça o molho misturando o suco de limão, a mostarda, o sal e a pimenta-do-reino em uma xícara; acrescente o azeite extravirgem, batendo. Junte a salsa e a alcaparra e prove. Se sentir necessidade, acrescente um pouco mais de limão ou azeite.

Coloque os ovos na água fervente e cozinhe por 7 minutos, depois passe água fria sobre eles rapidamente. Apare a base de cada aspargo e retire a parte que parecer muito fibrosa. Ferva-os ou cozinhe-os no vapor, até ficarem macios (4-6 minutos).

Quando os ovos estiverem frios o suficiente para manusear, mas ainda mornos, retire rapidamente a casca e pique as gemas com as claras.

Assim que o aspargo estiver cozido, escorra e divida entre seis pratos. Tempere com sal e pimenta-do-reino moída na hora e regue com o molho, depois coloque o ovo picado sobre os aspargos. Regue com um pouco mais de azeite extravirgem e sirva.

outras opções... Dê uma olhada nas ideias de brócolis na p. 49; aspargos podem ser usados da mesma forma. Experimente também com o pesto de agrião (p. 282) – basta colocar uma colherada por cima – e cubra com um ovo pochê. Fica fantástico.

ovo quente com antepastos

Um prato de almoço fácil e esplêndido, cuja montagem fica a cargo de cada comensal. Coloque o porta-ovo no meio de um prato e, em volta, uma variedade de comidinhas caseiras e compradas prontas. Você pode enriquecer a seleção abaixo com aspargo cozido, beterraba assada, peixe defumado, camarão... o que quiser. A ideia é comer o ovo quente junto com os antepastos.

8 PORÇÕES

PARA O MOLHO

1 colher (sopa) de vinagre de vinho branco

1 colher (chá) de mostarda de Dijon

4 colheres (sopa) de azeite extravirgem

uma pitada de açúcar

sal e pimenta-do-reino moída na hora

PARA A SALADA DE LENTILHA

225 g de lentilha de puy ou comum

½ cebola pequena muito bem picada

½ talo de aipo muito bem picado

2 colheres (sopa) de azeite

2 colheres (sopa) de folhas de salsa muito bem picadas

½ cebola roxa pequena cortada em fatias muito finas

PARA OS BRÓCOLIS

250 g de brócolis japonês

50 g de aliche

1½ colher (sopa) de azeite extravirgem, mais um pouco para servir

2 dentes de alho cortado em fatias finas

suco de ½ limão-siciliano

uma boa pitada de pimenta-calabresa

PARA A SALADA DE RABANETE

1 maço de rabanete bicolor (ou rosa)

2 colheres (chá) de alcaparra lavada e escorrida

1 dente de alho pequeno bem picado

2 cebolinhas bem picadas, a parte branca incluída

folhas de 4 ramos de hortelã

1 colher (sopa) de suco de limão-siciliano

2 colheres (sopa) de azeite extravirgem

um punhado de microfolhas ou brotos variados (opcional)

salada de lentilha

Faça o molho batendo todos os ingredientes. Lave as lentilhas, cubra-as com água fria, leve à fervura e cozinhe até ficarem macias, mas sem perder a forma (15-30 minutos, dependendo do tempo de colheita).

Enquanto isso, refogue levemente a cebola e o aipo no azeite, até ficar tudo macio, mas sem corar. Escorra as lentilhas, adicione-as à mistura de cebola e mexa para mesclar bem os sabores. Acrescente o molho e a salsa e tempere muito bem, depois misture a cebola roxa delicadamente.

brócolis com aliche

Depois de limpar os talos, cozinhe os brócolis no vapor, até ficarem macios – isso levará 4-5 minutos.

Escorra o aliche e aqueça lentamente o azeite extravirgem em uma frigideira pequena. Adicione o alho e a pimenta-calabresa e cozinhe por alguns minutos, até o alho ficar com um tom dourado bem claro. Junte o aliche e aperte-o com as costas de uma colher de pau para esmagá-lo; o calor do azeite fará com que ele se dissolva no molho. Misture nos brócolis quentes, acrescentando o suco de limão e a pimenta-do-reino moída na hora. Sirva com mais um fiozinho de azeite extravirgem por cima.

salada de rabanete e alcaparra

Limpe os rabanetes e corte-os em fatias muito finas no sentido do comprimento (com um fatiador é mais fácil). (Se usar rabanetes rosa, corte-os na largura.) Misture com todos os outros ingredientes e prove o tempero.

sopa sedosa de tofu, camarão e cebolinha

Talvez você pense que não gosta de tofu, mas que tal dar uma chance a esse ingrediente? Comece as apresentações com uma sopa leve, uma boa opção, pois o tofu adquire o sabor do caldo e derrete na boca.

4 PORÇÕES

1,2 litro de um bom caldo de galinha ou de peixe

3 cm de gengibre descascado e fatiado

4 cebolinhas, a parte branca incluída

2 dentes de alho picados

um punhado pequeno de folhas e talos de coentro

350 g de camarão cinza cru, descascado e sem as vísceras (de preferência orgânico)

160 g de tofu cortado em cubos

sal e pimenta-do-reino moída na hora

suco de 1 limão, ou mais, a gosto

10 g de cebolinha-francesa picada

2 colheres (sopa) de folhas de coentro picadas

Coloque o caldo em uma panela com o gengibre. Fatie as cebolinhas na diagonal, bem fino, e separe a parte verde da branca. Reserve os pedaços verdes. Triture a parte branca em um pilão junto com o alho. Adicione ao caldo junto com o coentro. Leve o caldo à fervura, reduza o fogo e cozinhe por cerca de 30 minutos. Se tiver tempo, deixe o caldo assentar para apurar os sabores. Coe.

Volte o caldo à fervura, depois reduza o fogo. Adicione o camarão, o tofu e os temperos e deixe borbulhar por 1 minuto, depois esprema o suco de limão e verifique o tempero. Sirva em cumbucas de sopa, dividindo a cebolinha e o coentro entre cada uma. Essa sopa não fica muito boa quando reaquecida – perde muito do frescor, e o tofu deixa o caldo turvo. Prefira consumi-la logo depois de preparada.

para um toque diferente... No lugar do camarão, essa sopa pode levar vieiras pequenas – corte-as ao meio na horizontal – ou cubos de salmão. Ou experimente frango cozido desfiado. Se não quiser carne nenhuma, use vagem e aspargos: cozinhe-os no caldo o tempo necessário para ficarem macios, depois adicione o tofu e cozinhe por mais 1 minuto.

canja peruana

A canja de galinha existe no mundo inteiro, e essa versão peruana é mais frequentemente consumida no café da manhã. Os peruanos incluem macarrão, além da batata, mas eu não gostei da dupla de amido. Você pode substituir a batata por quinoa, que é mais saudável e, como grão sul-americano, parece totalmente compatível. Basta preparar a quinoa como na p. 224 e colocá-la na sopa, ou servir como acompanhamento. O abacate não está na receita original, mas combina muito bem.

8 PORÇÕES

1 frango com 2,25 kg

2 alhos-porós picados

2 talos de aipo picados

2 cenouras picadas

4 cm de gengibre descascado e fatiado

1 cabeça de alho, os dentes cortados ao meio na horizontal

8 batatas (descascadas ou não, como você preferir)

6 ovos

1 maço pequeno de coentro, as folhas picadas

4 cebolinhas picadas, a parte branca incluída

2 pimentas dedo-de-moça pequenas, sem sementes e cortadas em fatias finas

suco de 1-2 limões, a gosto, mais alguns gomos de limão para servir

fatias de abacate temperadas com limão espremido em cima, para servir

Coloque o frango em uma panela grande com o alho-poró, o aipo, a cenoura, o gengibre e o alho. Cubra completamente com água e leve à fervura. Reduza imediatamente o fogo, deixe fervendo em fogo brando e cozinhe por cerca de 3 horas, retirando as impurezas e a gordura da superfície de vez em quando. O frango deve ficar macio, e o caldo, dourado.

Transfira a carne cuidadosamente para uma travessa e coe o caldo. Retire a gordura da superfície (você pode jogar um punhado de cubos de gelo no caldo, o que fará a gordura subir). Prove e reduza o caldo com mais fervura se quiser um sabor mais forte.

Coloque as batatas no caldo e cozinhe por cerca de 25 minutos, até ficarem macias. Ferva os ovos por 7 minutos, depois cubra-os com água fria e descasque-os quando estiverem frios o suficiente para manusear.

Enquanto isso, retire a carne da carcaça do frango (ou sirva-o inteiro na panela em que foi cozido). Se for retirar a carne, tente separar oito pedaços grandes e bonitos, um para cada pessoa, ou o equivalente em pedaços pequenos.

Quando a batata estiver cozida, devolva os pedaços de frango (ou a ave inteira) ao caldo, para aquecê-los completamente. Tire do fogo e misture o coentro, a cebolinha, a pimenta e o suco de limão a gosto. Sirva com o abacate. Cada prato deve ter um ovo cozido cortado ao meio e gomos de limão.

salada de beterraba com rabanete e queijo de cabra

Pode parecer estranho colocar um molho de iogurte em uma salada que contém queijo de cabra, mas funciona. O molho apresentado na p. 96 também vai bem, mas é um pouco mais leve. Se quiser, deixe a beterraba crua – corte-a em fatias muito finas – e substitua o agrião por outra verdura. Um pouco de espelta (consulte a p. 224 para saber como cozinhá-la) acompanha bem.

6 PORÇÕES COMO ALMOÇO LEVE

PARA A SALADA

600 g de beterraba pequena e nova

sal e pimenta-do-reino moída na hora

2 colheres (sopa) de azeite

1 cebola roxa bem pequena cortada em fatias muito finas

125 ml de vinagre de maçã

35 g de açúcar cristal

125 g de rabanete

150 g de agrião

um punhado pequeno de folhas de hortelã

1½ colher (sopa) de azeite extravirgem (use um leve e frutado)

uma boa espremida de suco de limão-siciliano

175 g de queijo de cabra esmigalhado

PARA O MOLHO DE IOGURTE

100 g de iogurte natural de consistência firme

2 colheres (sopa) de azeite extravirgem

1 dente de alho amassado

Preaqueça o forno a 180°C. Corte os talos e as folhas da beterraba e retire a ponta enrugada de baixo (se as folhas estiverem boas e frescas, lave-as, pique-as e adicione-as à salada, elas têm uma ótima cor). Lave as beterrabas muito bem e coloque-as sobre uma camada dupla de papel-alumínio em uma assadeira (a folha precisa ser grande o suficiente para envolver as beterrabas em um pacotinho frouxo). Tempere com sal e pimenta e regue com o azeite, virando-as para ficarem bem cobertas de óleo. Puxe a folha de papel-alumínio por cima das beterrabas para fazer um papelote e leve ao forno quente. Se você usou beterrabas pequenas, elas devem ficar macias em cerca de 30 minutos para uma faquinha afiada; as maiores podem levar até 1h30. Como você vai comê-las frias, pode cozinhar as beterrabas com bastante antecedência – assim, o tempo de cozimento não será um problema.

Coloque a cebola em uma panela com o vinagre e o açúcar. Leve à fervura baixa, retire do fogo e reserve por 30 minutos. As cebolas vão virar um picles suave. Escorra.

Apare os rabanetes em cima e embaixo – só tire a pontinha mais fina de baixo –, depois corte-os no sentido da largura em fatias finas.

Para fazer o molho, misture tudo muito bem junto com 2 colheres (sopa) de água.

Quando as beterrabas estiverem macias e frias o bastante para manusear, descasque-as com cuidado. Corte-as em rodelas ou meias-luas. Misture o agrião, a hortelã e o rabanete com o azeite extravirgem, o limão e os temperos, depois divida entre seis pratos. Coloque uma colherada do picles de cebola e disponha a beterraba e o queijo de cabra por cima. Regue com o molho e sirva imediatamente.

salada de alcachofra e ricota com molho de mel e limão confit

Você pode variar essa receita adicionando fava fresca cozida e pelada, ervilha, aspargo ou pimentão assado – todos combinam bem com a alcachofra e a ricota. Se usar alcachofra enlatada em vez da versão em conserva no azeite (que é mais cara), terá de mariná-la primeiro (veja na p. 90).

4 PORÇÕES

PARA O MOLHO

2 limões confit comprados prontos (1 se for caseiro, pois serão maiores)

1 colher (sopa) de vinagre de vinho branco, ou a gosto

1 colher (sopa) de mel líquido, ou a gosto

1½ colher (chá) do caldo do frasco dos limões confit

folhas rasgadas de 4 ramos de hortelã

4 colheres (sopa) de azeite extravirgem

sal e pimenta-do-reino moída na hora

PARA A SALADA

400 g de coração de alcachofra em conserva, escorridos do azeite (cerca de 6 por pessoa)

50 g de folhas de salada (rúcula ou agrião, ou uma mistura)

150 g de tomate-cereja cortado ao meio

250 g de ricota, fresca se possível, esmigalhada em pedaços

2 pimentas dedo-de-moça pequenas, sem sementes e cortadas em tirinhas

35 g de amêndoa sem pele, tostada e picada grosseiramente

40 g de azeitona verde ou preta de boa qualidade

folhas de 15 g de hortelã

Faça o molho primeiro. Retire a polpa dos limões confit e descarte-a. Corte a casca em tiras. Misture o resto dos ingredientes do molho, tempere a gosto e acrescente o limão confit. Prove o tempero e o equilíbrio entre o doce e o azedo, acrescentando mais vinagre ou mel para corrigir, a gosto.

Coloque a alcachofra em uma tigela e despeje o molho por cima (que deixará o sabor e a textura ainda melhores). Cubra e reserve até o momento de servir (o ideal é deixar ao menos 1 hora).

Retire as alcachofras do molho e escorra o excesso. Arrume-as em quatro pratos junto com os outros ingredientes. Despeje o molho por cima. Moa sobre elas um pouco de pimenta-do-reino e sirva.

puro e branco

Na minha casa, comemos 1 kg de iogurte por semana. Adoro sua pureza, sua brancura de neve, sua acidez suave. E não vai bem só no café da manhã – serve para fazer um molho com hortelã, alho e azeite. Coloco as frutas que quero; desse jeito, sei quanto açúcar estou adicionando. Mas o iogurte faz mesmo "bem" para nós? Tal como o leite, ele sacia a fome, é boa fonte de proteínas e cálcio e é associado a efeitos anti-inflamatórios, apoio do sistema imunológico e uma prevalência menor de câncer no intestino. Iogurtes com frutas são um assunto mais complicado. Leia o rótulo: você pode se surpreender com a quantidade de açúcar, especialmente nas variedades com pouca gordura. O iogurte natural integral nem tem tanta gordura (iogurte integral de leite de vaca contém cerca de 4% de gordura).

Compro iogurte integral: sacia a fome, contém todos os nutrientes do leite e revela bom sabor. E quanto aos "vivos" e "probióticos"? Bem, todo iogurte é "vivo" e tem probióticos, a menos que seja pasteurizado. Segundo a OMS, probióticos são microrganismos vivos que propiciam certos benefícios à saúde. Podem aumentar as bactérias que ajudam na digestão, melhorando nossas defesas naturais. Mas existem milhares de probióticos e, segundo pesquisas, apenas alguns nos ajudam quando consumidos regularmente. Assim, o iogurte é um bom alimento, que pode ter algumas vantagens a mais. E ele vai continuar no meu carrinho de compras.

alho-poró à moda do oriente médio com iogurte, endro e sumagre

Por alguma razão, para nós, o alho-poró não se encaixa muito bem na imagem de sol e céu azul da primavera, mas ele é muito amado no Oriente Médio. Fica delicioso morno ou à temperatura ambiente.

4 PORÇÕES

- 6 alhos-porós
- 6 colheres (sopa) de azeite extravirgem
- uma espremida bem generosa de suco de limão (mais ou menos ½ limão)
- sal e pimenta-do-reino moída na hora
- 75 g de iogurte natural de consistência firme
- 2 dentes de alho amassados
- 1 colher (sopa) de folhas de endro picadas
- 2 colheres (chá) de mostarda de Dijon
- sumagre moído, para servir

Retire as folhas mais duras do alho-poró e descarte-as. Apare-os e corte-os em pedaços de 4 cm. Lave-os muito bem, depois cozinhe no vapor sobre água fervente por 4-6 minutos. Devem ficar totalmente macios até o meio; teste com a ponta de uma faca afiada.

Transfira-os para um pano de prato limpo e seque-os suavemente para absorver o excesso de água. Coloque-os imediatamente em uma tigela e, enquanto ainda estão quentes, adicione metade do azeite e todo o suco de limão. Tempere com sal e pimenta-do-reino moída na hora.

Misture o iogurte com o alho, o restante do azeite, o endro, a mostarda, o sal e a pimenta. Você pode deixar esse molho mais ralo juntando água ou leite (adoro com iogurte desnatado, se houver algum na geladeira). Despeje o molho sobre o alho-poró e reserve, ou misture suavemente. De qualquer forma, polvilhe o sumagre pouco antes de servir.

menu de primavera puro e picante

rolinho de papel de arroz com nuoc cham | tigela de arroz japonês | frutas com hortelã e rosas

Esse é um menu especial para servir àqueles amigos que lutam contra o próprio peso. É leve e vibrante, mas sacia mesmo assim, e tem todos aqueles sabores que saltam na frente da língua e são tão necessários quando a gente tem que controlar o que comer (a emoção vem dos sabores fortes, em vez da satisfação que sentimos com aqueles pratos pesados e ricos em carboidrato). A tigela de arroz tem um peixe cru que satisfaz e carboidratos "bons", e a refeição inteira é linda de se ver. Para uma outra opção de sobremesa, sirva a compota cítrica com neve de gengibre (p. 200).

rolinho de papel de arroz com nuoc cham

Esse molho vietnamita, o nuoc cham, é viciante. O visual desses rolinhos é adorável, mas eles não são muito fáceis de fazer; no entanto, valem a pena se você tiver amigos para jantar. Seja paciente ao montá-los. Costumo comer o recheio sozinho como prato principal, junto com molho e arroz integral ou bifum quente.

6 PORÇÕES (18 UNIDADES)

PARA OS ROLINHOS

18 folhas de papel de arroz

150 g de camarão cozido, descascado e sem as vísceras (de preferência orgânico)

100 g de alface-americana picada

75 g de cenoura cortada em palitinhos

1 metade de manga verde cortada em bastõezinhos (opcional, mas deliciosa)

40 g de broto de feijão

10 g de folhas grandes, de cada, de hortelã, manjericão e coentro

PARA O NUOC CHAM

4 dentes de alho picados

1 pimenta dedo-de-moça pequena, sem sementes e picada

6 colheres (chá) de açúcar

suco de 2 limões, ou quanto for necessário

6 colheres (sopa) de molho de peixe (nam pla)

Coloque as folhas de arroz em uma tigela rasa com água, duas ou três de cada vez, e deixe amolecer por alguns segundos. Não mantenha por muito tempo de molho, ou ficarão muito grudentas. Retire e transfira para um pano de prato úmido. Deixe-as secar um pouco e ficarem flexíveis; devem parecer um pouco enrugadas. Se você tentar enrolá-las antes de ficarem prontas, vão rachar.

Para fazer os rolinhos, basta colocar o recheio. Prestando atenção para que cada rolinho receba um pouco de cada ingrediente, ponha um pouco de recheio no meio de cada folha. Umedeça as mãos para não grudarem na folha e enrole-a com firmeza em volta do recheio, dobrando as beiradas para dentro. Coloque-os em um prato ao terminar, com o lado da junta para baixo, e cubra-os com um papel-toalha úmido. Se não for servi-los imediatamente, eles duram muito bem na geladeira por cerca de 12 horas.

Para fazer o nuoc cham, coloque o alho e a pimenta em um pilão e triture-os. Aos poucos, adicione o açúcar, o suco de limão e o molho de peixe, amassando no decorrer do processo.

Sirva os rolinhos de papel de arroz com o molho.

tigela de arroz japonês

Tigelas de arroz são pratos comuns no Japão. Geralmente eles vêm com colheradas de ingredientes cozidos e quentes por cima, como carne de porco refogada. São chamadas "donburi", que é tanto o nome do recipiente em que são servidos como o do prato. Essa é uma interpretação contemporânea, perfeita para quem está de olho no peso e na saúde, com arroz integral, legumes e peixe cru. O sabor é marcante por causa do molho, e o prato, talvez por ser bonito, parece nos redobrar a concentração quando comemos. Não há nada para cortar ou com o que se preocupar – é só você, uma comida simples, uma tigela e dois pauzinhos.

Deixe mais picante colocando pimenta no molho ou servindo com wasabi para acompanhar.

6 PORÇÕES

PARA O MOLHO

suco de 3 limões

3 colheres (sopa) de vinagre de arroz

3 colheres (sopa) de açúcar

1½ colher (sopa) de molho tamari ou shoyu

PARA A TIGELA DE ARROZ

375 g de arroz integral

150 g de edamame

150 g de ervilha-torta pequena

½ pepino japonês bem fino, ou pepino comum

525 g de atum muito fresco para sushi

40 g de brotos de trevo ou alfafa

6 cebolinhas picadas na diagonal, a parte branca incluída

4½ colheres (sopa) de fatias de gengibre em conserva

2 colheres (sopa) de gergelim preto

Faça o molho misturando todos os ingredientes.

Cozinhe o arroz em bastante água fervente, até ficar macio (o miolo do grão ainda ficará um pouquinho *al dente*), escorra e imediatamente misture metade do molho. Cozinhe o edamame e a ervilha-torta em água fervente por cerca de 2 minutos, depois escorra e passe pela água fria. Divida ao meio no sentido do comprimento as vagens das ervilhas.

Retire metade da casca do pepino (formando listras), corte-o ao meio e extraia as sementes. Corte o pepino em fatias com cerca de 0,5 cm de espessura.

Corte o atum em fatias com aproximadamente 3 mm de espessura. Divida o arroz entre seis tigelas e cubra com o edamame, a ervilha, o pepino, o atum, os brotos e a cebolinha. Despeje o restante do molho por cima e adicione o gengibre e o gergelim. Sirva imediatamente.

variações sobre o mesmo tema...

As possibilidades são infinitas, e você pode inventar combinações realmente belas. Crocância é sempre bom, portanto uma versão com palitinhos de cenoura, brotos de feijão e rabanete é uma boa pedida. Experimente adicionar tofu frito com shoyu, brócolis japonês, shiitake ou shimeji refogado, fatias de abacate, salmão ou cavalinha crua ou frango cozido. E, embora não seja típico, eu uso às vezes um molho do Sudeste Asiático em vez do molho japonês (veja na p. 103).

frutas com hortelã e rosas

Essa receita é cheirosa, mas você pode mudar o perfume dela. Utilize água de flor de laranjeira em vez de água de rosa, ou manjericão ou tomilho-limão em vez de hortelã (deixe a água de flores de fora se usar ervas diferentes). E, é claro, use qualquer fruta da época disponível. Elas só têm que estar bem maduras e em perfeitas condições. Experimente cortar as frutas de maneira irregular. Uma tigela com um monte de pedaços iguais não é assim algo tão atraente...

6 PORÇÕES

PARA A CALDA

175 g de açúcar cristal

2 tiras grandes de casca de limão (sem a parte branca), mais o suco de 2 limões

folhas de 1 maço pequeno de hortelã, mais alguns raminhos pequenos de hortelã para decorar (opcional)

2 colheres (chá) de água de rosas, ou a gosto

PARA AS FRUTAS

1 laranja grande ou 1 grapefruit rosa

½ abacaxi pequeno, descascado com cuidado, sem o miolo fibroso e os olhinhos da casca, cortado em pedaços pequenos

½ manga não muito madura cortada em pedaços desiguais

½ melão charentais ou cantalupo pequeno, sem casca e sem sementes, cortado em cubos ou fatias pequenas

12 lichias descascadas e descaroçadas com cuidado (ou use frutas enlatadas escorridas)

pétalas de rosa pequenas, para servir (opcional)

Para fazer a calda, coloque o açúcar em uma panela, despeje 450 ml de água e adicione a casca de limão. Leve à fervura devagar, mexendo de vez em quando para ajudar a dissolver o açúcar. Ferva por 4 minutos. Retire do fogo, adicione o suco de limão e as folhas de hortelã e deixe esfriar. Quando estiver frio, acrescente a água de rosas um pouco por vez (elas variam em força, e você não vai querer algo perfumado demais). Coe as folhas de hortelã.

Corte um pedaço da parte de baixo e de cima dos cítricos para ficarem com uma base plana. Com uma faca bem afiada, retire a casca e a pele branca, trabalhando ao redor da fruta, cortando tiras largas de cima a baixo. Sobre uma tigela, enfie uma faca afiada de lâmina fina entre a pele de cada lado dos gomos e corte o gomo fora. (Se você não quiser fazê-lo, basta cortar os cítricos em rodelas, mas não muito grossas, com o auxílio de uma faca afiada. Retire os caroços que encontrar.)

Coloque todas as frutas em uma tigela grande – ou em taças individuais – e adicione calda suficiente para envolvê-las (mas não precisa cobri-las). Leve à geladeira antes de servir com raminhos de hortelã ou pétalas de rosa, se preferir.

cuscuz de cevada de primavera com molho de iogurte e harissa

Um prato tão cheio de vegetais novos que poderia ter saído da horta de um conto de fadas. Também fica excelente com dois terços de cuscuz de cevada e um terço de cevada em grão (saiba como cozinhar na p. 223). Basta misturar as duas depois de cozidas ou demolhadas. Fica ótimo com um frango de panela (use o caldo de cozimento em vez do caldo indicado aqui e misture a harissa).

Conhecido como sêmola de cevada, esse cuscuz tem um sabor ligeiramente diferente da versão de trigo (veja na p. 328 onde encontrá-lo). É um dos vários que existem; há também o cuscuz integral e o trigo durum. Para qualquer um deles, basta derramar água ou um caldo fervente por cima, cobrir e reservar por 15 minutos. Como regra geral, use 270 ml de líquido para 200 g de cuscuz para servir quatro pessoas como acompanhamento, mas com uma ressalva importante: você precisará de menos líquido se adicionar ingredientes "molhados" ao cuscuz, como um tomate. Finalize com azeite, sal e pimenta-do-reino moída na hora e afofe os grãos com um garfo para deixá-los soltinhos.

8 PORÇÕES COMO ACOMPANHAMENTO, 4 PORÇÕES COMO PRATO PRINCIPAL

PARA O CUSCUZ

200 g de fava fresca, já descascada

300 g de cuscuz de cevada ou cuscuz marroquino

2 colheres (sopa) de azeite extravirgem, mais um pouco para servir

raspas da casca de 1 limão-siciliano, mais uma boa espremida do suco

sal e pimenta-do-reino moída na hora

200 g de minicenoura

200 g de ervilha

200 g de minialho-poró

1 colher (sopa) de folhas de salsa picadas

350 ml de caldo de legumes ou galinha

1-2 colheres (chá) de pasta de harissa (tenha um pouco mais à mão)

PARA O MOLHO DE IOGURTE

½ cebola bem picada

½ colher (sopa) de azeite

½ colher (chá) de cominho em pó

300 ml de iogurte desnatado

2 colheres (sopa) de iogurte natural de consistência firme

2 colheres (sopa) de folhas de coentro picadas

Cozinhe as favas em água fervente por cerca de 5-7 minutos, até ficarem macias. Escorra e, quando estiverem frias o suficiente para manusear, retire as peles (isso é trabalhoso e demora mesmo, mas vale a pena).

Coloque o cuscuz de cevada em uma tigela e cubra com 400 ml de água fervente. Adicione o azeite extravirgem, o suco de limão, sal e pimenta-do-reino moída na hora. Cubra com filme de PVC e deixe demolhando na água por 15 minutos.

Enquanto isso, cozinhe o restante dos legumes. Em panelas separadas, ferva as cenouras (por cerca de 15 minutos) e as ervilhas (por cerca de 7 minutos). Cozinhe o alho-poró no vapor por cerca de 4 minutos, escorra em uma peneira e passe água fria por cima, para que mantenha a cor viva.

Para preparar o molho, refogue a cebola no azeite, até ficar macia, mas sem dourar. Adicione o cominho e cozinhe por 1 minuto, depois junte os iogurtes e os temperos. Aqueça, sem deixar ferver, tempere e acrescente o coentro.

Coloque as favas em uma peneira e despeje água fervente por cima para aquecê-las. Afofe o cuscuz com um garfo, adicione as raspas de limão e a salsa e transfira para uma travessa. Disponha todos os legumes quentes por cima e regue com o azeite extravirgem.

Leve o caldo à fervura, junte a harissa e sirva em uma jarrinha ou tigelinha com uma concha ou colher pequena. Sirva com o molho de iogurte morno ao lado.

belos brócolis

As plantas do gênero das brássicas, juntamente com o agrião, são os alimentos sobre os quais nutricionistas e médicos parecem estar mais de acordo. Fazem mesmo muito bem: além de serem repletos de vitaminas C e K, contêm minerais e fitoquímicos que parecem ter forte ação anticancerígena, e produzem um efeito anti-inflamatório que pode ajudar a reduzir o risco de doenças cardiovasculares. Boas ideias para cozinhar brócolis nunca são demais, então aqui vai uma porção delas. Eu prefiro os brócolis roxos, mas também consumo outras variedades mais comuns no decorrer do ano.

batata-bolinha, brócolis, ovo de codorna e creme de aliche

Isso fica delicioso com salmão ou servido com outro prato de legumes para fazer um prato principal. (Adicione um punhado de rabanetes. Fica maravilhoso. Pura primavera.) O molho também é ótimo com pimentão assado; o contraste do salgado do aliche com o adocicado do pimentão é bom demais.

6 PORÇÕES COMO ACOMPANHAMENTO

- 1 colher (sopa) de azeite
- 3 echalotas cortadas em fatias finas longitudinais
- 12 ovos de codorna
- 350 g de batata-bolinha
- 400 g de brócolis roxo ou japonês
- 2 colheres (sopa) de azeite extravirgem (um bem leve)
- 1 colher (sopa) de suco de limão-siciliano
- 2 colheres (sopa) de folhas de salsa bem picadas
- sal e pimenta-do-reino moída na hora

PARA O CREME DE ALICHE

- 55 g de aliche
- 2 dentes de alho
- 55 g de pinhole ou amêndoa
- 100 ml de azeite extravirgem (frutado ou amanteigado, em vez de herbáceo)
- suco de ½ limão-siciliano, ou a gosto

Aqueça o azeite em uma frigideira e refogue a echalota delicadamente, até ficar macia, mas sem dourar.

Cozinhe os ovos de codorna por 4 minutos, depois escorra.

Para fazer o creme de aliche, coloque o aliche, o alho e o pinhole em um processador de alimentos. Ligue-o e comece a adicionar o azeite extravirgem em fio, sem parar. Prove, adicione o suco de limão e prove novamente. A textura desejada é a de um creme de leite grosso – portanto, se parecer espesso demais, acrescente um pouco de água para deixar mais ralo.

Ferva a batata em água levemente salgada até ficar macia.

Enquanto isso, corte a base de cada talo de brócolis – que pode estar um pouco seco e duro – e cozinhe no vapor, de modo que fiquem prontos ao mesmo tempo que a batata.

Escorra a batata e misture delicadamente em uma tigela com os brócolis, o azeite extravirgem, o suco de limão, a salsa, a echalota refogada, sal e pimenta-do-reino moída na hora.

Descasque os ovos de codorna, corte-os ao meio e misture delicadamente com os outros ingredientes. Regue com um pouco de creme de aliche (não cubra o prato, sirva o restante em uma jarrinha). Sirva morno, como estiver, ou em temperatura ambiente.

brócolis, outras versões

Essas receitas são fáceis, mas, penso eu, inesperadas. Quando não houver brócolis japonês, substitua pelo rama forte comum.

PARA O BRÓCOLIS JAPONÊS COM RICOTA

300 g de brócolis japonês

175 g de ricota

50 g de parmesão

raspas da casca de ½ limão-siciliano, mais o suco de 1 limão

sal e pimenta-do-reino moída na hora

8 colheres (sopa) de azeite extravirgem

PARA OS BROCCOLI STRASCINATI

3 colheres (sopa) de azeite extravirgem, mais um pouco para servir

450 g de brócolis japonês

3 dentes de alho bem picados

½ colher (chá) de pimenta-calabresa

um pouco de suco de limão-siciliano

PARA OS BRÓCOLIS À MODA CHINESA

450 g de brócolis japonês

2 dentes de alho cortados em fatias finas

2 cm de gengibre descascado e picado

1 colher (sopa) de óleo de amendoim

2 cebolinhas bem picadas

6 colheres (sopa) de molho de ostra

brócolis japonês com ricota, limão e parmesão

Leve e simples, essa receita permite sentir bem o sabor dos brócolis. Você também pode preparar aspargos dessa forma. Apare a base dos talos de brócolis, se necessário – podem estar um pouco secos –, e cozinhe-os no vapor até ficarem macios, por 4-5 minutos. Enquanto isso, quebre a ricota em pedaços e tire raspas do parmesão com um descascador de legumes. Coloque os brócolis quentes nos pratos e distribua a ricota por cima. Polvilhe com as raspas e o suco de limão. Tempere com sal e pimenta-do-reino. Espalhe o parmesão por cima de cada porção, regue com o azeite e sirva. Rende quatro porções como entrada ou acompanhamento.

broccoli strascinati

Aqueça o azeite em uma frigideira e acrescente os brócolis em floretes. Cozinhe por 6-8 minutos, até dourar. Adicione 3 colheres (sopa) de água e o alho. Cozinhe em fogo brando, até a água secar, adicione a pimenta-calabresa e cozinhe até os brócolis ficarem macios, e o alho, dourado. Tempere e sirva com um pouco de azeite extravirgem e mais suco de limão. Rende seis porções como acompanhamento.

brócolis à moda chinesa

Cozinhe os brócolis no vapor até começarem a ficar macios. Enquanto isso, refogue o alho e o gengibre no azeite, até dourar e amaciar. Adicione os brócolis, a cebolinha e o molho de ostra. Aqueça tudo delicadamente e sirva com arroz integral. Rende seis porções como acompanhamento.

experimente também... Misture brócolis cozidos com lentilha de puy ou tiras de pimentão vermelho assado e regue com o creme de aliche ou o molho de tahine (veja ao lado e na p. 135).

Acrescente brócolis cozidos no vapor ao pesto de couve com linguine de trigo integral (p. 282) para uma dose dupla de brássicas.

Adicione um pouco mais de pimenta ao pesto calabrês (p. 282) e sirva os brócolis refogados com ele, ou misture tudo com um linguine de trigo integral.

caranguejo com pimenta dedo-de-moça e alho

Claro que dá para comer caranguejo frio, mas isso me faz pensar em maionese (ou melhor, um monte de maionese), e você nem sempre quer comer algo frio. Essa receita é um verdadeiro deleite para quatro pessoas (ou use apenas um caranguejo e faça uma refeição especial para dois). Você pode comprar caranguejo já cozido, mas eu prefiro cozinhá-lo eu mesma e comê-lo quente. Sirva com uma salada verde e um bom pão de fermentação natural.

4 PORÇÕES

2 caranguejos médios vivos

sal marinho e pimenta-do-reino moída na hora

2 colheres (sopa) de azeite extravirgem (frutado, em vez de herbáceo), mais algumas gotas para servir

1-2 pimentas dedo-de-moça pequenas, sem sementes e picadas, dependendo do seu gosto

2 dentes de alho bem picados

1 limão-siciliano, mais alguns gomos para servir

folhas picadas de 1 maço pequeno (15 g) de salsa

Encha uma panela bem grande com água, o suficiente para caber os dois caranguejos. Leve à fervura e adicione 1 colher (sopa) de sal. Coloque os caranguejos, deixe ferver novamente e cozinhe por 15 minutos, depois retire-os.

Quando os caranguejos estiverem frios o suficiente para manusear, coloque-os de costas sobre a tábua de cortar e arranque as patas e as pinças.

Retire e descarte a aba triangular da cauda e solte as partes de cima e de baixo da casca (talvez seja preciso inserir uma faca e torcê-la para ajudar). Retire e descarte a bolsa do estômago (que fica atrás da boca) e as brânquias pontudas, brancas ou de um tom verde-claro translúcido (conhecidas como "dedo de morto"). Retire a carne escura da carapaça superior e coloque em uma tigela. Divida o corpo do caranguejo ao meio dando-lhe uma boa pancada com algo pesado. Com cuidado, retire toda a carne branca (você vai precisar de um garfinho próprio fino e comprido, ou de um espeto, para conseguir tirar toda a carne dos túneis internos). Dê uma pancada em cada pinça para quebrá-las, o suficiente para os sabores do alho e da pimenta penetrarem (as costas de um cutelo servem bem para isso).

Aqueça o azeite extravirgem em uma frigideira ou panela grande e adicione a pimenta e o alho. Cozinhe em fogo brando por alguns minutos, depois junte a carne escura do caranguejo, as pinças e as pernas. Aqueça completamente, depois acrescente a carne branca, sal e pimenta-do-reino moída na hora, uma boa espremida de suco de limão e a salsa. Adicione mais um bom fio do azeite extravirgem. Sirva imediatamente com gomos de limão. Você vai precisar de algo pesado na mesa para as pessoas quebrarem as pernas do caranguejo. Disponha guardanapos de papel, pois é uma bagunça para comer.

tartare de salmão com pepino em conserva e pão sueco

Refeição escandinava fresquinha. Se você não quiser fazer pão sueco, sirva torradas de pão de centeio ou uma salada de espelta misturada com agrião (veja na p. 224 como cozinhar a espelta). Essa receita rende mais pão sueco do que você precisa, mas não há razão para não fazer uma boa fornada. Quando cozinho só para mim, como o tartare de salmão só com algumas torradas ou salada, mas se faço para os amigos, coloco o iogurte com endro também.

4 PORÇÕES

PARA O PÃO SUECO

250 g de farinha de centeio, mais um pouco para polvilhar

1 colher (chá) de sal

1 colher (chá) de açúcar mascavo

½ colher (chá) de fermento químico em pó

25 g de manteiga gelada cortada em cubos

150 ml de leite integral

PARA O PEPINO AGRIDOCE

1 pepino

1 colher (sopa) de sal marinho em flocos

2 colheres (sopa) de vinagre de arroz

2 colheres (sopa) de açúcar

1 colher (sopa) de folhas de endro picadas

PARA O SALMÃO E O IOGURTE COM ENDRO

200 g de filé de salmão sem pele

1 colher (sopa) de alcaparra lavada, seca e bem picada

1 echalota pequena muito bem picada

2 colheres (sopa) de folhas de salsa bem picadas

1 colher (sopa) de suco de limão-siciliano

2 colheres (sopa) de azeite extravirgem

pimenta-do-reino moída na hora

6 colheres (sopa) de iogurte natural de consistência firme

¼ de colher (sopa) de folhas de endro picadas

Para fazer o pão sueco, preaqueça o forno a 200°C. Polvilhe com farinha uma assadeira grande ou duas médias e antiaderentes.

Coloque a farinha, o sal, o açúcar, o fermento e a manteiga em uma tigela e esfarele a manteiga com a ponta dos dedos. Com uma faca sem ponta, misture o leite, depois amasse tudo com as mãos para formar uma massa macia. Ela ficará grudenta, mas não se desespere, será mais fácil de trabalhar – resista e não adicione mais farinha à massa.

Polvilhe uma superfície de trabalho com farinha, depois abra pedaços da massa em rodelas bem finas e irregulares. Elas têm de ser mais finas do que qualquer massa que você já tenha feito, basicamente mais finas do que você consegue medir. Ao fazer cada pão, transfira-o para a assadeira preparada. Faça alguns furos em cada um com os dentes de um garfo. Leve ao forno por 10 minutos; fique de olho neles, pois queimam com muita facilidade. Transfira os pães para uma grade logo que puderem ser manuseados e reserve até esfriarem totalmente.

Para o pepino agridoce, corte as pontas do pepino e descasque-o. Corte-o ao meio no sentido do comprimento e retire as sementes com uma colherzinha. Corte a polpa em fatias muito finas, quase transparentes, na largura ou no comprimento. Disponha em camadas sobre uma peneira junto com o sal, cubra com um prato e coloque sobre uma tigela para o caldo escorrer. Deixe por 2 horas. Lave o pepino e seque-o cuidadosamente. Misture-o com o resto dos ingredientes e mantenha na geladeira, coberto, até a hora de servir.

Para fazer o tartare de salmão, corte o filé em cubos bem pequenos, com cerca de 0,5 cm de lado. Transfira para uma tigela com a alcaparra, a echalota, a salsa, o suco de limão, o azeite e a pimenta-do-reino. Misture e prove; você provavelmente vai achar que não precisa de sal devido ao limão e às alcaparras. Cubra e leve à geladeira. Misture o iogurte com o endro.

Sirva o tartare de salmão com o iogurte com endro, a salada de pepino e os pães suecos.

pilafe de cuscuz marroquino com peixe branco, açafrão e endro

Essa receita é mesmo uma bênção. Fica pronta no tempo em que o cuscuz leva para crescer no caldo quente (15 minutos), portanto rende um jantar maravilhoso depois de um dia longo, ou um prato incomum no meio da semana para os amigos. Quando for época, as bagas de cardamomo (retire as peles após o cozimento) são uma bela adição, apesar de tornar o preparo mais trabalhoso.

4 PORÇÕES

- 1 colher (sopa) de azeite
- 1 cebola bem picada
- 2 dentes de alho bem picados
- 4 bagas de cardamomo amassadas
- 200 g de cuscuz integral
- 275 ml de caldo de peixe
- ⅛ de colher (chá) de pistilos de açafrão
- 400 g de filé de peixe branco (pescada ou linguado, por exemplo), sem pele
- sal e pimenta-do-reino moída na hora
- suco de ½ limão-siciliano
- 4 colheres (sopa) de folhas de endro picadas
- 1½ colher (sopa) de pistache picado
- algumas pétalas de rosa amarela rasgadas

Aqueça o azeite em uma panela e refogue a cebola até ficar macia, mas sem dourar. Adicione o alho e cozinhe por mais 2 minutos, depois junte as bagas de cardamomo e cozinhe por mais 1 minuto. Acrescente o cuscuz e misture-o bem no azeite. Retire do fogo.

Em outra panela, leve o caldo de peixe à fervura e acrescente o açafrão, mexendo. Reduza o fogo para borbulhar muito de leve e acrescente o peixe. Escalde suavemente por cerca de 4 minutos (ele vai cozinhar mais ao ser misturado no cuscuz). Retire o peixe com uma escumadeira e quebre-o em pedaços grandes.

Volte o caldo à fervura, depois despeje-o sobre o cuscuz, tempere e afofe com um garfo. Coloque o peixe por cima e cubra com papel-alumínio e uma tampa. Reserve por 15 minutos.

Com um garfo, misture o suco de limão, o endro e o pistache. Coloque a mistura em uma travessa quente e polvilhe com as pétalas de rosa. Sirva imediatamente.

muito mais peixe... Você pode fazer esse prato sem o peixe branco. Por exemplo, use atum – é mais gorduroso e forte – e substitua o endro e o pistache por coentro e avelãs tostadas. Deixe as rosas de fora quando o clima estiver mais frio e use alguns cranberries ou um punhado de damasco ou uva-passa picada. Alguns pedacinhos de casca de limão confit também vão muito bem.

tudo o que você pode fazer com um ovo

Quando criança, eu costumava comer ovo cozido descascado e esmigalhado com 1 colher (chá) rasa de manteiga derretida por cima dele, em uma xícara de chá. Era a minha comfort food por excelência. Mas então, de repente, fomos proibidos porque a gema continha colesterol. Entrava-se num terreno obscuro de incerteza, e a maioria das pessoas não sabia se devia ou não comer ovo. Atualmente é cada vez mais aceito que a ingestão de colesterol não leva a doenças cardiovasculares, e os ovos foram reabilitados (o meu, como sempre, esmigalhado em uma xícara de chá). Alguns ainda acham que não se deve exagerar, mas nem dá vontade, pois os ovos saciam qualquer estômago (são uma fonte maravilhosa de proteína, o macronutriente que mais bem mata a fome). Quando fico cansada de comidinhas complicadas, um ovo (e um grapefruit rosa) é o que eu quero comer. Para um almoço agradável, basta um ovo cozido e morno, quebrado com um garfo, temperado, regado com azeite, mais tomate ou brócolis no vapor para acompanhar. Ou então pique alguns ovos cozidos mornos e misture-os em um vinagrete com ervas e alcaparra. Ou, ainda, acompanhe-o de verduras e peixe. E há mais mil e uma maneiras de comer: eles ficam ótimos com especiarias e sal defumado, dão sustância junto com leguminosas... São, enfim, provedores incansáveis de refeição fácil – e, claro, excelentes para quem vai trabalhar ou se exercitar.

ovo de genro

Na receita original, os ovos cozidos são fritos antes de receberem tempero. Isso ajuda na textura, mas vou abrir mão disso para comer algo que não foi frito e ainda assim tem contrastes deliciosos. Esses são os ovos que você ofereceria a um bom genro (porque você quer que ele seja saudável).

8 PORÇÕES

- 8 ovos
- 2 colheres (sopa) de óleo de amendoim
- 6 echalotas cortadas em fatias finas
- 2 colheres (sopa) de pasta de tamarindo
- 2 colheres (sopa) de molho de peixe (nam pla)
- 2 colheres (sopa) de açúcar mascavo
- 3 colheres (sopa) de folhas de coentro picadas
- 2 pimentas dedo-de-moça pequenas, sem sementes e bem picadas

Cozinhe os ovos em água fervente por 7 minutos, escorra e reserve na panela quente tampada.

Enquanto isso, aqueça o óleo de amendoim e cozinhe as echalotas em fogo médio, até ficarem douradas e um pouco crocantes. Reserve metade. Na outra metade adicione o tamarindo, o molho de peixe, o açúcar e 100 ml de água. Leve à fervura e cozinhe por cerca de 3 minutos; o molho vai reduzir e ficar com consistência de xarope.

Descasque os ovos e coloque-os em tigelinhas. Regue com um pouco de molho e espalhe as echalotas restantes, o coentro e a pimenta.

Isso é geralmente servido com arroz jasmim (que fica fabuloso), mas também fica bom com arroz integral. Eu adoro completar o arroz com verduras salteadas, ou espinafre ou agrião (as folhas murcham com o calor do molho), para fazer uma refeição mais completa.

aulas de japonês

Quando descobri a comida japonesa, me senti como um pintor razoavelmente bom que, de repente, é apresentado a toda uma escola de artistas cujo trabalho é de tirar o fôlego. Eu nunca tinha ido além do sushi quando ganhei um concurso de haicai cujo prêmio era uma refeição em um restaurante japonês em Londres estrelado no guia Michelin. Ir ao Umu foi como desvendar um segredo. Primeiro, porque eu literalmente não conseguia achar o caminho. Não parecia ter uma porta, mas eu sabia que o endereço estava certo. Tive de esperar do outro lado da rua para ver como os outros clientes entravam. Um deles finalmente apareceu, acenou a mão sobre um painel rebaixado e a porta se abriu. Foi profético.

O Umu é caro, mas não chamativo. É sereno. Os especialistas em comida japonesa que estavam comigo fizeram os pedidos... e foi uma revelação. Cada prato, servido em recipientes e tigelas com várias formas e texturas, tinha uma espécie de perfeição tranquila, uma completude. Havia pratos caros, daqueles de dizer "uau", como a carne de boi Wagyu (que redefine a palavra "derreter") e um creme tremulante de caranguejo e gengibre, mas a receita de que eu mais gostei foi a mais simples: dashi, o caldo japonês, com tofu que o próprio chef tinha feito. O tofu era uma seda; o dashi parecia um caldo que tinha lavado conchas no mar. À medida que a refeição prosseguia, eu ficava cada vez mais feliz. A melhor coisa do tempo que passo na cozinha é a alegria calma de ver as coisas funcionarem, os pratos equilibrados e prontos de forma harmoniosa. Mas a minha cozinha tem sabores marcantes e cores vivas. Ali, no Umu, a comida era silenciosa e exigia uma abordagem de estilo microscópico – deter-se em cada textura, cada cor, no leve tremor de uma folha de shiso, no calor de um pouquinho de wasabi. De forma bastante apropriada, era como comer ao som de uma série de haicais.

Você pode achar que isso aconteceu porque eu estava em um restaurante estrelado no Michelin, mas, poucos meses depois, eu jantei – e tive uma aula de cozinha – com uma fotógrafa japonesa, Yuki Sugiura, especializada em comida. O dia estava feio, havia uma garoinha fria e cinzenta. Yuki não é calma e zen – é calorosa e emotiva –, mas seu apartamento tinha a mesma paz que o restaurante. Havia um grande vaso de roseira-brava em cima da mesa, e o lugar era espaçoso e organizado. Acomodei-me para fazer outra refeição em que textura, cor, sabor e equilíbrio foram fundamentais. Havia dashi feito na hora, uma salada de polvo com vinagre de arroz, cenouras com uma pasta de gergelim preto que Yuki tinha amassado energicamente em um *suribachi* (o pilão japonês), conserva de raiz de lótus agridoce e crocante, um pote de madeira com arroz quente... O mais incrível, porém, eram os crisântemos cozidos. Eles são um deleite sazonal muito amado no Japão – e naquele momento, em um dia chuvoso no sul de Londres, eu me sentava a uma mesa impregnada com os sabores, as texturas e as cores de um outono japonês.

Há apenas alguns pratos japoneses neste livro – e eles foram alterados para se adequar à minha cozinha –, mas peço-lhe que experimente mais deles. Pelo uso de legumes e peixes, trata-se de uma culinária muito saudável. E há algo na cozinha japonesa que você pode aplicar à sua, não importa o que for preparar; é uma abordagem psicológica especial para lidar com os alimentos. Há uma valorização intensa dos detalhes. Um dos princípios da culinária japonesa é tentar criar um equilíbrio no decorrer da refeição. O ideal é ter cinco cores. A textura é vital e não vem só dos alimentos em si, mas também da forma como eles são cozidos. Mais uma vez, o ideal japonês é incluir cinco métodos de cozimento diferentes em cada refeição – assim, de uma só vez, você terá alimentos grelhados, escaldados, cozidos no vapor, assados e fritos. Não estou sugerindo que você faça exatamente isso, é claro, mas que pense nos vários componentes de uma refeição, considerando uma variedade contrastante de cores e texturas.

Há também considerações de ambiente e atitude. Li sobre isso em *Washoku*, um livro de receitas fascinante de Elizabeth Andoh, norte-americana que foi morar no Japão. Duas frases de sentido bastante elevado cunhadas por Sen no Rikyu, filósofo do século XVI creditado por refinar o mundo do chá e dos alimentos servidos na cerimônia do chá, deveriam ser consideradas em qualquer cozinha. A primeira, *ichi go, ichi é* ("um momento, uma reunião"), refere-se a criar prazer em uma refeição em particular, a proporcionar uma experiência fugaz mas especial de compartilhar, ao cozinhar e comer. A outra, que soa ainda mais verdadeira para mim, é *wabi sabi* ("o charme do que é comum"), destaca a maravilha que é transformar alimentos humildes em refeições simples, mas deliciosas (algo que me deixa feliz todos os dias).

Tudo isso é a antítese dos piores hábitos de comer ocidentais, nos quais, esfomeado e atabalhoado, você crava os dentes em um hambúrguer de fast-food. Não quero dizer que todos nós devíamos nos tornar zen na comida ou tentar aplicar os princípios da culinária japonesa, mas assim que você começar a cozinhar com mais legumes, folhas e grãos, perceberá um certo espírito dessa culinária – uma atenção a cor e textura – que resultará em uma comida melhor e fará você comer de forma mais consciente. Comer não é só uma questão de saciar o apetite, mas de apreciar, em todos os seus sentidos, o que é colocado diante de você e honrar os ingredientes com os quais aquilo foi feito. Eu sei que isso soa um pouco californiano demais para os britânicos, que são mais cínicos e que não gostam de enrolação, mas há mais no cozinhar e no comer do que ingredientes e habilidade – existe uma atitude que pode fazer tudo o que é servido e colocado na sua boca ter um gosto melhor. E quando você aborda os alimentos dessa forma, come menos e aprecia mais.

Agora, se eu pudesse tocar um pequeno gongo japonês perto do seu ouvido e oferecer-lhe um prato cheio de crisântemos de outono, eu o faria.

salmão teriyaki com legumes em conserva e gergelim

Eu poderia viver à base dessa receita, fácil de fazer e, ainda assim, linda de ver. Sempre me sinto melhor depois de saboreá-la. É ótimo aprender a preparar conservas de vegetais – faça uma quantidade maior e mantenha na geladeira para comer no almoço. Você também pode preparar esse prato com cavalinha e filé de frango (este precisa ser cozido por 20 minutos).

4 PORÇÕES

PARA O SALMÃO

4 colheres (sopa) de shoyu

1 colher (sopa) de açúcar

2 colheres (sopa) de mirin

1 colher (sopa) de xerez seco

4 filés de salmão com 125 g cada

2 colheres (chá) de gergelim preto

PARA OS LEGUMES

100 ml de vinagre de arroz

1 colher (sopa) de açúcar

125 g de pepino cortado ao meio e sem sementes

2 cenouras pequenas descascadas

4 rabanetes cortados em fatias muito finas

100 g de nabo japonês descascado

½ colher (chá) de sal

1 colher (sopa) de gengibre em conserva (mais o líquido)

5 g de microfolhas ou brotos variados

Para fazer o salmão, misture o shoyu, o açúcar, o mirin e o xerez e mexa até dissolver o açúcar. Adicione o peixe, vire para revestir, cubra e leve à geladeira para marinar por 30 minutos.

Para fazer os legumes, aqueça o vinagre e misture o açúcar até dissolver. Deixe esfriar (ou então, se estiver com pressa, apenas misture o vinagre e o açúcar em uma tigela até o açúcar dissolver). Sem juntar tudo, corte o pepino, a cenoura, o rabanete e o nabo em palitinhos com cerca de 5 cm de comprimento. Polvilhe o sal no pepino e coloque-o em uma peneira por 10 minutos; enxágue, seque, adicione todos os legumes ao vinagre doce e misture.

Quando estiver tudo pronto para cozinhar o peixe, preaqueça o forno a 180°C. Asse o salmão na marinada por 12 minutos; ele permanecerá úmido e malpassado no meio. Polvilhe com o gergelim preto. Adicione o gengibre e as microfolhas aos legumes em conserva, mexa e sirva com o peixe. Ofereça arroz para acompanhar.

frango japonês ao gengibre & alho com pepino amassado

Esse prato tem uma grande interação de temperaturas. O frango é quente e picante, e o pepino, servido logo depois de sair da geladeira, lembra caquinhos de gelo. A receita do pepino é adaptada de um livro norte-americano maravilhoso chamado *Japanese Farm Food*, de Nancy Singleton Hachisu. Você também pode fazer o frango com sobrecoxa desossada e grelhá-lo.

4 PORÇÕES

PARA O FRANGO

3½ colheres (sopa) de shoyu

3 colheres (sopa) de saquê ou xerez seco

3 colheres (sopa) de açúcar mascavo

½ colher (sopa) de missô escuro

60 g de gengibre descascado e ralado

4 dentes de alho ralados

½ colher (chá) de pimenta chili em pó

8 sobrecoxas de frango de bom tamanho, sem pele e com osso, ou outros pedaços de frango com osso

PARA O PEPINO

500 g de pepino

2 dentes de alho picados

2 colheres (chá) de sal marinho

2 colheres (sopa) de gengibre rosa em conserva muito bem picado

um punhado pequeno de folhas de shiso, se disponíveis, ou folhas de hortelã rasgadas (opcional)

Misture todos os ingredientes para o frango e faça uma marinada. Fure o frango nas laterais carnudas com uma faca, coloque os pedaços em um prato raso e regue com a marinada. Massageie-a bem nos pedaços, virando-os para que a incorporem por igual. Cubra e leve à geladeira por 30-60 minutos.

Na hora de cozinhar, preaqueça o forno a 180°C. Retire os pedaços da marinada e coloque-os em uma tigela refratária rasa onde caibam bem um ao lado do outro, em uma única camada. Regue com metade da marinada. Leve ao forno para assar por 40 minutos, regando de vez em quando com o caldo e a marinada restante (não junte mais marinada depois de 20 minutos, ela precisa cozinhar bem, pois esteve em contato com o frango cru). Verifique o cozimento: o caldo que sair do frango quando você furar a carne com uma faca deve ser transparente e sem traços rosados.

Na metade do tempo de cozimento, descasque o pepino, corte-o ao meio e retire as sementes. Disponha os pedaços sobre uma tábua e bata um pouco neles com um pilão ou rolo de massa. Isso deve quebrá-los um pouco. Depois, quebre-os em pedaços com as mãos.

Amasse o alho com uma pitada de sal e esfregue – com o resto do sal – no pepino. Coloque em um saco plástico pequeno, retire o ar e leve à geladeira por 10 minutos. Na hora de servir, transfira o pepino para uma peneira e deixe o caldo escorrer. Adicione o gengibre ralado. Você pode acrescentar folhas de shiso, se conseguir encontrá-las. Nada tem um sabor parecido, mas às vezes eu adiciono hortelã. Sirva o frango com arroz integral ou macarrão de arroz (que fica bom servido frio) e o pepino.

experimente com... **salada de edamame e ervilha japonesa** Misture 2 colheres (sopa) de pasta de missô branco, 1 colher (sopa) de vinagre de arroz, 2 colheres (sopa) de óleo de amendoim, 2 colheres (sopa) de água, 1 colher (chá) de mel líquido e 2 cm de gengibre descascado e ralado. Misture com 100 g de edamame cozido, 100 g de ervilha japonesa crua fatiada no comprimento, 8 rabanetes fatiados e um punhado de mizuna (folhas de mostarda japonesa). Rende quatro porções.

galeto defumado com purê de pimentão picante e folhas amargas

Esse prato depende de contrastes: galeto quente, iogurte frio, pimentão adocicado, folhas amargas. Portanto, tente usar o tipo certo de folhas de salada. Você também pode preparar com oito coxas de frango em vez de galetos; basta cozinhar em uma grelha ou chapa quente, até ficarem bem douradas e cozidas.

4 PORÇÕES

PARA O FRANGO

4 galetos

2 colheres (chá) de pimenta-de--caiena

3 colheres (chá) de páprica defumada

suco de 1 limão-siciliano

7 colheres (sopa) de azeite

folhas de 4 ramos de tomilho

4 dentes de alho amassados

200 g de iogurte natural de consistência firme

1 colher (sopa) de azeite extravirgem

PARA O PURÊ

2 pimentões vermelhos

azeite

sal e pimenta-do-reino moída na hora

1 pimenta dedo-de-moça pequena, sem sementes e picada

suco de ½ limão-siciliano

½ colher (sopa) de vinagre de xerez

1 dente de alho

4 colheres (sopa) de azeite extravirgem, mais um pouco para servir

PARA A SALADA

3 colheres (sopa) de azeite extravirgem

1 colher (sopa) de suco de limão

75 g de salada de folhas amargas, como chicória, serralha, almeirão, catalônia, o que você encontrar

Coloque os galetos em um recipiente refratário de vidro ou cerâmica. Misture as especiarias, o suco de limão, o azeite comum, o tomilho e 3 dos dentes de alho amassados, regue os galetos e vire para envolvê--los no tempero. Cubra e leve à geladeira por pelo menos 1 hora.

Para fazer o purê, preaqueça o forno a 190°C. Corte os pimentões ao meio e retire as sementes. Coloque em uma assadeira e regue com um pouco de azeite comum. Tempere com sal e pimenta. Asse no forno por 40 minutos, ou até ficar completamente macio e tostado em alguns pontos. Retire do forno.

Reduza a temperatura do forno para 180°C. Retire os galetos da marinada, escorra o excesso e asse por 45-50 minutos, ou até ficar cozido (verifique inserindo a ponta de uma faca entre a coxa e o peito; o caldo deve sair transparente, sem nenhum traço rosado).

Coloque os pimentões assados em um processador de alimentos com o caldo de cozimento, acrescentando a pimenta dedo-de-moça, o suco de limão, o vinagre de xerez, o alho, o azeite extravirgem, o sal e a pimenta-do-reino. Bata até obter um purê espesso e pedaçudo, depois prove para verificar o tempero. Coloque em uma tigela de servir.

Coloque o iogurte em uma tigela e adicione o dente de alho amassado restante, 2 colheres (sopa) de água e 1 colher (sopa) de azeite extravirgem.

Para a salada, misture o azeite extravirgem, o suco de limão, o sal e a pimenta e revire as folhas na mistura. Sirva os galetos com a salada, o iogurte e o purê de pimentão.

Coma com pão sírio integral ou cereais integrais (experimente o trigo durum para dar uma variada, consulte a p. 224 para mais informações e para saber como cozinhá-lo), com folhas de coentro ou salsa picada misturadas e um pouco de azeite extravirgem e suco de limão-siciliano.

experimente adicionar... **açafrão** Basta aquecer ¼ de colher (chá) de pistilos de açafrão no azeite com limão e misturar aos outros ingredientes da marinada. Páprica defumada e açafrão combinam bem.

menu de primavera a primavera inglesa revisitada

fitas de legumes com limão e azeite | salmão com minialho-poró | gelatina de gim e mirtilo

Quando chega a primavera, nosso jeito de comer muda definitivamente. Sentimos vontade de consumir algo puro e limpo – como nesse cardápio sucinto, construído em torno do que é, talvez, um dos ingredientes da primavera e do verão britânicos por excelência: o salmão. Muitas vezes, o peixe é servido com maionese ou molho holandês, acompanhamentos tão gordos que podem na verdade ofuscá-lo, depreciando sua pureza. Aqui, fugimos dessa abordagem, reconsiderando o papel do salmão.

fitas de legumes com limão e azeite

Essa receita deixa as pessoas perplexas – "o que é isto?", elas sempre perguntam. Quando eu respondo "legumes, azeite e limão", não acreditam em mim. Quando a gente mantém a simplicidade das coisas, consegue-se sentir o sabor de alguns alimentos como se fosse a primeira vez!

8 PORÇÕES

PARA O MOLHO

sal e pimenta-do-reino moída na hora

uma pitada de açúcar

1 colher (sopa) de vinagre de vinho branco

1 dente de alho amassado

4 colheres (sopa) de azeite extravirgem

½ colher (sopa) de cebolinha-francesa bem picada

PARA OS LEGUMES

6 cenouras descascadas (use também a rama verde, se estiver bem fresca)

100 g de rabanete bicolor (ou rosa)

2 bulbos pequenos de erva-doce

suco de 1 limão-siciliano

½ abacate recém-amadurecido

1 beterraba crua pequena

Para fazer o molho, coloque o sal, a pimenta-do-reino, o açúcar, o vinagre e o alho em uma jarrinha ou copo e, usando um garfo, acrescente o azeite extravirgem em um fio constante. Misture a cebolinha. Divida as cenouras ao meio no comprimento e corte-as em fatias finas com uma faca bem afiada ou um fatiador. Haverá um pouco de desperdício, pois você tem que escolher as melhores fitas; as primeiras e as últimas não são utilizáveis. Corte um pedaço em cima e embaixo de cada rabanete. Fatie-os bem fino no sentido do comprimento para obter fatias finas e ovais.

Corte a erva-doce ao meio e retire a parte de cima (descarte as pontas ligeiramente ressecadas, mas reserve as folhinhas). Com uma faca bem afiada ou um fatiador, corte a erva-doce em fatias muito finas. Esprema um pouco de limão por cima da erva-doce, para que ela não escureça. Corte a polpa do abacate em fatias finas, depois retire cuidadosamente a casca de cada pedaço. Esprema suco de limão sobre o abacate também.

Fatie a beterraba com um fatiador – o mais finamente possível – e disponha os legumes de maneira bem bonita entre oito pratos, juntando as folhinhas de erva-doce. Regue cada porção com um pouco da vinagrete. Como a beterraba começa a "sangrar", preste atenção ao montar e sirva imediatamente.

salada morna de salmão, minialho-poró, salsa e alcaparra

Salmão sempre está associado a batata, mas você pode substituí-la por cevadinha ou espelta (veja nas pp. 223-4 como prepará-las). Basta temperar o grão ainda morno com um pouco de azeite extravirgem e limão-siciliano, sal e pimenta-do-reino moída na hora, depois misturar com folhas de salsa picada.

8 PORÇÕES

PARA O MOLHO

5 colheres (sopa) de azeite extravirgem

um toque de mostarda de Dijon

1 dente de alho pequeno amassado

sal e pimenta-do-reino moída na hora

suco de ¼ ou ½ limão-siciliano

PARA O SALMÃO

800 g de minialho-poró

600 g de batata-bolinha

2 colheres (sopa) de óleo de amendoim

5 filés de salmão com cerca de 200 g cada

8 ovos

4 colheres (sopa) de azeite extravirgem

suco de ½ limão-siciliano

3 colheres (sopa) de alcaparra lavada e seca

2 colheres (sopa) de folhas de salsa picadas

Para fazer o molho, basta misturar tudo com um garfo, acrescentando a quantidade menor de suco de limão, para começar. Verifique o tempero e acrescente mais limão, a gosto.

Se você quiser servir a salada morna, precisa cozinhar tudo ao mesmo tempo. Preaqueça o forno a 200°C. Apare a base e o topo dos alhos-porós (cuidado para não cortar demais a base, ou eles vão se soltar). Cozinhe as batatas em água fervente com sal, até ficarem macias, escorra-as e deixe-as na panela, tampadas, para mantê-las aquecidas.

Pincele uma assadeira com o óleo de amendoim. Coloque os filés de peixe sobre ela – não muito grudados – e leve ao forno por 12 minutos.

Enquanto isso, ferva os ovos por 7 minutos e cozinhe o alho-poró em água fervente e levemente salgada por 3-4 minutos, ou até ficar macio. Quando estiver no ponto, escorra-o muito bem, passe-o imediatamente sob a água fria e seque-o. Coloque-o em uma tigela rasa. Tempere bem e regue imediatamente com um pouco mais de azeite extravirgem e suco de limão-siciliano (você tem o molho para acompanhar, mas o alho-poró fica com aparência e sabor melhores se for temperado um pouco nesse momento).

Adicione bastante azeite extravirgem e limão às batatas, para dar-lhes um pouco de brilho, depois tempere com sal e pimenta-do-reino. Quando os ovos estiverem frios o suficiente para manusear, descasque-os e corte-os ao meio.

Quebre os filés de salmão em pedaços grandes e descarte a pele. Coloque todos os ingredientes em uma travessa, polvilhe as alcaparras e a salsa por cima e regue com o molho (apenas o necessário para cobrir de leve). Sirva imediatamente.

gelatina de gim e mirtilo

Ok, isso é para se embebedar (de açúcar também), mas deve ser considerado um mimo esporádico. Você provavelmente vai achar que a quantidade de gelatina é muito grande, mas o álcool inibe a capacidade gelificante, então é necessário usar mais. A angostura não é absolutamente necessária, mas dá um belo tom rosa-claro e impressiona os convivas... eles nunca vão adivinhar qual é o ingrediente secreto.

8 PORÇÕES

400 ml de água tônica

250 ml de gim

raspas da casca e suco de 2 limões-sicilianos (retire as raspas com um ralador)

150 g de açúcar cristal

16 g de gelatina em folha (9 folhas pequenas)

1 colher (sopa) de angostura

250 g de mirtilo

Coloque a água tônica, o gim, as raspas e o suco de limão e o açúcar em uma panela com 150 ml de água e leve até quase ferver, mexendo de vez em quando para ajudar a dissolver o açúcar. Reduza o fogo para muito baixo e deixe borbulhar por cerca de 5 minutos.

Coloque a gelatina em um prato e cubra com água fria. Deixe de molho por cerca de 3 minutos; ela vai amolecer, mas não dissolverá.

Coe a mistura de gim em uma jarrinha transparente e adicione a angostura; você deve obter uma bela cor rosa-claro. Prove; a ideia é sentir um pouco do sabor da angostura, mas sem que ela se sobreponha. Retire a gelatina amolecida, sacuda o excesso de água e adicione-a ao líquido quente, mexendo para ajudar a dissolver (o líquido deve estar morno para ajudar a derreter a gelatina, mas você não deve colocar a gelatina em um líquido em ebulição ou muito quente).

Divida um terço do líquido entre oito copinhos e adicione um terço dos mirtilos. Deixe esfriar. Leve as gelatinas à geladeira para firmarem e reserve o resto da mistura de gelatina.

Assim que as gelatinas estiverem com uma superfície mais firme, divida outro terço dos mirtilos entre os copinhos e reaqueça delicadamente metade da mistura restante, se necessário, para torná-la líquida mais uma vez (você deve sempre conseguir colocar o dedo dentro dela; se o líquido ficar muito quente, ele destruirá a capacidade gelificante). Deixe esfriar um pouco e preencha os copinhos de maneira uniforme. Leve à geladeira para firmar. Repita, até usar o resto das frutas e da gelatina, depois deixe por 6 horas para firmar bem antes de servir, só para garantir.

peixe de rio assado à moda madrilenha

Na Espanha, usa-se brema, deliciosa. Um peixe rende uma porção de bom tamanho, a carne é linda e adocicada e o prato tem ainda um belo visual, especialmente quando tratado de maneira bem simples.

4 PORÇÕES

4 tilápias ou st. peter de 300 g cada, limpos

6 colheres (sopa) de azeite

suco de 1 limão-siciliano, mais alguns gomos para servir

sal e pimenta-do-reino moída na hora

4 dentes de alho amassados

25 g de farinha de rosca

um punhado pequeno de folhas de salsa bem picadas

azeite extravirgem, para servir

Preaqueça o forno a 190°C.

Pincele o peixe por dentro e por fora com o azeite comum, esprema um pouco de suco de limão e tempere bem com sal e pimenta-do--reino. Coloque os peixes em um refratário em uma única camada, mas bem juntos uns dos outros. Misture o alho com a farinha de rosca e tempere. Polvilhe essa mistura sobre todo o peixe, depois regue com o resto do azeite comum e do suco de limão.

Asse no forno quente por 20 minutos, polvilhando a salsa aos 15 minutos. O peixe estará cozido quando a carne perto da espinha estiver branca e opaca. Regue com azeite extravirgem e sirva com gomos de limão.

outra ideia ibérica... peixe de rio com salsa verde espanhola

Cozinhe o peixe como acima, mas sem usar a farinha de rosca. Para fazer a salsa, bata em um processador de alimentos as folhas de 1 maço pequeno de salsinha, as folhas de 10 ramos de hortelã, 1 dente de alho, 1½ colher (sopa) de alcaparra enxaguada, 1 pimenta dedo-de-moça verde sem sementes, o suco de ½ limão-siciliano, sal e pimenta-do-reino moída na hora. Com o motor ligado, adicione 200 ml de azeite extravirgem em um fio constante. Verifique o tempero (às vezes eu acrescento um pouco de molho de pimenta; considere essa opção se você gosta de comida picante). Coloque em uma tigela, cubra e mantenha na geladeira, mas traga à temperatura ambiente antes de servir. Rende quatro porções.

farareej mashri (frango egípcio grelhado)

Esse frango egípcio é tão bom – herbáceo e tostado aqui e ali – que, quando eu o faço, me pergunto por que me preocupo em cozinhar qualquer coisa mais complicada. Coma com o pão de iogurte (veja abaixo) ou o pão de especiarias persa da p. 115, ou compre algumas torradas de pão sírio integral.

4 PORÇÕES

- 12 dentes de alho ralados ou triturados
- sal marinho e pimenta-do-reino moída na hora
- suco de 2 limões-sicilianos, e mais, se necessário
- 6 colheres (sopa) de azeite, e mais, se necessário
- 2 colheres (sopa) de folhas de salsa bem picadas
- 8 sobrecoxas de frango desossadas
- azeite extravirgem, para servir

Misture todos os ingredientes, exceto o frango e o azeite extravirgem, e despeje sobre o frango em um recipiente raso de vidro ou cerâmica. Vire para envolver no tempero, cubra e leve à geladeira por 2 horas.

Preaqueça o grill do forno na potência máxima. Tire o frango da marinada (se você achar que não tem o bastante, acrescente mais azeite e limão e tempere novamente). Coloque o frango sob o grill – primeiro com o lado da pele para baixo, se você deixou pele – e cozinhe por cerca de 6 minutos de cada lado, ou até o frango ficar cozido. Regue de vez em quando com a marinada e reduza o calor se tostar demais antes de a carne ficar cozida.

Polvilhe com um pouco de sal marinho, regue com um bom azeite extravirgem e sirva com salada, pão sírio e iogurte natural.

pão de iogurte do oriente médio

O sabor é azedinho – do iogurte –, e a receita é muito simples de fazer. Você pode juntar à massa azeitonas picadas, pimenta dedo-de-moça, feta ou tomate seco (não é muito típico do Oriente Médio, mas fica bom mesmo assim); basta acrescentá-los ao sovar o pão antes de lhe dar forma.

1 PÃO REDONDO MÉDIO

- 160 g de farinha de trigo integral
- 160 g farinha de trigo refinada especial para pães, e mais um pouco para polvilhar
- ½ colher (chá) de sal
- 1 colher (chá) de fermento biológico seco
- ¾ de colher (chá) de açúcar
- 150 g de iogurte natural
- 3 colheres (sopa) de azeite, e mais um pouco para untar
- sementes de gergelim, cominho, nigela ou folhas de alecrim, para finalizar

Misture as farinhas com o sal. Coloque o fermento em uma tigelinha com o açúcar e 3½ colheres (sopa) de água morna. Reserve por 15 minutos. Faça uma cova na farinha e despeje a mistura de fermento, depois o iogurte e o azeite. Misture tudo até obter uma massa macia, mas bastante úmida.

Sove por 10 minutos sobre uma superfície de trabalho polvilhada com farinha, até a massa ficar lisa e lustrosa, depois unte a massa, coloque-a em uma tigela limpa e cubra com filme de PVC levemente untado com azeite. Reserve por 2 horas; ela deve dobrar de volume.

Sove a massa novamente, molde em um filão de pão de 22-25 cm e coloque em uma assadeira. Cubra com filme de PVC e reserve por 45 minutos. Preaqueça o forno a 200°C. Regue com azeite, cubra com as sementes ou o alecrim e leve ao forno por 35 minutos.

frango e erva-doce com mel, mostarda e laranja

Um prato fácil de meio da semana. Jogue tudo dentro do forno e deixe o calor trabalhar por você.

4 PORÇÕES

5 colheres (sopa) de suco de laranja, mais as raspas da casca de ½ laranja

4 colheres (sopa) de mel líquido

2 colheres (sopa) de mostarda com grãos

2 colheres (sopa) de azeite

8 sobrecoxas de frango, com ou sem pele, como você preferir

3 bulbos de erva-doce

sal marinho e pimenta-do-reino moída na hora

6 ramos de tomilho

Preaqueça o forno a 200°C. Misture o suco e as raspas de laranja, o mel, a mostarda e o azeite. Coloque o frango em uma tigela refratária rasa onde o frango e a erva-doce caibam em uma única camada. Regue com dois terços da mistura de laranja, polvilhe com sal e espalhe o tomilho. Leve ao forno por 15 minutos.

Apare as pontas dos bulbos de erva-doce, reservando as folhinhas, e remova as folhas mais duras de fora. Corte os bulbos em quatro e retire o miolo debaixo (não demais, ou eles vão desmoronar).

Tire o frango do forno, regue-o com o seu caldo, depois enfie a erva-doce nos vãos e regue com o restante da mistura de laranja. Tempere, recoloque no forno e asse por mais 30 minutos, regando de vez em quando. O frango deve ficar dourado escuro e cozido, e a erva-doce, macia e caramelizada. Sirva com o pilafe abaixo.

pilafe preto e branco

Na verdade é preto e bege! O agrião fica delicioso com a laranja da receita de frango acima. Use essas quantidades como base (150 g de arroz integral e 300 ml de líquido) para qualquer pilafe à base de arroz integral e faça as adaptações.

6 PORÇÕES

75 g de arroz selvagem

1 colher (sopa) de azeite

1 cebola cortada em fatias finas

2 dentes de alho bem picados

4 bagas de cardamomo amassadas (mas sem rasgar)

150 g de arroz integral

300 ml de caldo de frango ou legumes

sal e pimenta-do-reino moída na hora

35 g de agrião, só as folhas

suco de ½ limão-siciliano

Coloque o arroz em uma panela e cubra com água. Leve à fervura, reduza o fogo e cozinhe por cerca de 45 minutos. O arroz selvagem nunca fica completamente mole, mas amacia um pouco.

Aqueça o azeite em uma panela e refogue a cebola em fogo médio-alto, até dourar bem. Adicione o alho e o cardamomo e cozinhe por 1 minuto. Junte o arroz integral e mexa por alguns minutos, depois junte o caldo e a pimenta-do-reino. Leve à fervura, reduza para fogo baixo e tampe. Cozinhe por 25-30 minutos; o caldo será todo absorvido. Tome cuidado para o arroz não secar e queimar.

Escorra o arroz selvagem, misture com o arroz integral e prove. Ao cozinhar grãos no caldo eles ficam muito bem temperados, mas você pode precisar de um pouco mais de sal e pimenta-do-reino. Acrescente o agrião, mexendo com um garfo, e adicione tanto limão quanto você achar necessário. Ele "levanta" o sabor do prato.

carne vietnamita com macarrão de arroz & legumes crocantes

Essa é uma receita em que a carne tem papel importante, mas não maior que o dos legumes. Você não precisa de muita, na verdade já me virei bem com apenas 300 g. Limitar a proteína animal mantém o prato fresco. A textura é muito importante aqui, e a crocância é ótima. Os legumes com o macarrão e o molho rendem sozinhos um ótimo almoço saudável (mesmo sem carne).

4 PORÇÕES

PARA A MARINADA

1 echalota picada

4 dentes de alho picados

2 talos de capim-limão picados

1 colher (sopa) de molho de peixe (nam pla)

1 colher (chá) de açúcar mascavo

pimenta-do-reino moída na hora

PARA O RESTO

1 bife de contrafilé de 400 g

125 g de macarrão de arroz fino

½ pepino japonês cortado em palitos finos (use o pepino comum se não encontrar o japonês)

50 g de broto de feijão

150 g de alface-americana picada

1 cenoura descascada e cortada em palitinhos

15 g de folhas de coentro

folhas de 12 raminhos de hortelã

1 colher (sopa) de amendoim tostado e picado

PARA O MOLHO

1 pimenta dedo-de-moça pequena picada, ou a gosto

1 dente de alho picado

2 colheres (sopa) de suco de limão, ou a gosto

4 colheres (sopa) de molho de peixe (nam pla)

5 colheres (chá) de açúcar, ou a gosto

Faça a marinada triturando a echalota, o alho e o capim-limão juntos, com um pilão, e adicionando aos poucos o molho de peixe, o açúcar mascavo e a pimenta-do-reino. Esfregue-a por todo o bife, coloque em uma tigela, cubra com filme de PVC e leve à geladeira por 1 hora.

Para fazer o molho, triture a pimenta dedo-de-moça e o alho com um pilão e acrescente aos poucos o suco de limão, o molho de peixe e o açúcar. Prove para verificar o equilíbrio entre os sabores doce, azedo e picante, ajustando a quantidade de pimenta, açúcar e limão até ficar como você gosta. Adicione 1 colher (sopa) de água ou quanto você quiser; o molho deve ficar forte. Reserve.

Aqueça uma chapa com grelha no fogo alto até ficar bem quente e frite o bife por 1 minuto e meio de cada lado. A carne deve ficar malpassada. Cubra com papel-alumínio para o bife descansar um pouco.

Coloque o macarrão em um recipiente refratário e despeje a água fervente por cima. Ajude a separar os fios usando pauzinhos, depois escorra, passe sob a água fria e sacuda toda a água que puder.

Coloque o macarrão em um recipiente grande e raso e acomode por cima os legumes e as ervas, cada um em pequenos montinhos separados (você pode misturar tudo, mas eu prefiro os legumes dispostos separadamente). Corte a carne em tiras e sirva em um prato ao lado junto com o molho em uma tigela. Espalhe os amendoins sobre a carne ou a salada, como preferir, e sirva.

pernil de cordeiro aberto com sekenjabin

O tempo de cozimento pode parecer muito curto (sobretudo se você gosta de comer o cordeiro mal-passado), mas essa é a maravilha de assar a carne do cordeiro aberta. Ela fica tão fina que o calor não precisa penetrar muito. Eu deixo a gordura, para garantir bastante sabor.

O sekenjabin é um xarope de hortelã persa, mas essa versão é menos doce e espessa do que seria normalmente. Eu gosto mais assim, para ser honesta: fica mais leve e penetra melhor na carne. No Irã, leva-se sekenjabin aos piqueniques para mergulhar as folhas de alface. Combiná-lo com cordeiro parece uma deliciosa mistura anglo-persa.

Sirva com pão sírio integral (como pão de cominho, p. 108) ou grãos integrais para acompanhar (como o cuscuz de primavera, p. 20). Favas também ficam perfeitas, se você preferir um outro legume. Rende uma refeição comemorativa maravilhosa na primavera ou no verão.

8 PORÇÕES

PARA O SEKENJABIN

150 g de açúcar cristal

150 ml de vinagre de vinho branco

15 g de folhas de hortelã

PARA O CORDEIRO

2,25 kg de pernil de cordeiro desossado e aberto (peso antes de desossar)

6 dentes de alho picados

15 g de folhas de hortelã

sal e pimenta-do-reino moída na hora

3 colheres (sopa) de azeite, e mais para massagear na carne

2 pés de alface-romana, as folhas separadas, lavadas e secas

Faça o sekenjabin no dia anterior. Coloque 300 ml de água em uma panela com o açúcar e leve à fervura em fogo brando, mexendo para ajudar a dissolver o açúcar. Junte o vinagre, reduza o fogo e cozinhe por 15 minutos. Você deve obter um xarope (ele vai engrossar ao esfriar, mas, mesmo assim, não será muito espesso). Retire do fogo e adicione um terço das folhas de hortelã. Deixe até esfriar, coe a hortelã e leve à geladeira até o momento de servir.

Quando estiver pronta para cozinhar o cordeiro, preaqueça o forno a 220°C. Fure a carne várias vezes com uma faquinha afiada para fazer pequenos cortes. Coloque o alho, a hortelã, o sal e a pimenta-do-reino em um pilão e triture tudo, adicionando o azeite. Você deve obter uma pasta grosseira (um miniprocessador de alimentos funciona tão bem quanto um pilão). Aperte essa pasta em todos os cortes do cordeiro. Depois esfregue um pouco de azeite por cima e tempere bem com sal e pimenta. Abra a carne sobre uma assadeira com a gordura para cima. Leve ao forno e asse por 15 minutos. Reduza a temperatura do forno para 190°C e asse por mais 15 minutos. O cordeiro ficará rosado (se você preferir mais bem-passado, aumente o tempo de cozimento por mais 5 minutos). Cubra bem com papel-alumínio, abafe e deixe descansar por 15-20 minutos.

Pique o resto das folhas de hortelã para o sekenjabin e adicione à calda.

Coloque as folhas de alface em uma tigela larga e rasa e sirva-as com o cordeiro, ao lado de uma tigelinha com o sekenjabin. Os comensais devem mergulhar as folhas de alface no sekenjabin e comer com o cordeiro. Sirva o caldo de cozimento do cordeiro, retirando antes o excesso de gordura, em uma jarrinha aquecida ao lado.

sorbet de chocolate e alecrim

Esse é um sorvete amargo, de adulto. Eu gosto dele junto com iogurte grego levemente adoçado e framboesa fresca. É uma combinação apurada, um pouco austera, mas muito boa.

6 PORÇÕES

120 g de açúcar cristal

120 g de cacau em pó

1 raminho pequeno de alecrim

Coloque o açúcar, o cacau em pó e 500 ml de água numa panela, mexendo devagar para ajudar a dissolver o açúcar e o cacau. Adicione o alecrim e leve à fervura. Ferva por 1 minuto. Retire a panela do fogo e deixe esfriar com o alecrim na calda de chocolate.

Retire o alecrim e despeje o líquido em uma máquina de sorvete. Se você não tiver uma, congele a mistura em um recipiente raso que possa ir ao congelador e bata a massa no processador de alimentos três ou quatro vezes no decorrer do congelamento, para quebrar os cristais de gelo.

sorbet de grapefruit e hortelã

Outro sorbet de paladar bastante adulto. Os grapefruits de hoje são muito mais doces do que no passado – eles são selecionados para tal, especialmente as variedades rosa e vermelha –, portanto, tente obter alguns bons e azedos. Esse sorbet tem de ser amargo, de fazer careta!

6 PORÇÕES

175 g de açúcar cristal

raspas da casca de 1 grapefruit branco, mais o suco de 3 (use um ralador)

raspas da casca de 1 limão-siciliano (use um ralador)

40 g de folhas de hortelã

Coloque o açúcar e 300 ml de água em uma panela pequena com as raspas de grapefruit e de limão. Leve ao fogo médio até ferver, mexendo de vez em quando para dissolver o açúcar.

Ferva por 8 minutos, retire a panela do fogo e adicione as folhas de hortelã. Cubra e deixe esfriar completamente.

Coe a calda por uma peneira em uma tigela e misture com o suco de grapefruit.

Transfira o líquido para uma máquina de sorvete. Se você não tiver uma, congele a mistura em um recipiente raso próprio para congelador, batendo a massa em um processador de alimentos três ou quatro vezes no decorrer do congelamento, para quebrar os cristais de gelo.

bolo de pistache e limão

Um bolo perfeito para a primavera. Tire da assadeira antes de derramar a calda, ou ele vai grudar.

8 PORÇÕES

200 ml de azeite, mais um pouco para untar

150 g de pistache sem casca e sem sal

50 g de farinha de rosca

200 g de açúcar demerara

2½ colheres (chá) de fermento químico em pó

raspas da casca de 1 limão-siciliano, mais o suco de 2 limões

4 ovos ligeiramente batidos

60 g de açúcar cristal

Unte uma assadeira de bolo redonda de 20-23 cm e forre a base com papel-manteiga. Coloque 115 g de pistache em um moedor de especiarias ou de café e moa até virar um pó (você pode usar um processador de alimentos, mas não vai ficar tão fino). Misture com a farinha de rosca, o açúcar, o fermento em pó e as raspas de limão. Bata levemente o azeite com os ovos, com um garfo, depois acrescente essa mistura aos ingredientes secos. Transfira para a fôrma preparada e leve ao forno frio. Ajuste o forno para 180°C e asse por 50-55 minutos. O bolo deve soltar das laterais da assadeira.

Enquanto isso, coloque o suco de limão e o açúcar cristal em uma panela com 100 ml de água e mexa em fogo médio até o açúcar dissolver. Leve à fervura, reduza o fogo e cozinhe por cerca de 7 minutos.

Desenforme o bolo, retire o papel e coloque em um prato, o lado de cima virado para cima. Enquanto o bolo ainda estiver quente, fure a superfície toda com um palito. Despeje lentamente a calda por cima e deixe esfriar e absorver.

Pouco antes de servir, pique os pistaches restantes de modo a deixar alguns finos e outros mais grossos. Espalhe-os sobre o bolo.

bolo de beterraba e semente de papoula*

Você não precisa fazer a beterraba cristalizada (que aumenta o teor de açúcar), mas as fatias são absolutamente lindas. Só a cobertura com uma pitada de semente de papoula também fica bom.

8 PORÇÕES

PARA O BOLO

manteiga, para untar

3 ovos grandes

225 g de açúcar mascavo

100 ml de óleo de avelã

200 ml de azeite

½ colher (chá) de extrato de baunilha

150 g de farinha de trigo integral

50 g de farinha de espelta integral

uma boa pitada de sal

¾ de colher (chá) de fermento químico em pó

¾ de colher (chá) de bicarbonato de sódio

raspas da casca de 1 laranja

2 colheres (sopa) de sementes de papoula, mais 1 colher (chá) para servir (opcional)

2 colheres (sopa) de avelã tostada picada

225 g de beterraba crua ralada grosseiramente

PARA A BETERRABA CRISTALIZADA (OPCIONAL)

280 g de açúcar cristal

½ beterraba listrada pequena cortada em fatias finas horizontais

½ beterraba comum pequena cortada em fatias finas horizontais*

* Se não encontrar a beterraba listrada pequena, substitua as duas metades por 1 beterraba comum pequena.

PARA A COBERTURA

½ clara de ovo

150 g de açúcar de confeiteiro peneirado

um pouco de suco de limão-siciliano

Preaqueça o forno a 180°C. Unte uma assadeira de bolo inglês de 22 cm x 11 cm x 6 cm e forre a base com papel-manteiga.

Bata os ovos com o açúcar usando uma batedeira, até obter um creme leve e claro. Acrescente o óleo, o azeite e a baunilha e, com a batedeira na velocidade mais baixa, junte as farinhas, o sal, o fermento, o bicarbonato e as raspas de laranja. Adicione as 2 colheres (sopa) de sementes de papoula, a avelã e a beterraba. Transfira para a fôrma preparada.

Asse por 40 minutos, depois reduza o fogo para 170°C e asse por mais 20 minutos, ou até que um palito inserido no meio saia limpo. Deixe na fôrma por 10 minutos, depois desenforme em uma grade para esfriar completamente.

Enquanto isso, prepare a beterraba cristalizada. Coloque o açúcar em uma panela com 200 ml de água e leve à fervura branda, mexendo um pouco para ajudar a dissolver o açúcar. Ferva por 5 minutos, reduza o fogo e cozinhe as fatias de beterraba listrada por 15 minutos. Retire-as, escorra o excesso de calda e coloque-as sobre um pedaço de papel-manteiga para secarem um pouco (ainda estarão grudentas, mas ficarão secas o suficiente em cerca de 30 minutos). Repita com as fatias da beterraba comum.

Para fazer a cobertura, bata ligeiramente a clara de ovo e acrescente aos poucos o açúcar de confeiteiro, batendo até ficar homogêneo. Junte um pouco de suco de limão. Espalhe sobre a parte de cima do bolo, deixando escorrer pelas laterais. Coloque as fatias mais bonitas de beterraba cristalizada por cima, ou polvilhe 1 colher (chá) de sementes de papoula, se quiser. Deixe firmar um pouco antes de servir (a cobertura não fica muito dura).

* No Brasil, embora o uso culinário seja permitido, há certa dificuldade para encontrar semente de papoula. Você pode substituí-la por chia ou gergelim.

verão

comer no verão

O apetite fica inconstante no verão, às vezes parecendo completamente ausente. O calor pode ser tão grande que tudo o que você deseja é saciar a sede, e de repente não há como resistir a uma fruta bem doce – a vontade de sentir o caldo de um pêssego escorrendo pelas mãos – ou ao cheiro defumado de um frango grelhado. É com certeza a estação mais fácil para se comer de forma "saudável" e não é preciso cozinhar muito, se você não quiser. Tomate com azeite, aliche e salsa, fava com feta e hortelã, tudo é simples, basta montar. Frutas e legumes são abundantes e variados, mas também é um bom momento para comer peixe – ele desce fácil – e os grãos mais leves. O cuscuz integral e o trigo para quibe são a comida perfeita para o verão (e rápidos de preparar).

Não perca uma das alegrias essenciais da arte de cozinhar. Flores e pétalas comestíveis não são frescura nem exagero – elas realmente oferecem a você a chance de virar um pintor na cozinha –, e as ervas de verão, como estragão, cerefólio e manjericão, também fazem com que o perfume ganhe destaque.

início do verão

abobrinha
agrião
alcachofra
alface
aspargo
batata-bolinha
berinjela
beterraba
cebolinha
cenoura
erva-doce
ervilha
espinafre
fava
rabanete
rúcula
tomate
urtiga
vagem francesa
vagem macarrão

azedinha
capuchinha
cerefólio
cebolinha-francesa
endro
estragão
hortelã
manjericão
orégano
sabugueiro

ameixa amarela
cereja
damasco
groselha
mirtilo
morango
pêssego
ruibarbo

arenque
bacalhau fresco
camarão
caranguejo
escamudo
hadoque
lagostim
linguado
lula
salmão
sardinha
sargo
solha
truta marinha
vieira

meados do verão

acelga
repolho

amora
cassis
melão

cordeiro
coelho

final do verão

cogumelo selvagem
milho-verde
pepino
pimentão

ameixa
amora
cassis
figo
framboesa
groselha
nectarina

badejo
cavalinha
cioba
linguado
tainha
tamboril
trilha

salada de nectarina, tomate e manjericão com muçarela de búfala

Uma das melhores saladas deste livro, mostra todo o perfume do manjericão. Você pode deixar a muçarela de fora se estiver controlando a ingestão de gordura (mas, antes, leve em consideração o texto sobre gordura nas pp. 284-5), ou sirva burrata em vez de muçarela (fica ainda melhor), se não estiver.

6 PORÇÕES COMO ENTRADA,
4 COMO PRATO PRINCIPAL

3 nectarinas

275 g de tomate, com cores variadas, se possível

250 g de muçarela de búfala sem o soro

folhas de 1 maço grande de manjericão-italiano

sal e pimenta-do-reino moída na hora

1½ colher (sopa) de vinagre balsâmico branco

3 colheres (sopa) de azeite extravirgem

Corte as nectarinas ao meio, retire os caroços e corte cada metade em quatro fatias iguais. Corte os tomates menores pela metade e os maiores em quatro (ou seis ou oito, dependendo do tamanho). Rasgue grosseiramente a muçarela em pedaços.

Em uma tigela larga e rasa, disponha os ingredientes em camadas, tempere com sal e pimenta-do-reino e espalhe o balsâmico branco e o azeite extravirgem. Sirva imediatamente.

é tomate que não acaba mais... **salada de tomate, melão e pepino** Bata no liquidificador 1½ colher (sopa) de vinagre de vinho branco, 2 colheres (sopa) de óleo de amendoim, 4 colheres (sopa) de azeite, 18 folhas de hortelã, ½ colher (chá) de mostarda de Dijon, sal, pimenta-do-reino moída na hora e 1 colher (chá) de açúcar. Verifique o tempero, pois, como esse molho é agridoce, é preciso obter um bom equilíbrio entre o vinagre e o açúcar. Corte 350 g de tomate-cereja ao meio (de cores variadas, se você conseguir) e retire as sementes de 1 melão pequeno (do tipo gália ou cantalupo). Corte o melão em cubos. Retire metade da casca de 1 pepino japonês pequeno para ele ficar listradinho (use um pepino comum se não encontrar o japonês), corte-o ao meio no sentido do comprimento, retire as sementes com uma colherinha e fatie a polpa. Misture o tomate, o melão e o pepino com o molho e tempere. Sirva rapidamente, pois os ingredientes amolecem demais se deixados por mais de 45 minutos. Rende de seis a oito porções como acompanhamento, embora funcione também como uma salada de prato principal, se você adicionar pedaços de feta (caso essa seja sua opção, acrescente mais folhas de hortelã rasgadas para finalizar o prato).

sopa gelada de tomate com cominho e abacate

O sabor dos tomates é tudo nessa receita, pois acontece pouca coisa com eles, basta cortar e bater. O importante é contar com bons ingredientes e provar o tempo todo para obter um bom equilíbrio de sabores (o tempero, o azeite e o vinagre são vitais) e de texturas.

6-8 PORÇÕES

1 kg de tomate bem saboroso
300 g de pepino descascado
1 pimentão vermelho
4 cebolinhas
2 dentes de alho grandes
2 colheres (chá) de cominho em pó, e mais, se necessário
150 ml de azeite extravirgem, e mais para servir
2 colheres (sopa) de vinagre de xerez
2 colheres (chá) de açúcar
sal e pimenta-do-reino moída na hora
1 abacate pequeno
suco de 2 limões
4 colheres (sopa) de folhas de coentro picadas

Pique grosseiramente o tomate, o pepino, o pimentão, a cebolinha e o alho (descarte as sementes, as partes brancas e o pedúnculo do pimentão) e coloque em um liquidificador – em lotes –, com o cominho, o azeite extravirgem, o vinagre, o açúcar e o tempero. Bata.

Passe a mistura por uma peneira de náilon sobre uma tigela grande. Antes de bater o último lote, prove o purê para ver se nota bem o sabor do cominho. Ele deve ser sutil, mas presente; adicione um pouco mais, se precisar. Quando tudo estiver peneirado, prove para saber se está bom de sal, depois cubra e leve à geladeira.

Para servir, parta o abacate ao meio e retire o caroço. Descasque e corte o abacate em rodelas ou cubos (dependendo do tamanho da tigela onde for servir a sopa). Esprema o limão sobre eles e tempere bem com sal e pimenta. Sirva a sopa fria com um fiozinho de azeite extravirgem, o abacate e o coentro.

salada birmanesa de melão e gengibre

Essa salada é fresca e sacia a sede, mas é preciso servi-la bem gelada. Às vezes adiciono cubos de pepino sem sementes também (ele combina muito bem com o melão). Algumas receitas incluem repolho picado, mas você pode experimentar com alface-romana. A receita fica deliciosa com peixe ou carne de porco, ou como parte de algumas saladas variadas (experimente com a salada de frango birmanesa, p. 216). Se quiser, acrescente coco fresco ralado.

4 PORÇÕES

- 500 g de melão sem sementes e em cubos (uma mistura de vários tipos fica melhor: cantalupo, gália, e até melancia, o que você encontrar)
- 2 colheres (sopa) de óleo de amendoim
- 2 echalotas cortadas em fatias finas
- 3 cm de gengibre descascado e cortado em palitinhos
- 3 dentes de alho cortados em fatias muito finas
- 1 colher (sopa) de molho de peixe (nam pla)
- ½ colher (sopa) de açúcar
- suco de 2 limões
- 2 colheres (sopa) de folhas de hortelã rasgadas
- 2 colheres (sopa) de folhas de coentro picadas
- 2 colheres (sopa) de folhas de manjericão rasgadas
- 1 colher (sopa) de gergelim tostado
- 2 colheres (sopa) de coco fresco ralado (opcional)
- 1 colher (sopa) de amendoim tostado picado

Coloque o melão em uma saladeira. Aqueça o óleo de amendoim em uma frigideira e refogue as echalotas suavemente, até começarem a amolecer. Adicione o gengibre e refogue por 1 minuto; depois o alho, refogando por mais 1 minuto. Deixe esfriar.

Misture o molho de peixe, o açúcar e o suco de limão e despeje na tigela sobre o melão. Acrescente com cuidado a echalota refogada e leve à geladeira por alguns instantes. Se você deixar por mais de 1 hora, o melão ficará mole demais e o prato perderá o frescor.

Junte com delicadeza todas as ervas, o gergelim, o coco (se for usar) e o amendoim. Sirva imediatamente.

e também... kachumber (salada indiana de pepino)

Essa salada, onipresente na Índia, refresca que é uma beleza. Fica ótima com frango picante, mas eu também como só com grãos e outras saladas (adoro junto com a salada bárbara, p. 230, mesmo sendo de dois cantos diferentes do mundo).

Pique em pedaços pequenos 6 tomates muito saborosos e 200 g de pepino descascado e sem sementes. Acrescente 4 rabanetes cortados em palitinhos, ¼ de cebola roxa bem picada, folhas rasgadas de 8 raminhos de hortelã, 15 g de folhas de coentro picadas, 1½ colher (sopa) de azeite extravirgem, 2 colheres (sopa) de suco de limão-siciliano ou taiti e 1 pimenta dedo-de-moça verde pequena, sem sementes e bem picada. Tempere bem. Coloque 1 colher (chá) de sementes de cominho em uma frigideira seca e toste-as por cerca de 1 minuto, ou até sentir o cheiro do cominho. Junte à salada também. Misture tudo, prove o tempero e sirva imediatamente (às vezes eu rego com iogurte natural – um bem azedo). Rende quatro porções.

menu de verão almoço na sicília

salada siciliana de alcachofra e fava com molho de açafrão | granita de café espresso

Um almoço leve mas cheio de sabores contrastantes; perfeito para o clima quente. Se você quiser mais carboidrato junto com as favas, experimente o tabule de cevadinha (p. 135) ou a fregola sarda (p. 142).

salada siciliana de alcachofra e fava com molho de açafrão

Você pode adicionar outros sabores sicilianos clássicos, como aliche ou alcaparra picada, e às vezes incluo também ervilha, tomate ou pimentão assado. Pode parecer pouco servir só isso como prato principal, mas os sabores da Sicília são grandiosos e gratificantes. No entanto, uma trilha ou cioba assada, atum grelhado, pimentão ou tomate ao forno são boas pedidas se você quiser estender a refeição. Retirar a pele das favas é um pouco trabalhoso, mas vale a pena pela cor verde-esmeralda.

Corações de alcachofra no azeite são caros, por isso eu geralmente compro os que vêm em água. Depois de marinarem no azeite por algum tempo, ficam deliciosos. Tenha-os sempre à mão na geladeira.

4 PORÇÕES COMO ALMOÇO LEVE

- 30 g de uva-passa
- 1½ colher (sopa) de suco de limão
- ½ colher (sopa) de vinagre balsâmico branco
- uma boa pitada de pistilos de açafrão
- 1 colher (chá) de mel líquido
- sal e pimenta-do-reino moída na hora
- 5 colheres (sopa) de azeite extravirgem
- 175 g de corações de alcachofra em conserva escorridos
- 450 g de fava sem a vagem
- ½ colher (sopa) de azeite
- 4 echalotas cortadas em fatias finas
- 2 dentes de alho bem picados
- ¼ ou ½ colher (chá) de pimenta-calabresa, ou a gosto
- 2 colheres (sopa) de pinhole tostado
- folhas rasgadas de um maço pequeno de hortelã

Deixe a uva-passa de molho na água fervente por 30 minutos, depois escorra. Faça o molho misturando o suco de limão, o balsâmico branco e o açafrão em uma panela pequena e aqueça suavemente: o açafrão vai tingir e dar sabor ao líquido enquanto esquenta. Deixe esfriar, depois misture o mel, o sal, a pimenta-do-reino e o azeite extravirgem. Fatie os corações de alcachofra, coloque-os em um prato de servir, regue com o molho e vire com cuidado para envolvê-los no tempero. As alcachofras ficam muito melhores se puderem marinar por algum tempo (1 hora é ótimo).

Coloque a fava em uma panela com água fervente e cozinhe até ficarem macias (cerca de 3 minutos). Escorra, passe-as sob a água fria e retire as peles. Reserve.

Aqueça o azeite comum e refogue suavemente as echalotas, até ficarem macias e um pouco douradas, depois junte o alho e a pimenta-calabresa e refogue por mais 1 minuto. Coloque essa mistura sobre as alcachofras. Adicione todos os outros ingredientes ao prato e misture delicadamente. Prove para checar o tempero e o equilíbrio entre doce e salgado, e depois sirva.

granita de café espresso

Escura, doce e amarga, essa é uma das granitas clássicas italianas. Na Sicília, é servida com creme de leite grosso – você é quem decide se isso deve fazer parte do menu.

4 PORÇÕES

50 g de café em grão

115 g de açúcar cristal

2 tiras da casca de 1 limão-siciliano, e um pouco de suco

Moa os grãos de café e coloque-os em uma panela com 675 ml de água, o açúcar e as tiras de limão. Leve à fervura, mexendo para ajudar a dissolver o açúcar, depois retire do fogo e reserve até amornar. Filtre com um filtro de café de papel. Adicione o suco de limão e deixe esfriar, depois leve à geladeira.

Despeje a mistura em um recipiente raso resistente a baixas temperaturas e leve ao congelador. Amasse os cristais de gelo com um garfo para separá-los três ou quatro vezes durante o processo de congelamento, a fim de obter uma boa consistência. Coloque a granita em copinhos e sirva.

uma alternativa... granita de limão e manjericão

Não sabemos ao certo se o sorvete foi inventado na Sicília, ou mesmo em Nápoles, mas os árabes que ocuparam aquela região certamente introduziram o hábito de usar a neve do monte Etna para gelar seus sucos de frutas. Dali foi um pequeno passo para as granitas, que os sicilianos adoram. Faça essa receita se você não gosta da granita de café espresso. Misture 200 g de açúcar cristal com 350 ml de água em uma panela pequena e adicione as raspas da casca de 3 limões-sicilianos (removidas com um ralador). Aqueça aos poucos, mexendo de vez em quando para ajudar a dissolver o açúcar. Leve à fervura e cozinhe por 4 minutos. Retire do fogo e adicione 6 raminhos de manjericão italiano de bom tamanho. Deixe em infusão por cerca de 45 minutos. Retire o manjericão, coe a calda e adicione 500 ml de suco de limão-siciliano (que é o suco de cerca de 7-8 limões grandes e suculentos). Mexa e despeje a mistura em um recipiente raso resistente a temperaturas baixas. Deixe congelar, amassando a mistura com um garfo cerca de três ou quatro vezes durante o processo de congelamento. Sirva em copinhos congelados com um raminho de manjericão por cima. Rende oito porções (mas reduza as quantidades pela metade, se quiser).

sopa de pepino e iogurte com nozes e pétalas de rosa

Eu adoro o visual – e a ideia – das sopas de pepino do Oriente Médio, mas nunca provei uma que tivesse boa profundidade de sabor (pelo menos para mim). Então, essa versão não é puro Oriente Médio, pois usei um pouco de caldo de frango, o que não é típico, mas tem o espírito adequado: leve, saudável e com um sabor "verde". Na verdade, eu prefiro sem as frutas secas, mas elas são tradicionais na receita.

8 PORÇÕES

PARA A SOPA

600 g de pepino descascado e picado, mais palitos de pepino para servir

100 g de nozes, e mais nozes picadas para servir

4 dentes de alho picados

6 cebolinhas picadas, a parte branca incluída

3 colheres (sopa) de folhas de hortelã picadas

3 colheres (sopa) de folhas de endro picadas, e mais para servir

uma boa pitada de pimenta-calabresa

folhas de 5 raminhos de estragão

50 g de pão italiano amanhecido, sem a casca e rasgado

250 ml de caldo de galinha forte

200 g de iogurte natural de consistência firme

150 ml de azeite extravirgem, ou a gosto

suco de ½ limão-siciliano, ou a gosto

2 colheres (sopa) de vinagre balsâmico branco, ou a gosto

sal e pimenta-do-reino moída na hora

PARA SERVIR

um punhado de uva-passa (opcional)

pétalas de rosas vermelhas ou cor-de-rosa

Se você for servir a sopa com a uva-passa, coloque-a em uma tigelinha e cubra com água recém-fervida. Reserve por 30 minutos para inchar, depois escorra.

Coloque todos os ingredientes para a sopa em um liquidificador, em lotes, se necessário, e bata. Você vai ter que parar de vez em quando e mexer os ingredientes para que todos cheguem perto da lâmina. Prove o tempero: essa sopa precisa ser ajustada com muito cuidado. Talvez ache que é preciso mais uma gota de suco de limão ou balsâmico branco, ou azeite extravirgem, em vez de sal ou pimenta-do-reino.

Deixe gelar bem na geladeira e sirva em cumbuquinhas junto com as passas (se for usar), as nozes picadas, os palitos de pepino, o endro e as pétalas de rosa.

ou uma versão mais substanciosa...

A sopa de pepino é muito fácil de adaptar e pode ser servida de várias maneiras. Em vez de pétalas de rosa e nozes, finalize com algumas colheradas de tartare de salmão (p. 53) ou de salmão defumado em flocos, ou até mesmo um ovo cozido e picado ainda quente, junto com camarões salteados. Você também pode tentar substituir o endro da receita por manjericão, e as nozes por amêndoas, para deixar a sopa mais italiana. Finalize com tomate bem picado e folhas de manjericão rasgadas, temperados com azeite, vinagre e sal, ou uma gremolata de amêndoa e manjericão (p. 98).

salada com salmão defumado, centeio, beterraba e rabanete

Sabores escandinavos. Se você nunca experimentou grãos de centeio antes, esse é um bom começo. Não vai surpreender o seu paladar, pois já é comum combinar salmão defumado com pão de centeio.

4 PORÇÕES COMO PRATO PRINCIPAL

PARA A SALADA

200 g de centeio em grão

4 beterrabas pequenas cruas

um pouco de azeite

sal e pimenta-do-reino moída na hora

12 rabanetes, de preferência compridos e bicolores

5 colheres (sopa) de azeite extravirgem (frutado, em vez de herbáceo)

suco de 1 limão-siciliano pequeno

50 g de folhas para salada (uma mistura que inclua folhas com caules vermelhos fica linda)

680 g de salmão defumado (filés ou fatias)

PARA O MOLHO

75 ml de iogurte desnatado

2 colheres (sopa) de azeite extravirgem

½ dente de alho amassado

2 colheres (sopa) de folhas de endro picadas

Deixe o centeio de molho durante a noite, depois enxágue bem. Coloque em uma panela com bastante água, até cobrir, depois leve à fervura. Reduza um pouco o fogo e cozinhe até ficar macio (50-60 minutos). Verifique sempre se há água suficiente na panela, e acrescente mais água fervente, se preciso.

Preaqueça o forno a 190°C. Limpe as beterrabas, mas não as descasque. Disponha-as sobre um pedaço grande de papel-alumínio em uma assadeira. Regue com um pouco de azeite comum e tempere. Amasse a folha ao redor das beterrabas para fazer um papelote. Asse por 30-40 minutos. Para checar se estão prontas, abra o papelote e fure-as com a ponta de uma faca; elas devem estar macias. Deixe esfriar, depois descasque – a pele deve sair facilmente – e corte em palitinhos. Retire um pedaço em cima e embaixo dos rabanetes e corte-os em fatias finas no sentido do comprimento.

Quando o centeio estiver cozido, deve ficar inchado e macio, mas ainda um pouco borrachudo. Escorra e lave com água fervente. Enquanto ainda estiver quente, tempere com 4 colheres (sopa) de azeite extravirgem, o suco de limão, sal e pimenta-do-reino.

Quando o grão estiver à temperatura ambiente, misture delicadamente com a beterraba, as folhas, o rabanete e 1 colher (sopa) do azeite extravirgem restante (ou disponha tudo sobre um prato, sem misturar). Bata rapidamente os ingredientes para o molho. Coloque o salmão por cima do centeio e da beterraba. Regue com um pouco de molho e sirva o resto em uma molheira.

salada morna de grapefruit rosa, camarão e coco queimado

Alguns supermercados vendem embalagens com pedaços pequenos de coco fresco sem casca para você não precisar ter todo aquele trabalhão de quebrar coco no degrau da porta da frente (como eu).

4 PORÇÕES COMO PRATO PRINCIPAL LEVE

PARA O MOLHO

2 colheres (sopa) de suco de limão

2 colheres (sopa) de molho de peixe (nam pla)

1 colher (sopa) de açúcar mascavo (ou açúcar de coco, se você achar)

1½ colher (sopa) de óleo de amendoim

PARA A SALADA

2 grapefruits cor-de-rosa

30 g de coco fresco

1 colher (sopa) de óleo de amendoim

400 g de camarão rosa grande, descascado e sem as vísceras (de preferência orgânico)

2 pimentas dedo-de-moça pequenas, sem sementes e bem picadas

sal e pimenta-do-reino moída na hora

uma boa espremida de suco de limão

2 minialfaces, as folhas separadas e rasgadas

cerca de 30 folhas de hortelã rasgadas

2 colheres (sopa) de amendoim tostado e picado

1 colher (sopa) de gergelim branco

Para fazer o molho, basta misturar todos os ingredientes.

Corte o grapefruit em gomos: retire um pedaço em cima e embaixo de cada fruta para ficar com uma base plana. Usando uma faca bem afiada, extraia a casca e a pele branca de cada grapefruit, trabalhando em torno da fruta, descascando tiras largas de cima a baixo. Sobre uma tigela, deslize uma faca de lâmina fina e afiada entre a pele de cada lado de cada gomo e corte o gomo fora.

Retire lascas do coco com um descascador de legumes, se você tiver um pedaço de coco grande, ou então corte o coco em fatias finas usando uma faca bem afiada. Toste-o em uma frigideira seca até dourar; atenção, pois isso acontece rapidamente. Transfira para um prato.

Aqueça o óleo de amendoim em uma frigideira e refogue rapidamente os camarões em fogo médio, cozinhando até ficarem cor-de-rosa (isso leva cerca de 3 minutos). Quando faltar 1 minuto para ficar pronto, jogue a pimenta dedo-de-moça. Tempere e adicione um pouco de suco de limão. Misture logo em seguida os camarões com a alface, o grapefruit, a hortelã e o molho. Polvilhe o amendoim, o coco e o gergelim e sirva imediatamente.

experimente uma versão com caranguejo... Misture 1 pimenta dedo-de-moça sem sementes e picada, 1 colher (sopa) de molho de peixe (nam pla), 1 colher (sopa) de molho de soja light, 3 colheres (sopa) de vinagre de arroz, 1 echalota pequena e bem picada, 3 colheres (sopa) de água morna e 1½ colher (sopa) de açúcar, mexendo para dissolver o açúcar. Separe os gomos de 2 grapefruits (veja acima). Divida 115 g de salada de folhas, 15 g de folhas de manjericão e 15 g de folhas de hortelã entre quatro pratos, cubra com o grapefruit e 400 g de carne branca de caranguejo; finalize com o molho. Sirva imediatamente com gomos de limão. Rende quatro porções.

salada de queijo de cabra e cereja com gremolata de amêndoa e manjericão

Não é novidade combinar queijo de cabra com cerejas, mas essa receita alcança patamares inexplorados; a cereja macerada é um sonho. A gremolata também fica ótima com hortelã em vez de manjericão.

6 PORÇÕES

PARA A CEREJA

400 g de cereja

1 colher (sopa) de conhaque ou grappa (opcional)

2 colheres (chá) de vinagre balsâmico branco

4 colheres (sopa) de azeite extravirgem

1 colher (sopa) de suco de limão

PARA A GREMOLATA

40 g de amêndoa sem casca e sem pele

raspas da casca de 1 limão-siciliano

1 dente de alho muito bem picado

cerca de 12 folhas de manjericão italiano

PARA A SALADA

150 g de queijo de cabra esmigalhado em pedaços

125 g folhas de salada de sabor suave

1 colher (sopa) de vinagre balsâmico branco

3 colheres (sopa) de azeite extravirgem (frutado, em vez de herbáceo)

sal e pimenta-do-reino moída na hora

Prepare as cerejas para macerar. Retire os caroços: eu simplesmente rasgo cada uma com os dedos, pois isso rende lindos formatos, mas, se você preferir, use uma faca. Coloque em uma tigela todos os outros ingredientes e as cerejas, mexa e reserve por algo entre 30 minutos e 2 horas.

Para fazer a gremolata, toste as amêndoas em uma frigideira seca até dourarem (cuidado, isso acontece rapidamente). Transfira para uma tábua de cortar e deixe esfriar. Adicione as raspas da casca de limão, o alho e o manjericão e pique finamente com uma faca bem afiada.

Para a salada, misture o queijo de cabra com as folhas, o balsâmico branco, o azeite extravirgem, sal e pimenta-do-reino. Disponha sobre uma travessa ou divida entre pratos. Espalhe as cerejas por cima com o caldo da maceração, seguido pela gremolata. Sirva imediatamente.

salada turca picadinha com haydari

A pasta turca de pimentão tem sabor de pimenta bastante vivo e marcante na ponta da língua (há uma receita dela no meu livro *Salgado, doce, defumado*). Se você não a encontrar, use uma outra pasta de pimenta (harissa, por exemplo). Esse prato é para uma ocasião especial. É delicioso e saudável, mas leva tempo picar tudo.

8 PORÇÕES COMO ENTRADA, 4 COMO ALMOÇO LEVE

PARA O HAYDARI

400 g de iogurte natural de consistência firme

¼ de colher (chá) de sal

2 dentes de alho amassados

1 pimenta dedo-de-moça verde pequena, sem sementes e bem picada

6 colheres (sopa) de folhas de endro picadas

PARA A SALADA

4 tomates italianos maduros e bem saborosos

2 pimentões vermelhos sem sementes e bem picados

2 pimentas dedo-de-moça pequenas, sem sementes e bem picadas

2 pepinos pequenos com cerca de 225 g cada, descascados, sem sementes e bem picados

2 echalotas bem picadas

3 colheres (sopa) de folhas de salsa bem picadas

2 colheres (sopa) de folhas de hortelã bem picadas

2 colheres (chá) de pasta turca de pimentão ou harissa

1 colher (sopa) de melaço de romã

2 colheres (chá) de vinagre de vinho branco

100 ml de azeite extravirgem, e mais para servir

sal e pimenta-do-reino moída na hora

sementes de ½ romã (opcional)

PARA SERVIR

páprica ou sumagre

pão sírio quente

Para fazer o haydari, coloque o iogurte em um pano de prato novo ou em um pedaço de tecido fino. Junte as pontas do pano para formar um saco e esprema delicadamente sobre a pia para ajudar a retirar um pouco do líquido. Acomode em uma peneira sobre uma tigela e leve à geladeira por 24 horas. Nesse meio-tempo vai sair mais líquido e o iogurte ficará bem firme. Transfira o conteúdo do pano para uma tigela e misture todos os outros ingredientes do haydari.

Mergulhe os tomates em água fervente por 10 segundos, retire-os e passe-os imediatamente sob a água fria. Retire a pele. Corte-os ao meio, extraia as sementes (jogue-as fora) e pique a polpa em pedaços bem pequenos.

Coloque a polpa do tomate em uma tigela com o pimentão, a pimenta dedo-de-moça, o pepino e a echalota. Adicione as ervas, a pasta de pimenta, o melaço de romã, o vinagre de vinho e 2 colheres (sopa) de azeite extravirgem. Tempere e mexa delicadamente. Deixe descansar por 30 minutos para os sabores se misturarem.

A mistura de tomates terá soltado um pouco de água depois de 30 minutos, portanto escorra essa água e coloque a mistura sobre uma peneira de náilon grande. Ela não deve ficar nem seca nem aguada demais. Transfira para uma tigela e adicione o restante do azeite extravirgem. Prove o tempero e espalhe as sementes de romã por cima (se for usar).

Espalhe páprica ou sumagre sobre o haydari e regue com um pouco de azeite extravirgem. Sirva com a salada e pão sírio quente.

salada nunca é demais

Ao longo dos últimos vinte anos a salada não só ficou mais "adulta" enquanto prato como também se tornou uma refeição complexa, multifacetada e capaz de surpreender. Já se foi o tempo em que "salada" era uma mistura de folhinhas sem graça, tomates sem gosto, ovo cozido e um molho cremoso (e a inevitável beterraba manchando tudo). Ou, então, quando fazíamos regime, aquela combinação sofrida de folhas sem molho e com queijo cottage. Então surgiram algumas saladas "estrangeiras", ou precisamente a niçoise e a caesar. Mas o prato que realmente mudou a nossa atitude em relação às saladas foi a salada com queijo de cabra (ou, sem traduzir, "chèvre"). Assim que nos acostumamos com a ideia de folhas bem temperadas e rodelas de queijo grelhado com sabor marcante, ficamos mais abertos à possibilidade de temperaturas e texturas diferentes em uma salada.

Com o tempo, a salada deixou de ser apenas uma entrada ou um acompanhamento e assumiu muitas vezes a condição de prato principal. E não foram só aquelas "senhoras que almoçam" que a adotaram – todos sucumbiram. Agora as saladas apresentam uma variedade infindável: podem incluir frango em crosta de gergelim e shiitake, hadoque quente defumado e ovos, tomates assados e quentes, iogurte frio e sementes de romã. Elas não são mais só algo leve, podem ser também supertemperadas, apimentadas, minerais, assertivas, ácidas. Podem abranger opostos e, de fato, o contraste é um de seus maiores prazeres – quente e frio, sutil e marcante, crocante e macio –, dando a sensação de algo vital. Às vezes, quando eu levo um prato de salada à mesa, as bordas polvilhadas com vinagre e azeite, as folhas praticamente despencando pelos lados, parece uma coisa quase viva: grande, expansiva e bela.

Quando meu paladar começou a mudar (para tornar-se – inadvertidamente – mais "saudável"), percebi que minha concepção de salada tinha se ampliado ainda mais. As saladas hoje em dia refletem as últimas mudanças nos nossos hábitos alimentares e ficam cada vez mais inventivas. Nossa familiaridade crescente com ingredientes "incomuns" – limão confit, conserva de ameixa japonesa (umê), molho de peixe (nam pla), grãos pouco usuais – permitiram que as saladas fossem inspiradas pela comida do Oriente Médio, da Ásia e de outros lugares. Uma salada pode ser um prato cheio de legumes crus e crocantes – cenoura, rabanete, nabo, pepino – em pequenos montinhos ao lado de punhados de hortelã e manjericão, aguardando serem mergulhados em um molho picante vietnamita. Nosso amor crescente pelos vegetais fez com que todo tipo de raiz e folha – da abóbora aos brotos de ervilha – virasse salada. E podemos comer salada todos os dias do ano, não só no verão.

É claro que uma salada não precisa ser complicada. É possível se ater ao básico: coma uma tigela de agrião temperada a cada refeição e você dará ao seu corpo o melhor alimento que existe. Experimente comer uma salada como prato principal – folhas frescas murchando ao calor do frango quente não vão fazer você se sentir mal-alimentado – ou, como fazem os franceses, após o prato principal. É um hábito muito bom – e delicioso.

E por que estou contando tudo isso? Pense no que as saladas são, de uma maneira geral: vegetais. Podem conter grãos e carne também, mas há sempre vegetais, a única coisa sobre a qual os nutricionistas e especialistas estão de acordo: todos aceitam que eles fazem bem (veja as pp. 252-3 para saber mais sobre isso). Comer mais saladas – mesmo que seja só uma salada verde simples com molho a cada refeição – significa comer mais vegetais. E, ponto pacífico, isso faz bem.

molhos

Os molhos rendem cerca de quatro porções, mas a quantidade depende do que vão acompanhar – folhas requerem menos, amidos requerem mais. Há uma porção de outros molhos ao longo deste livro.

PARA O ASIÁTICO PICANTE, AGRIDOCE E SALGADO

- 3½ colheres (chá) de açúcar, ou a gosto
- suco de ½ limão
- 1 dente de alho pequeno ralado
- ½ colher (chá) de gengibre ralado
- ¾ de colher (sopa) de molho de peixe (nam pla), ou a gosto
- 1 pimenta dedo-de-moça pequena, sem sementes e muito bem picada
- 4 colheres (sopa) de óleo de amendoim

PARA O DE ROSA E FRAMBOESA

- 1 colher (sopa) de vinagre de framboesa (com polpa de framboesa)
- uma pitada de açúcar
- sal e pimenta-do-reino moída na hora
- 3½ colheres (sopa) de azeite extravirgem (frutado, em vez de herbáceo)
- 1¼ colher (chá) de água de rosas, ou a gosto

PARA O DE ALICHE, AZEITONA E ALCAPARRA

- 1½ colher (sopa) de vinagre de vinho branco
- 1 dente de alho ralado
- sal e pimenta-do-reino moída na hora
- 4½ colheres (sopa) de azeite extravirgem
- ½ colher (sopa) de folhas de salsa bem picadas
- ½ colher (sopa) de alcaparra lavada e picada
- 4 filés de aliche escorridos e picados
- 5 azeitonas pretas sem caroço e bem picadas

asiático picante, agridoce e salgado

Útil e versátil. Misture com alguns palitos simples de cenoura e nabo japonês (adicione folhas de manjericão, hortelã ou coentro também) ou use para saladas orientais com peito de pato, vagem e folhas, ou atum grelhado, ervas e macarrão-celofane (harussame). Use metade da pimenta se não quiser um molho muito picante.

Misture o açúcar com o suco de limão para ajudar a dissolver o açúcar. Adicione o alho, o gengibre, o molho de peixe e a pimenta dedo-de-moça, depois junte o óleo de amendoim, batendo. Prove para checar o equilíbrio entre doce e salgado, colocando mais açúcar ou molho de peixe, se quiser.

rosa e framboesa

Perfumado e estival. Use-o com uma salada de frango grelhado (que você marinou com melaço de romã e especiarias), ou em uma salada de frango, cereja, agrião e amêndoa. É um ótimo molho para folhas, para acompanhar comida marroquina ou persa.

Para essa receita você precisa de vinagre que contenha polpa de framboesa, ou então use 1 colher (sopa) de vinagre de framboesa comum misturado com 2 framboesas amassadas (passadas por uma peneira de náilon para tirar as sementes).

Coloque o vinagre de framboesa em um potinho. Adicione a pitada de açúcar e de sal, em seguida misture o azeite extravirgem. Adicione a água de rosas pouco a pouco; elas variam bastante em força, portanto verifique. Você pode até querer um pouco mais do que a quantidade sugerida.

aliche, azeitona e alcaparra

De textura bastante espessa, fica bom com tomate, rabanete fatiado, batata quente (com vagem ou cebolinha picada), feijão-branco, pimentão assado e ovo cozido quente.

Basta misturar tudo, depois provar. Ajuste o tempero de acordo com o que vai usar; ovo cozido e batata pedem um molho bem temperado (você pode até adicionar um pouco de limão-siciliano). Se for servir com tomate, suavize-o diminuindo a dose de vinagre.

tomate assado com açafrão e labneh

Açafrão e especiarias picantes, polpa de tomate adocicada, iogurte ácido e puro – isso rende uma interação irresistível de sabores. Preste atenção para fazer um pouco do caldo do açafrão manchar o labneh; as listras douradas no iogurte branco e cremoso ficam lindas.

Faça desse um prato principal completo servindo cuscuz para acompanhar, ou experimente trigo durum aromatizado com limão confit (p. 307). Você pode espalhar pistache ou amêndoa por cima.

8 PORÇÕES

PARA O LABNEH

400 g de iogurte natural de consistência firme

2 dentes de alho amassados

3 colheres (sopa) de folhas de coentro, hortelã ou salsa bem picadas

uma pitada de sal

pimenta-do-reino moída na hora

PARA O TOMATE

18 tomates italianos

4 colheres (sopa) de azeite

2 colheres (chá) de pasta de harissa

uma boa pitada de pistilos de açafrão, e mais para servir

½ colher (sopa) de açúcar demerara (a menos que você tenha tomates ótimos, bem adocicados)

PARA SERVIR

pão sírio

15 g de amêndoa laminada levemente tostada

suco de ½ limão-siciliano

4 colheres (sopa) de azeite extravirgem

2 colheres (sopa) de folhas de coentro picadas

Faça o labneh no dia anterior ao que você for servir o prato. Forre uma peneira com um pedaço de tecido fino ou um paninho de prato novo e coloque-o em uma peneira sobre uma tigela. Misture o iogurte com o alho, as ervas, o sal e a pimenta-do-reino. Transfira para o pano, amarre-o e leve à geladeira. O iogurte perderá a umidade pelas próximas 24 horas e ficará com uma consistência mais firme, parecida com a de coalhada seca. Ajude, apertando-o de vez em quando.

Preaqueça o forno a 190°C. Corte os tomates ao meio e coloque-os em uma única camada sobre uma assadeira grande (ou duas assadeiras pequenas). Misture o azeite comum, a pasta de harissa e o açafrão e despeje sobre os tomates. Revire-os no azeite para envolvê-los bem e deixe-os com o lado do corte para cima. Polvilhe o açúcar, o sal e a pimenta-do-reino. Asse no forno por cerca de 45 minutos ou até caramelizar e encolher um pouco. Deixe amornar.

Retire o labneh do pano.

Transfira com cuidado os tomates para uma travessa (eles ficam muito frágeis e podem desmanchar facilmente), distribuindo pedacinhos de labneh entre eles. Você também pode tostar o pão sírio, quebrá-lo e distribuí-lo entre os tomates (ou servi-lo como acompanhamento). Despeje o caldo de cozimento que se acumulou na assadeira do tomate e use para regar o pão sírio, se você o misturou no prato.

Espalhe as amêndoas por cima, depois aqueça outra boa pitada de pistilos de açafrão em uma panela pequena junto com o suco de limão. Adicione o azeite extravirgem e misture com uma colher. Despeje sobre o prato; esse líquido dourado fica lindo em contraste com a alvura do labneh. Polvilhe o coentro e sirva quente ou à temperatura ambiente.

salada búlgara de abobrinha e berinjela com tarator

O tarator – um molho à base de nozes – aparece com várias facetas na Bulgária, na Turquia e na Grécia. Ele pode ser feito com avelã, nozes, amêndoa ou pinhole e fica tão bom com uma salada de pepino, folhas, ervas e tomate quanto com legumes cozidos. Também dura bem na geladeira por um ou dois dias, mas tire-o e deixe-o à temperatura ambiente antes de servir, caso contrário ele fica um pouco duro demais.

8 PORÇÕES COMO ENTRADA

PARA O TARATOR

1 fatia de pão rústico de fermentação natural (italiano, por exemplo)

2 dentes de alho

100 g de nozes, e mais para decorar

100 ml de azeite extravirgem, e mais para regar

suco de ½ limão-siciliano

sal e pimenta-do-reino moída na hora

150 g de iogurte natural de consistência firme

2 colheres (sopa) de folhas de endro picadas, e mais para decorar

PARA OS LEGUMES GRELHADOS

1,2 kg de abobrinha verde e amarela misturadas

1,2 kg de berinjela

azeite

Rasgue o pão em pedaços e coloque-o em um processador de alimentos junto com o alho e as nozes. Bata tudo, adicionando o azeite extravirgem e o suco de limão. Acrescente o sal, a pimenta, o iogurte e 50 ml de água, depois bata novamente. Junte o endro, prove e ajuste o tempero. Coloque em uma tigela e reserve até a hora de servir (ou tampe e deixe na geladeira).

Apare cada ponta das abobrinhas e corte fatias no sentido do comprimento com cerca de 3 mm de espessura. Retire os pedúnculos das berinjelas e corte-as em fatias no sentido da largura com a mesma espessura que as abobrinhas. Pincele todos os legumes fatiados dos dois lados com azeite.

Aqueça uma frigideira com grelha e frite as fatias de abobrinha dos dois lados até dourarem e amaciarem bem. Você terá que fazer isso em lotes.

Faça o mesmo com a berinjela, prestando atenção para deixar uma bela cor dos dois lados, depois reduza o calor até as fatias ficarem macias e cozidas. Tempere os legumes no decorrer do preparo.

Coloque os legumes em uma travessa, regando com um pouco de azeite extravirgem. Espalhe um pouco do tarator por cima (ofereça o restante em uma tigelinha) e salpique mais nozes e endro.

salada macedônia de legumes grelhados

Essa não é como uma salada italiana de legumes assados – ao contrário, é tão macia que parece um purê. Tem sabor defumado inebriante que você só conquista grelhando os legumes até quase queimarem. A única maneira de fazê-lo é com uma chama aberta para cozinhar as berinjelas (em um fogão a gás ou em uma churrasqueira). O sabor de fumaça simplesmente não se revela de outra maneira; assar ou grelhar nem chegam perto. Se você não tem como cozinhar as berinjelas assim, tente outra receita.

8 PORÇÕES COMO ENTRADA (JUNTO COM OUTROS ANTEPASTOS) OU ACOMPANHAMENTO

4 pimentões, todos vermelhos ou uma mistura de vermelho e amarelo

azeite

4 tomates italianos cortados ao meio

sal e pimenta-do-reino moída na hora

2 berinjelas

4 dentes de alho amassados

¼ de colher (chá) de pimenta-calabresa

2 colheres (sopa) de azeite extravirgem (de preferência um grego marcante), ou a gosto

suco de ½ limão-siciliano

1½ colher (sopa) de vinagre de vinho tinto

Preaqueça o grill do forno na potência máxima.

Corte os pimentões ao meio, retire o pedúnculo e as sementes e pincele tudo com azeite. Forre a prateleira do grill com papel-alumínio (o que ajuda a juntar o caldo de cozimento e economiza na lavagem da louça depois) e disponha os pimentões ali, com o lado cortado virado para baixo. Acrescente os tomates, o corte virado para cima, e regue-os com azeite. Tempere com sal e pimenta-do-reino. Deixe sob o grill quente até a pele do pimentão ficar macia, e os legumes, chamuscados em alguns pontos. Reduza o calor – ou coloque a prateleira mais longe do grill – e deixe cozinhar até os pimentões e os tomates ficarem completamente macios. Você terá que retirar o tomate antes do pimentão.

Fure as berinjelas por inteiro para que não estourem, depois segure cada uma sobre a chama de um fogão a gás (você pode segurar duas de uma vez, se tiver cuidado e dispuser de dois garfos compridos ou pinças). Cozinhe por inteiro. As peles devem ficar queimadas, e as berinjelas, completamente macias. Demora um pouco, e você precisa ajustar a chama, mas tenha paciência. Deixe esfriar um pouco e retire a pele. Corte a polpa em cubinhos.

Retire a pele do pimentão – isso deve ser fácil se eles chamuscarem bem – e corte ou fatie a polpa. Pique os tomates. Misture todos os legumes em uma tigela e adicione todos os outros ingredientes. Verifique se precisa de mais azeite ou tempero. Você pode servir essa salada morna ou à temperatura ambiente. Seu sabor tende a melhorar no dia seguinte e, muitas vezes, ela fica ainda mais deliciosa dois dias depois.

pasta de fava com relish de feta e pão de cominho

Para comer com as mãos, essa receita rende uma boa entrada ou até um prato principal completo, junto com um kebab (experimente com o de cordeiro da p. 141). É claro que não é preciso fazer o pão – você pode simplesmente comprar pão sírio comum e aquecê-lo. Rabanetes bicolores ficam lindos – e saborosos – para acompanhar. Adicione ovos cozidos (de galinha ou de codorna) para compor um ótimo almoço.

6 PORÇÕES COMO ENTRADA, OU MAIS COM OUTROS ANTEPASTOS

PARA O PÃO

- 100 g de farinha integral
- 75 g de farinha de trigo
- ¼ de colher (chá) de sal
- ½ colher (chá) de fermento biológico seco
- ¼ de colher (chá) de açúcar
- 150 ml de água morna
- 1 colher (sopa) de azeite, e mais para untar
- ½ colher (sopa) de azeite extravirgem
- 4 echalotas cortadas em fatias finas
- 2 pimentas dedo-de-moça pequenas, sem sementes e cortadas em fatias finas
- 1 colher (chá) de sementes de cominho-preto (nigela)

PARA A PASTA DE FAVA

- 500 g de fava sem a vagem
- ½ colher (sopa) de azeite
- 1 cebola pequena bem picada
- 3 dentes de alho bem picados
- ¼ de colher (chá) de pimenta--calabresa
- suco de 1 limão, ou a gosto
- 3½ colheres (sopa) de azeite extravirgem
- 2 colheres (sopa) de caldo de galinha leve ou água

PARA O RELISH DE FETA

- 75 g de queijo feta
- 75 g de azeitona preta de boa qualidade, sem caroço e picada grosseiramente
- 2½ colheres (sopa) de azeite extravirgem
- ½ dente de alho muito bem picado
- 1 colher (sopa) de folhas de endro ou salsinha picadas, ou folhas de hortelã rasgadas

Para fazer o pão, coloque as farinhas e o sal em uma tigela. Misture o fermento em outra tigela com o açúcar e metade da água. Reserve em local aquecido por 15 minutos. Despeje a mistura de fermento em uma cova feita nas farinhas e misture. Junte o azeite e depois use o suficiente da água restante para formar uma massa. Sove por 10 minutos, até ficar macia, lustrosa e elástica. Unte de leve, coloque em uma tigela, cubra com filme de PVC e reserve por 2 horas. Ela deve dobrar de tamanho.

Para a pasta, cozinhe a fava por 3 minutos em água fervente. Escorra e passe sob a água fria. Retire a pele de cada fava. É um pouco trabalhoso no início, mas fica bem mais tranquilo depois que se pega o ritmo.

Aqueça o azeite em uma frigideira grande e refogue a cebola até ficar macia, mas sem dourar. Adicione o alho e a pimenta-calabresa e refogue por mais 3 minutos. Junte a fava para misturar com os outros sabores e aquecê-la, por 3 minutos. Tempere com sal e pimenta-do-reino.

Transfira o conteúdo da panela para um processador de alimentos e junte o suco de limão, o azeite extravirgem e o caldo ou a água. Pulse até obter uma pasta grosseira. Prove o tempero; talvez você queira um pouco mais de azeite ou limão. Passe para um prato raso e largo.

Esmigalhe o queijo feta em uma tigelinha e misture a azeitona. Regue com o azeite extravirgem e polvilhe o alho e as ervas. Moa um pouco de pimenta-do-reino, misture com cuidado e espalhe por cima da pasta.

Enquanto isso, acenda o forno na potência máxima e coloque algumas placas de cerâmica sem verniz ou uma pedra de pizza grande dentro dele. Sove novamente o pão, depois divida-o em seis partes. Coloque sobre uma bandeja um pouco enfarinhada, cubra levemente com filme de PVC e deixe por 10 minutos. Abra cada pedaço em um disco com cerca de 15 cm de diâmetro. Aqueça o azeite extravirgem em uma panela e cozinhe as echalotas até dourarem, depois adicione a pimenta dedo-de-moça e cozinhe por 2 minutos. Reserve até os pães assarem.

Coloque os pães sobre as placas ou pedras e asse por 2-3 minutos, ou até incharem e formarem bolhas. Embrulhe-os em um pano de prato limpo até a hora de servir. Espalhe a mistura de echalota e pimenta sobre cada um e polvilhe com o cominho-preto. Sirva com a pasta.

salada de anchova defumada, vagem e ovo

Quando eu era mais nova, comia muita salada niçoise, geralmente quando estava "de regime" (e, ao mesmo tempo, tentava me convencer de que as batatas na receita não eram um problema...). Essa aqui é um pouco diferente, mas melhor, eu acho. E sem batatas (consulte a p. 329 para saber onde comprar anchova defumada, que é totalmente viciante).

4 PORÇÕES COMO ENTRADA

PARA O MOLHO

¾ de colher (sopa) de vinagre balsâmico branco

½ colher (chá) de mostarda de Dijon

4 colheres (sopa) de azeite extravirgem (francês ou siciliano frutado, em vez do toscano amargo e herbáceo)

suco de ¼ de limão-siciliano, ou a gosto

sal e pimenta-do-reino moída na hora

PARA A SALADA

200 g de vagem macarrão aparada

1 maço pequeno de rabanete (de preferência bicolores), sem folhas, aparado em cima e embaixo

4 ovos grandes

2 echalotas cortadas em fatias finas

50 g de agrião, sem os talos mais grossos

175 g de tomate-cereja ou minitomate italiano cortado ao meio

um punhado de folhas de salsa

150 g de anchova defumada (ou truta defumada)

Faça o molho batendo todos os ingredientes juntos. Prove para ajustar o sal e a pimenta.

Cozinhe a vagem na água fervente ou no vapor até começar e amaciar, depois passe pela água fria para resfriar e não perder a cor. Corte os rabanetes em fatias finas no sentido do comprimento.

Ferva os ovos por 7 minutos. Eles devem ficar cozidos, mas com a gema ainda um pouco mole no meio.

Misture todos os legumes e ervas com a maior parte do molho e divida entre pratos ou coloque em uma tigela larga e rasa. Descasque os ovos, corte-os ao meio com cuidado e coloque-os sobre a salada, depois distribua a anchova defumada entre as folhas. Moa um pouco de pimenta-do-reino por cima e regue com o restante do molho. Sirva imediatamente.

pilafe de fava, alho-poró, tomate e endro

Essa receita se baseia em um prato persa que é servido com um ovo frito por cima – o que rende bom jantar –, mas ficaria igualmente deliciosa com a perna de cordeiro com sekenjabin (p. 76) ou um peixe ao forno.

4 PORÇÕES COMO PRATO PRINCIPAL (SERVIDO COM ALGO A MAIS), OU 8 COMO ACOMPANHAMENTO

2 alhos-porós

2 colheres (sopa) de azeite

2 dentes de alho bem picados

3 tomates italianos sem pele, sem sementes e picados (p. 101)

¾ de colher (chá) de cominho em pó

250 g de arroz basmati integral

½ pau de canela

500 ml de caldo de legumes, caldo de galinha leve ou água

400 g de fava fresca (peso já sem a vagem)

suco de ½ limão-siciliano

4 colheres (sopa) de folhas de endro picadas

1½ colher (sopa) de azeite extravirgem

sal e pimenta-do-reino moída na hora

Retire as folhas de fora do alho-poró, mais duras, e apare a parte de cima. Corte em rodelas finas e lave bem em água corrente.

Aqueça o azeite comum em uma panela de fundo grosso e refogue o alho-poró em fogo médio, até começar a amolecer, mas sem perder a forma (cerca de 6 minutos). Adicione o alho e os tomates e refogue por mais 2 minutos, depois junte o cominho e refogue por mais 30 segundos. Acrescente o arroz, a canela e o caldo. Leve à fervura e deixe borbulhar bem até pequenos orifícios se formarem na superfície do arroz. Abaixe o fogo o máximo possível, cubra e deixe cozinhar por cerca de 25 minutos. O líquido deve ser absorvido enquanto o arroz cozinha, mas dê uma olhada para ter certeza de que não secou antes de ficar pronto (o arroz deve ficar macio, mas ainda um pouco *al dente*).

Enquanto isso, ferva a fava até ficar macia (cerca de 3 minutos). Enxágue em água fria, retire as peles (é trabalhoso, mas vale a pena porque se obtém uma bela cor). Reaqueça jogando água fervente por cima, depois afofe o arroz com um garfo e regue com o suco de limão, o endro e o azeite extravirgem. Prove o tempero.

sirva com qualquer uma das opções seguintes...

um ovo frito por cima

uma boa colherada de iogurte natural de consistência firme, feta esmigalhado e um fio de azeite extravirgem

uma tigela de iogurte e purê de pimentão picante (p. 64)

não coloque o tomate no pilafe e sirva com tomate assado (p. 104)

relish de feta (p. 108)

menu de verão sabores inesperados

feijão-branco com pimentão assado, ovo e hilbeh | pão persa com especiarias | sorbet de frutas vermelhas e hibisco

É uma boa ideia inovar quando você planeja uma refeição para os seus amigos. Eles vão gostar e enxergarão alguns ingredientes de uma forma completamente nova; ao mesmo tempo, para quem cozinha, é emocionante reunir sabores incomuns, em especial no verão, quando os pratos parecem se repetir sempre. Esse menu foge do que todos esperam.

feijão-branco com pimentão assado, ovo e hilbeh

Um banquete fácil de preparar. A ideia me veio, na verdade, do café da manhã egípcio com feijão, ovo, cebola, limão confit e pão sírio; sempre me pareceu uma refeição maravilhosa. E tem partes que você simplesmente não precisa cozinhar. Adicione outras coisas simples, como tomates assados ou crus e pepino com molho de hortelã, picles de pimentas ou queijo feta. O hilbeh é uma versão vermelha do zhoug, um um molho de pimentas verdes e ervas do Iêmen. Você vai precisar deixar os grãos de feno-grego de molho durante a noite.

6 PORÇÕES

PARA O HILBEH

2 colheres (sopa) de grãos de feno-grego

1½ colher (sopa) de azeite

1 cebola picada

4 dentes de alho picados

4 pimentas vermelhas sem sementes e picadas

2 tomates grandes sem sementes e picados

½ colher (sopa) de polpa de tomate

suco de 1 limão-siciliano

½ colher (chá) de cominho em pó

½ colher (chá) de semente de coentro moída

folhas de 1 maço pequeno de coentro

sal e pimenta-do-reino moída na hora

PARA O FEIJÃO-BRANCO

3 pimentões vermelhos cortados ao meio

3 colheres (sopa) de azeite

6 ovos

500 g de feijão-branco cozido e escorrido

1 cebola roxa pequena, cortada em fatias muito finas (quase transparentes)

Na noite anterior, coloque as sementes de feno-grego de molho na água fria, até cobrir.

No dia seguinte, na hora de cozinhar, escorra o feno-grego e preaqueça o forno a 190°C.

Para fazer o hilbeh, aqueça o azeite em uma frigideira e refogue a cebola até ficar macia e com um leve tom dourado, o que levará cerca de 7 minutos. Adicione o alho, a pimenta e o feno-grego escorrido e refogue por mais 2 minutos, depois acrescente os tomates e refogue por mais 1 minuto, seguido pela polpa de tomate e o suco de limão. Coloque a mistura na tigela de um processador de alimentos.

Toste o cominho e o coentro em uma frigideira seca e adicione-os ao processador de alimentos também, junto com as folhas de coentro e um pouco de sal. Pulse por cerca de 30 segundos – a consistência deve ficar grosseira, e não como um purê – e transfira para uma tigela. Pode ser servido morno ou à temperatura ambiente.

Quanto ao preparo do feijão, pincele os pimentões com um pouco de azeite e coloque em uma assadeira pequena. Tempere com sal e pimenta-do-reino. Asse-os no forno por 40 minutos ou até ficarem bem macios e um pouco chamuscados. Corte em tiras com cerca de 0,5 cm de largura.

Cozinhe os ovos em água fervente por 7 minutos. A gema deve ficar ainda um pouco mole no meio.

Coloque o feijão em uma frigideira com 1 colher (sopa) de azeite, refogue e mexa até aquecerem. Transfira para uma tigela com as tiras de pimentão e um pouco da cebola roxa em fatias muito finas por cima (ofereça o restante para acompanhar). Sirva com os ovos – deixe cada comensal descascar seu ovo e colocá-lo em cima do feijão –, o hilbeh e pão; experimente o pão persa com especiarias da página ao lado.

pão persa com especiarias

Essa receita é incomum; ninguém pensa em aromatizar pão com cúrcuma. Você pode usar qualquer fruta seca: tâmara, figo e cereja ficam todas boas. A base é uma receita de um livro inspirador, *Malouf*, de Greg Malouf, sobre a comida moderna no Oriente Médio. Você também pode servir pão sírio integral caseiro ou comprado, se preferir, junto com esse menu.

8 UNIDADES

1¼ colher (chá) de fermento biológico seco

15 g de açúcar mascavo

175 ml de água morna

1 ovo levemente batido, mais 1 gema de ovo para pincelar

1 colher (sopa) de azeite, e mais para untar

170 g de farinha de trigo, e mais para polvilhar

170 g de farinha de trigo integral

½ colher (chá) de sal

½ colher (chá) de cúrcuma em pó

45 g de tâmara picada

35 g de manteiga

½ colher (sopa) de sementes de cominho levemente socadas

Coloque o fermento em uma tigela com ¼ de colher (chá) de açúcar e 3½ colheres (sopa) de água e reserve em local aquecido para criar espuma (o que levará cerca de 15 minutos). Misture metade do ovo batido (reserve a outra metade) com 1 colher (sopa) de azeite.

Misture as farinhas, o sal, o açúcar restante e a cúrcuma em uma tigela. Faça uma cova no meio e despeje o fermento espumante, seguido pela mistura de ovos e azeite. Adicione o resto da água. Leve aos poucos os ingredientes secos até o meio usando uma faca, depois comece a trabalhar a mistura com as mãos.

Sove por 10 minutos ou até a massa ficar lustrosa e elástica. Unte muito levemente a bola de massa com as mãos, coloque-a em uma tigela e cubra com um pedaço de filme de PVC levemente untado com azeite. Deixe em um local aquecido para crescer por 1 hora (ela deve dobrar de tamanho). Sove a massa novamente, devolva-a à tigela e reserve, coberta com o filme de PVC, por mais 1 hora.

Divida a massa em oito bolas iguais. Abra cada uma sobre uma superfície levemente enfarinhada formando um disco com cerca de 12 cm de diâmetro. Divida as tâmaras entre eles, colocando-as no centro de cada disco, e coloque 1 colher (chá) rasa de manteiga por cima delas. Puxe a massa por cima das tâmaras e da manteiga, aperte, alise e vire a bola de massa para deixar a junta para baixo. Disponha-as em uma assadeira antiaderente, cubra frouxamente com um filme de PVC levemente untado e reserve por 15 minutos. Enquanto isso preaqueça o forno a 200°C.

Misture a metade de ovo reservada com a gema de ovo. Pincele essa mistura por cima de cada pãozinho e polvilhe com as sementes de cominho. Asse no forno por 15 minutos, e os pães devem ficar dourados e bem assados. Deixe descansar por cerca de 10 minutos antes de servir.

sorbet de frutas vermelhas e hibisco

Flores de hibisco são bem cítricas, portanto dão um toque azedinho a mais a esse sorbet. Elas podem ser encontradas, em versão seca, em lojas de produtos naturais.

6 PORÇÕES

4 colheres (sopa) de flores secas de hibisco (rosélis)

230 g de açúcar cristal

450 g de frutas vermelhas (amora, framboesa)*

* Se você for usar frutas congeladas, deixe descongelar em uma peneira sobre uma vasilha, para que percam o excesso de água.

Coloque 230 ml de água e as flores de hibisco em uma panela e leve à fervura. Retire a panela do fogo e reserve por cerca de 30 minutos, para as flores darem sabor à água. Coe em uma peneira. O líquido deve ter um sabor bem cítrico. Volte-o à panela.

Adicione o açúcar e aqueça levemente para ele dissolver. Junte as frutas e escalde-as em fogo baixo por cerca de 3 minutos. Deixe-as esfriarem completamente.

Bata a mistura em um processador de alimentos, e não em um liquidificador, o que quebraria as sementes e deixaria o sorbet amargo. Passe o purê de frutas e o caldo por uma peneira de náilon.

Bata a mistura em uma máquina de sorvete, seguindo as instruções do fabricante. Se você não tiver uma máquina, despeje em um recipiente raso e amplo próprio para freezer e leve para congelar. Retire a mistura três ou quatro vezes durante o processo de congelamento e bata no processador de alimentos. Isso quebra os cristais de gelo e incorpora ar, garantindo que o sorbet fique macio.

hambúrguer escandinavo de salmão com molho de iogurte, endro e tomate

Eu me apaixonei pelos hambúrgueres de salmão enquanto viajava pela Escandinávia. Por alguma razão, toda vez que como um hambúrguer de carne (não importa quão "bom" ele seja), sempre me sinto empanturrada demais, ou como se tivesse comido mal. Já esse aqui dá um efeito bastante diferente. Se você não encontrar pão de centeio, use um bom pão integral. Ou, claro, coma sem pão.

4 PORÇÕES

PARA O HAMBÚRGUER

500 g de filé de salmão sem pele

25 g de manteiga

½ cebola muito bem picada

2 colheres (sopa) de cebolinha francesa bem picada

2 colheres (sopa) de maionese

1 colher (sopa) de iogurte natural integral

sal e pimenta-do-reino moída na hora

óleo de amendoim

PARA O MOLHO

150 g de iogurte natural de consistência firme

1 colher (sopa) de maionese

1 colher (sopa) de folhas de endro bem picadas, mais alguns raminhos de endro para servir

½ dente de alho pequeno amassado

75 g de tomates bem saborosos

PARA SERVIR

4 fatias de pão de centeio

minifolhas de salada

pepino fatiado

Pique bem fino a carne do salmão – em cubinhos com cerca de 3 mm quadrados. Derreta a manteiga em uma frigideira ou panela e refogue a cebola em fogo muito baixo, até ficar macia, mas sem dourar. Adicione a cebola ao salmão, junto com a cebolinha, a maionese, o iogurte, sal e pimenta-do-reino. Misture, cubra e leve à geladeira por 30 minutos. Molde a mistura de salmão em quatro hambúrgueres. Disponha sobre uma bandeja ou um prato, cubra e leve à geladeira por mais 30 minutos.

Para o molho, misture o iogurte com a maionese e acrescente o endro e o alho. Cubra e leve à geladeira para os sabores se misturarem.

Cerca de 30 minutos antes de servir o prato, retire as sementes dos tomates e pique-os finamente (não há necessidade de extrair a pele). Reserve para adicionar à maionese no último minuto (mesmo sem as sementes, os tomates deixam o molho aguado se ficarem ali por muito tempo, e a textura deles também fica mole).

Preaqueça o grill do forno na potência máxima e coloque a prateleira 5 cm abaixo do grill. Pincele um pedaço de papel-alumínio com um pouco de azeite e coloque os hambúrgueres por cima. Deixe-os sob o grill por cerca de 2 minutos, depois reduza a potência para médio (ou coloque os hambúrgueres mais longe, se não puder reduzir o calor) e mantenha-os por mais 2 minutos, aproximadamente, até que cozinhem. Não precisa virá-los: eles são frágeis demais e vão cozinhar bem de qualquer maneira.

Acrescente os tomates ao molho de iogurte e espalhe um pouco sobre cada fatia de pão de centeio (torrado ou não, como quiser). Adicione as folhas e o pepino e coloque um hambúrguer de salmão sobre cada fatia de pão. Cubra com mais molho e um raminho de endro e sirva.

salmão no prato

Essa receita tem sabor a um só tempo fresco e untuoso. Adoro sua simplicidade tão absoluta. Mas, para algo tão simples, você vai precisar de um salmão muito bom. Os selvagens são difíceis de achar, mas pode-se obter um bom salmão de viveiro orgânico. É surpreendente o que você pode fazer com salmão cru, sobretudo para quem cresceu em uma cultura que sempre o serve cozido. Além das duas receitas desta página e daquela da p. 120, você pode usá-lo para fazer uma tigela de arroz japonês, um sashimi ou uma salada de abacate, salmão cru e arroz integral (pp. 43, 210 e 306).

8 PORÇÕES COMO ENTRADA

700 g de filé de salmão sem pele (selvagem ou orgânico)

8 colheres (sopa) de azeite extravirgem leve e frutado

sal marinho em flocos e pimenta-do--reino moída na hora

2 colheres (sopa) de folhas de endro picadas grosseiramente

suco de ½ limão-siciliano grande

Com uma faca bem afiada, corte o salmão em fatias finíssimas, como um carpaccio. Disponha as fatias em pratos individuais, sem sobrepô-las.

Pincele com o azeite extravirgem, depois polvilhe com sal, pimenta--do-reino e endro. Esprema o suco de limão por cima e sirva imediatamente.

carpaccio oriental de salmão

Para fazer a receita render e torná-la menos intensa, sirva com folhas levemente temperadas e abacate cortado em fatias finas. Você pode preparar um atum ou um peixe branco da mesma forma. Quando preciso de um almoço saudável e rápido, eu como o peixe com cenoura e nabo ralados misturados com ervas e agrião, mais algumas colheradas do molho (mantenha um frasco na geladeira).

6 PORÇÕES COMO ENTRADA

600 g de filé de salmão ultrafresco e sem pele

10 g de folhas de coentro

6 folhas de manjericão italiano

cerca de 12 folhas de hortelã

100 g de salada japonesa de cenoura e nabo (p. 273) muito bem picada

½ cebola roxa pequena cortada em fatias muito finas (quase ralada)

3 colheres (sopa) de molho vietnamita, para mergulhar (p. 75)

gomos de limão, para servir

Com uma faca bem afiada, fatie o salmão em fatias finíssimas, como um carpaccio. Coloque em uma travessa ou em pratos individuais.

Rasgue e espalhe as folhas das ervas por cima. Disponha a salada de cenoura e nabo ao redor e espalhe a cebola roxa.

Regue com o molho e sirva com gomos de limão.

salmão cítrico marinado com salada de erva-doce e maçã

Esse é o tipo de prato que eu poderia comer em toda refeição: tem sabores límpidos e marcantes. Se você quiser comer com pão, o de centeio é a escolha óbvia. Ou experimente pão sueco (p. 53).

6 PORÇÕES

PARA A SALADA

4 colheres (sopa) de açúcar

6 colheres (sopa) de vinagre de arroz

1 colher (chá) de mostarda com grãos

1 bulbo de erva-doce

suco de ½ limão-siciliano

½ cebola roxa cortada em fatias finas

1 maçã verde grande e ácida

1 beterraba pequena cozida, sem a pele (p. 36)

2 colheres (sopa) de folhas de endro bem picadas

PARA O SALMÃO

500 g de filé de salmão muito fresco (a ponta da cauda é boa para essa receita)

4 colheres (sopa) de azeite extravirgem leve e frutado

sal marinho em flocos

pimenta-do-reino moída na hora

suco de 1 limão-siciliano

Faça o molho para a salada misturando o açúcar com o vinagre e mexendo até dissolver. Acrescente a mostarda, batendo com um garfo até misturar bem.

Não faça a salada com muita antecedência, pois ela amolece demais com o passar do tempo. Tente prepará-la não mais do que 30 minutos antes de servir.

Corte a erva-doce em quatro, apare a parte de cima e retire quaisquer folhas externas muito duras. Extraia o miolo de cada quarto. Com uma faca bem afiada ou um fatiador, corte a erva-doce em fatias muito finas. Coloque-a em uma tigela e misture com o suco de limão. Adicione a cebola. Parta a maçã ao meio, retire o miolo e corte-a em palitinhos. Adicione-a à erva-doce e ao limão junto com o molho. Misture. Corte a beterraba em palitinhos ou fatias muito finas (mas ainda não a acrescente aos demais ingredientes: ela deve ser adicionada no último instante, ou mancha tudo).

Fatie bem fino o salmão com uma faca bem afiada (deixe a pele). Disponha as fatias em pratos individuais (ou em uma travessa), sem sobrepô-las. Pincele as fatias com o azeite extravirgem e polvilhe com sal marinho e pimenta-do-reino. Esprema o suco de limão e reserve por mais 2-3 minutos antes de servir. Adicione a beterraba e o endro à salada e sirva com o salmão.

outra receita especial... tataki de atum com salada de rabanete

Polvilhe pimenta-do-reino moída na hora sobre 400 g de lombo de atum. Aqueça 1 colher (sopa) de óleo de amendoim em uma frigideira até ficar bem quente. Adicione o atum e frite muito rapidamente de todos os lados, só até o atum ficar branco por fora e rosa por dentro. Reserve e regue com 1 colher (sopa) de vinagre de arroz. Faça um molho batendo ½ colher (sopa) de mostarda com grãos, 2 colheres (chá) do caldo de um pote de gengibre em conserva, 2 colheres (chá) de gengibre ralado, 1 colher (sopa) de shoyu, 1 colher (sopa) de vinagre de arroz, sal, pimenta-do-reino, 2 colheres (sopa) de óleo de amendoim e 2 colheres (sopa) de azeite extravirgem leve e frutado. Corte o atum em fatias muito finas e divida entre quatro pratos. Disponha ao lado 60 g de folhas de mizuna, 12 rabanetes cortados em palitinhos e ¼ de cebola roxa pequena cortada em fatias muito finas. Regue a salada e o peixe com o molho e sirva. Rende quatro porções.

salmão grelhado no jornal com molho de pepino e endro

Essa receita parece estranha, eu sei, e na Inglaterra é apenas para os meses de verão, quando se pode usar a churrasqueira... Mas trata-se de uma ótima maneira de preparar salmão, o peixe fica bem suculento. É também um "acontecimento" na cozinha (principalmente porque ninguém acredita que funciona). Esse salmão cozido se comporta muito bem e pode ser deixado – envolto no papel – por uma boa meia hora antes de ir à mesa.

As instruções são para usar um jornal do tamanho normal e não tabloide. Isso por causa do tamanho, e não do conteúdo, do jornal (embora ele fique lindo embrulhado no *Financial Times*, aquela paleta de cores!).

10 PORÇÕES

PARA O SALMÃO

1,8 kg de salmão inteiro, sem escamas e limpo

azeite

sal e pimenta-do-reino moída na hora

4 punhados de ervas suaves (coentro, cerefólio, salsa)

um maço de cebolinha (cerca de 8), cortadas e picadas

2 limões-sicilianos fatiados

8 folhas grandes de jornal

PARA O MOLHO

2 colheres (sopa) de azeite extravirgem

3 echalotas bem picadas

1 pepino japonês pequeno descascado, cortado ao meio, sem sementes e bem picado, ou ½ pepino comum

2 colheres (sopa) de folhas de endro picadas

1½ colher (sopa) de alcaparra lavada, escorrida e picada

1½ colher (sopa) de pepino em conserva escorrido e picado

300 g de iogurte natural de consistência firme

um pouco de suco de limão-siciliano

Acenda a churrasqueira e deixe o carvão formar uma boa brasa.

Esfregue todo o peixe com azeite, incluindo o interior. Tempere também com sal e pimenta, dentro e fora. Recheie com metade das ervas, metade das cebolinhas e algumas das fatias de limão-siciliano.

Abra as folhas de jornal – você terá duas páginas grandes – e coloque o salmão no meio. Arranje o restante das ervas, cebolinhas e rodelas de limão em cima e embaixo do peixe. Enrole o papel em volta do salmão – use a folha toda – e amarre com barbante. Coloque esse pacote sob a torneira e encharque-o completamente, depois leve-o à churrasqueira.

Deixe assar por 20 minutos de cada lado (dependendo do calor da brasa). O fogo deve estar quente, mas não tão quente a ponto de o jornal pegar fogo. Você pode desembrulhar o peixe e verificar cuidadosamente o cozimento, fechar com algumas camadas de papel-alumínio e cozinhar um pouco mais, se preciso, mas fica mais divertido apresentá-lo no jornal.

Enquanto isso, prepare o molho misturando todos os ingredientes com um garfo. Prove o sal e o tempero. Cubra e deixe na geladeira até a hora de servir.

Você pode levar o salmão à mesa no jornal ou desembrulhá-lo nos bastidores e apresentá-lo em uma travessa (mas sem pressa!). Ao desembrulhar o jornal, a maior parte da pele de salmão vai ficar grudada nele. Sirva pedaços do peixe quente junto com o molho.

robalo ao forno com relish de berinjela picante, limão e mel

Um prato muito especial. Tem visual e sabor impressionante e luxuoso e, para falar a verdade, não é barato de fazer, mas você não cozinha esse tipo de coisa todo dia.

8 PORÇÕES

PARA O RELISH

2 berinjelas

3 colheres (sopa) de azeite, e mais se necessário

1 cebola grande ou 2 pequenas, picadas

2 tomates italianos bem picados

2 dentes de alho bem picados

1 pimenta dedo-de-moça pequena, sem sementes e picada

2 colheres (chá) de cominho em pó

2 colheres (chá) de pimenta-de--caiena

sal e pimenta-do-reino moída na hora

2 colheres (sopa) do caldo do frasco do limão confit

2 colheres (sopa) de mel líquido, ou a gosto

1 limão confit pequeno (se for comprado, ou ½ limão se for caseiro)

4 colheres (sopa) de folhas de coentro picadas

PARA O PEIXE

6 colheres (sopa) de azeite, e mais para untar

1 robalo com cerca 2,5 kg, sem escamas e limpo*

2 pimentas dedo-de-moça pequenas, secas e esmagadas

2 cabeças de alho, dentes separados, mas sem descascar

75 ml de vinho branco seco

* No Brasil, o robalo costuma ser maior e pesar mais de 2,5 kg. Para manter o peso indicado na receita, você pode substituí-lo por anchova ou pargo, que têm a vantagem de ser mais baratos.

Retire o talo verde superior das berinjelas e corte a polpa em pedaços. Aqueça 2 colheres (sopa) de azeite e refogue as berinjelas em uma panela de fundo grosso em fogo médio, até dourar. Você terá que fazê-lo em lotes. Quando a berinjela estiver pronta, reserve-a (talvez você precise de mais azeite). Acrescente mais 1 colher (sopa) de azeite à panela e refogue a cebola até ficar macia e dourada, por cerca de 10 minutos. Junte o tomate e refogue por mais 5 minutos. Adicione o alho, a pimenta dedo-de-moça, o cominho e a pimenta-de-caiena e refogue por mais 2 minutos, depois recoloque as berinjelas na panela. Complete com 100 ml de água, tempere com sal e pimenta-do-reino, junte o caldo do limão confit e o mel e leve à fervura. Reduza imediatamente o fogo e cozinhe lentamente por 10 minutos. A mistura deve ter a consistência de um molho espesso.

Pique a casca do limão confit – descarte a polpa – e adicione metade dela ao relish de berinjela. Prove para ver se é preciso adicionar o restante ou não. O sabor tem de ficar bem marcante, e você também precisa considerar o sal e o equilíbrio entre doce e azedo. Acrescente o coentro e deixe esfriar à temperatura ambiente (você pode guardar na geladeira, mas deixe voltar à temperatura ambiente antes de servir).

Para fazer o peixe, preaqueça o forno a 200°C. Coloque um pedaço grande de papel-alumínio em uma assadeira ou na própria prateleira do forno (que deve ser grande o suficiente para acomodar uma "trouxa" em volta do peixe) e unte levemente o meio da folha. Acomode o robalo e tempere com sal e pimenta-do-reino por dentro e por fora. Espalhe as pimentas por cima, jogue os dentes de alho em torno e regue com o azeite. Levante as laterais do papel-alumínio em volta do peixe e despeje o vinho. Junte as laterais das folhas e amasse as bordas para formar um pacote espaçoso ao redor do peixe (este precisa de espaço para cozinhar no vapor, não deve ficar apertado). Leve ao forno quente por 30 minutos. Verifique o cozimento após 25 minutos: a carne perto do osso na parte mais grossa do peixe deve estar completamente branca, nada transparente, e soltando do osso. Leve o peixe à mesa no próprio papel-alumínio em que foi cozido ou transfira-o cuidadosamente para uma travessa. Sirva com o relish de berinjela. Cuscuz marroquino, trigo para quibe ou arroz integral também são bons acompanhamentos.

sardinha com páprica defumada, feijão-branco e tomate ao forno

Para montar esse prato bem rapidamente, faça o tomate ao forno com antecedência (eu costumo ter uma porção deles já preparados, e os sugiro em algumas receitas deste livro porque são muito úteis e fazem bem). A sardinha, gordurosa, e a páprica, defumada, casam maravilhosamente com o feijão. Você não precisa de mais carboidrato. Substitua o feijão-branco por grão-de-bico, se preferir, ou sirva o peixe e os tomates com lentilha em vez de feijão (use a receita da p. 164, sem colocar o coentro). Essa receita também fica muito boa com cavalinha; sirva uma por pessoa e grelhe por 3-5 minutos de cada lado.

6 PORÇÕES

PARA O TOMATE AO FORNO

9 tomates italianos grandes

3 colheres (sopa) de azeite

¾ de colher (sopa) de vinagre balsâmico

2 colheres (chá) de pasta de harissa (opcional)

½ colher (chá) de açúcar (se o tomate não estiver doce)

sal e pimenta-do-reino moída na hora

PARA A SARDINHA E O FEIJÃO

3 colheres (sopa) de azeite

1 cebola roxa cortada em fatias finas

2 dentes de alho bem picados

500 g de feijão-branco, cozido

2 boas espremidas de suco de limão-siciliano, mais alguns gomos para servir

1 colher (sopa) de folhas de salsa bem picadas

12-18 sardinhas (dependendo do tamanho), sem escamas e limpas

1 colher (chá) de páprica defumada

2 punhados de folhas de espinafre ou rúcula

azeite extravirgem, para regar

Comece assando os tomates. Preaqueça o forno a 190°C. Corte os tomates ao meio e coloque-os em uma única camada em uma assadeira pequena ou tigela refratária. Misture o azeite, o vinagre balsâmico e a harissa (se for usar) e despeje sobre os tomates. Vire-os sobre o azeite, para envolvê-los por igual, e depois acomode-os com o corte virado para cima. Polvilhe o açúcar (se for usar) e tempere com sal e pimenta-do-reino. Asse no forno quente por 45 minutos ou até os tomates ficarem caramelizados e ligeiramente encolhidos.

Aqueça 1 colher (sopa) de azeite comum em uma frigideira grande e refogue levemente a cebola, até ficar macia, mas sem dourar. Junte o alho e refogue por mais 2 minutos. Acrescente o feijão e mais 1 colher (sopa) de azeite. Tempere com sal e pimenta e deixe aquecer bem, para que a mistura incorpore o caldo do cozimento. Junte uma boa espremida de suco de limão e a salsa. Prove; o feijão precisa de bastante tempero.

Para as sardinhas, preaqueça o grill do forno na potência máxima. Se as sardinhas ainda estiverem com as escamas, use os dedos para removê-las sob a água fria corrente. Preste atenção para remover todos os vestígios de sangue de dentro também. Seque-as. Se as sardinhas forem médias ou grandes, faça dois cortes na carne de cada lado (sem chegar até a espinha) – isso ajudará o calor a penetrar.

Misture a páprica defumada e a última colher (sopa) de azeite. Forre a bandeja do grill com papel-alumínio e coloque as sardinhas sobre ela. Pincele o peixe com o azeite de páprica e tempere com sal e pimenta dos dois lados. Coloque sob o grill bem quente e deixe por 2-3 minutos de cada lado (ou em uma assadeira no forno por 8-10 minutos de cada lado), até ficarem completamente cozidas.

Enquanto isso, aqueça rapidamente o feijão – sacuda-o na panela em vez de mexer, para não esmagar os grãos – e acrescente o espinafre ou a rúcula. As folhas vão murchar um pouco. Adicione mais um pouco de suco de limão e verifique o tempero. Regue com azeite extravirgem. Sirva as sardinhas com o feijão, o tomate ao forno e os gomos de limão.

lula com cuscuz marroquino, pimenta dedo-de-moça, hortelã e limão

É difícil não gostar de comida assim: fácil de preparar e com sabores marcantes. O cuscuz não precisa estar quente, então você pode prepará-lo com antecedência, basta adicionar as ervas e cozinhar e juntar a vagem no último minuto (nunca é boa ideia colocar a vagem muito tempo antes, pois ela perde a consistência *al dente*). A única coisa que você pode ter que ajustar se fizer o cuscuz com antecedência é o tempero e a quantidade de azeite, pois ele absorve o molho com o tempo. Em seguida, frite a lula – o que leva pouco mais de 1 minuto –, e está pronto para servir.

4-6 PORÇÕES

PARA A LULA

800 g de lula limpa

3 colheres (sopa) de azeite

suco de ½ limão-siciliano

PARA O CUSCUZ

300 g de cuscuz marroquino integral

6 colheres (sopa) de azeite extravirgem

sal e pimenta-do-reino moída na hora

150 g de vagem francesa ou macarrão aparada

2 colheres (sopa) de azeite

6 echalotas fatiadas

3 dentes de alho cortados em fatias finas

2 pimentas dedo-de-moça pequenas, sem sementes e bem picadas

6 cebolinhas fatiadas na diagonal, a parte branca incluída

folhas rasgadas de 12 ramos de hortelã

folhas inteiras de 10 g de salsa

1½ colher (sopa) de alcaparra lavada e escorrida

raspas da casca e suco de 1 limão-siciliano (raspas removidas com um ralador)

Corte as nadadeiras da cabeça da lula. Se as lulas forem grandes, corte essas nadadeiras em três ou quatro tiras. Fatie o corpo inteiro em anéis com cerca de 1 cm de espessura. Lave a lula, prestando atenção para remover a cartilagem branca do interior da cabeça. Escorra, cubra e mantenha na geladeira até a hora de usar.

Coloque o cuscuz numa tigela e adicione 2 colheres (sopa) de azeite extravirgem, 500 ml de água fervente e os temperos. Cubra com filme de PVC e deixe inchar por 15 minutos.

Cozinhe a vagem no vapor até ficar macia, mas ainda *al dente*, depois passe sob a água fria e escorra.

Aqueça as 2 colheres (sopa) de azeite comum em uma frigideira e refogue a echalota até ficar macia e ainda sem dourar, depois junte o alho, a pimenta e a cebolinha e refogue por mais 2 minutos, mais ou menos.

Afofe o cuscuz quente com um garfo, depois acrescente a vagem, o conteúdo da frigideira, as ervas, a alcaparra, as raspas e o suco de limão e, por fim, as 4 colheres (sopa) de azeite extravirgem restantes. Prove; você pode querer adicionar um pouco mais de tempero. Coloque em uma tigela larga e rasa.

Seque a lula com papel-toalha (se ela ficar úmida, não vai fritar direito). Aqueça as 3 colheres (sopa) de azeite em uma frigideira grande ou um wok, até ficar muito quente. Frite a lula por 40 segundos, depois reduza o fogo e cozinhe por 30 segundos. Esprema o limão e tempere com sal e pimenta. Espalhe a lula por cima do cuscuz e sirva imediatamente.

menu de verão vamos começar com pêssego branco

cavalinha grelhada com ervas de verão, cogumelo e legumes | pêssego branco escaldado com gelatina de vinho rosê

É uma boa ideia planejar um menu em torno de um ingrediente específico ou uma sensação em especial. Comecei aqui com a sobremesa – o pêssego branco é tão elegante e tão bonito que não precisa de enfeite. Daí, pensei no que viria antes, de vegetais a escamas prateadas. Nada aqui é difícil de preparar e, ainda assim, esse é provavelmente o menu mais lindo do livro.

cavalinha grelhada com ervas de verão, cogumelo e legumes

Esse é um daqueles pratos que não exigem muita habilidade, só um pouquinho de malabarismo, mas é maravilhoso de apresentar (facilite a sua vida fazendo o purê com antecedência). Trata-se de uma instigante mistura de sabores e texturas – o untuoso contrasta com o fresco, o doce com o salgado. Você não precisa de nenhum carboidrato como acompanhamento, mas pode oferecer trigo para quibe com um pouco de azeite, raspas e suco de limão.

6 PORÇÕES

PARA OS LEGUMES

600 g de ervilha fresca ou congelada

90 ml de caldo de galinha forte

3 colheres (sopa) de suco de limão-siciliano

1½ colher (sopa) de azeite extravirgem

sal marinho e pimenta-do-reino moída na hora

225 g de fava fresca sem a vagem

1½ colher (sopa) de azeite

175 g de cogumelo shiitake

200 g de aspargo

PARA A CAVALINHA

6 cavalinhas inteiras, sem escamas e limpas (ou sardinhas grandes)

folhas rasgadas de 1 maço de hortelã

um punhado de endro picado, mais alguns raminhos para servir

azeite

Faça o purê de ervilha primeiro. Cozinhe a ervilha em água fervente, até ficar macia, e depois escorra. Coloque no liquidificador com o caldo, o suco de limão, o azeite extravirgem e o tempero. Bata até ficar homogêneo. Cozinhe a fava em água fervente por 3 minutos. Escorra, depois retire as peles.

Passe à cavalinha. Lave o peixe e remova qualquer vestígio de sangue do interior (pode deixar amargo). Seque com papel-toalha e faça três incisões profundas na parte exterior, da pele, de cada peixe. Coloque as ervas dentro de cada cavidade. Esfregue os peixes com azeite e coloque-os em uma assadeira forrada com papel-alumínio (o que ajuda na hora de lavar depois). Bata um pouco de sal marinho por todo o peixe, inclusive nos cortes.

Você precisa calcular o tempo de cozimento para que os legumes e o peixe fiquem prontos juntos. Preaqueça o grill do forno na potência máxima. Aqueça o azeite em uma frigideira e frite os cogumelos, até dourarem. Tempere e acrescente as favas, para aquecer tudo completamente. Esquente o purê de ervilha em fogo baixo. Cozinhe o aspargo no vapor por cerca de 4 minutos, ou só até ficar macio.

Asse os peixes por 3-5 minutos de cada lado no grill (ou por 8-10 minutos no forno convencional), dependendo do tamanho. Eles devem ficar com a pele crocante e ligeiramente tostada. Sirva com as favas sobre o purê, os aspargos e os cogumelos refogados. Salpique o endro.

pêssego branco escaldado com gelatina de vinho rosê

Uma bela sobremesa. Se você encontrar pêssegos brancos perfeitamente maduros, não precisa de mais nada – basta servir as frutas ao natural, embora a gelatina acentue o que elas têm de melhor: a cor.

6 PORÇÕES

PARA A GELATINA

óleo de amendoim ou canola, para untar as forminhas

16 g de gelatina em folha (9 folhas pequenas)

175 g de açúcar cristal

475 ml de vinho rosê

PARA O PÊSSEGO

750 ml de vinho branco

175 g de açúcar cristal

2 tiras de casca de 1 limão-siciliano, mais o suco de ½ limão

6 pêssegos brancos (os melhores e mais suculentos que você encontrar)

Unte levemente seis forminhas de 150 ml.

Cubra a gelatina com um pouco de água fria e deixe de molho até ficar bem mole. Aqueça delicadamente o açúcar com 200 ml de água até dissolver. Tire do fogo. Espere a calda amornar um pouco, depois retire a gelatina da água e esprema o excesso de líquido. Adicione à calda e mexa até a gelatina derreter completamente, depois despeje o vinho rosê. Divida a gelatina entre as forminhas, cubra e leve à geladeira até firmar.

Para preparar os pêssegos, coloque o vinho branco, o açúcar, as raspas e o suco de limão em uma panela grande o suficiente para conter as frutas em uma única camada. Leve à fervura branda, mexendo para ajudar a dissolver o açúcar.

Se os pêssegos estiverem bem maduros e não muito grandes, escalde-os inteiros, caso contrário corte-os ao meio. Adicione-os ao vinho e escalde-os suavemente, virando de vez em quando, até ficarem macios. Retire as frutas e deixe o líquido ferver até reduzir e engrossar um pouco. Deixe esfriar – o líquido vai engrossar mais –, depois retire a casca de limão. Enquanto os pêssegos ainda estão quentes, extraia a pele deles com cuidado.

Para desenformar as gelatinas, mergulhe as forminhas muito rapidamente – por cerca de 4 segundos apenas – em água bem quente. Vire cada uma sobre um prato e dê uma boa sacudida; a gelatina deve deslizar para fora.

Coloque com cuidado um pêssego inteiro ou duas metades (com um pouco de calda) ao lado de cada gelatina e sirva.

atum selado com molho de pimenta dedo-de-moça e amendoim

Como todo prato com atum selado, esse é muito rápido de preparar. Você pode servi-lo com o macarrão de arroz e os legumes que fazem parte da receita de carne vietnamita (p. 75) ou só com arroz integral.

4 PORÇÕES

PARA O MOLHO

2½ colheres (sopa) de óleo de amendoim

4 echalotas bem picadas

3 pimentas dedo-de-moça pequenas, sem sementes e bem picadas

2 dentes de alho bem picados ou ralados

2,5 cm de gengibre descascado e ralado

4 colheres (chá) de açúcar mascavo, ou a gosto

1 colher (sopa) de molho de peixe (nam pla), ou a gosto

suco de 2 limões, ou a gosto

40 g de amendoim cru

2 colheres (sopa) de folhas de coentro picadas

PARA O ATUM

2 colheres (sopa) de óleo de amendoim

8 colheres (sopa) de shoyu

1 colher (sopa) de açúcar mascavo

4 pedaços de filé de atum com 175 g cada

sal e pimenta-do-reino moída na hora

suco de 1 limão

Para o molho, aqueça 1 colher (sopa) de óleo de amendoim em uma frigideira e refogue as echalotas em fogo médio-alto, até dourar. Adicione a pimenta, o alho e o gengibre e refogue por mais 2 minutos, depois junte o açúcar. Refogue até o açúcar caramelizar um pouco, depois acrescente o molho de peixe e o suco de limão.

Toste o amendoim em uma frigideira seca, depois pique-o grosseiramente. Acrescente-o à mistura da frigideira junto com o restante do óleo, as folhas de coentro e 1½ colher (sopa) de água. Prove o equilíbrio entre os sabores doce, azedo e salgado e adicione mais açúcar, limão ou molho de peixe, se necessário. Reserve enquanto prepara o atum.

Para fazer o atum, coloque uma chapa com grelha no fogo alto ou acenda a churrasqueira até obter a temperatura adequada para cozinhar. Misture o óleo com o shoyu e o açúcar, coloque o atum, virando os filés para envolvê-los nesse molho, e por fim tempere bem com sal e pimenta-do-reino. Grelhe o atum na churrasqueira preaquecida ou na chapa por cerca de 1 minuto e meio de cada lado (o que deixará o interior molhadinho, levemente cru), regando com a marinada. Esprema um pouco de suco de limão por cima de cada filé e sirva com o molho de amendoim. Uma salada de espinafre e ervilha japonesa polvilhada com gergelim fica deliciosa como acompanhamento.

trilha recheada ao forno

Sentar-se à frente de um prato cheio de trilhas (também conhecidas como salmonetes) é algo que ilumina o espírito – aquela pele rosa-dourado, quase perolizada, iridescente, faz pensar imediatamente em campos de oliveiras e mar azul, e a carne é tão pura que você sabe que está fazendo bem a si mesmo. A textura está um ponto abaixo da do hadoque, mas supera a do linguado, e é quase oleosa. A trilha é classificada como peixe branco, mas tem algo de amanteigado, uma doçura untuosa que se encontra normalmente só em mariscos. O sabor é delicado mas marcante.

Trata-se de um peixe muito fácil de lidar. Coloque a trilha inteira em uma tigela refratária, regue com azeite, tempere com sal e pimenta, leve ao forno e sirva com gomos de limão-siciliano. Se quiser fazer algo a mais, pense em um recheio.

4 PORÇÕES

sal e pimenta-do-reino moída na hora

4 trilhas grandes e gordas, sem escamas e limpas

azeite

½ cebola muito bem picada

200 g de tomate bem picado

3 dentes de alho bem picados

folhas de 3 ramos de tomilho, mais alguns ramos inteiros para cozinhar

200 g de espinafre, sem os talos grossos

75 g de farinha de rosca integral

suco de 1 limão-siciliano

Preaqueça o forno a 190°C.

Tempere as trilhas por dentro e por fora com sal e pimenta e esfregue azeite por todo o peixe.

Aqueça 1 colher (sopa) de azeite em uma frigideira e refogue a cebola em fogo médio, até ficar macia e um pouco dourada. Adicione o tomate e o alho e refogue até os tomates ficarem bem moles. Salpique as folhas dos 3 ramos de tomilho, tempere com sal e pimenta e deixe cozinhar por mais alguns minutos. Pique o espinafre, adicione à panela e deixe murchar, mexendo um pouco para ajudar a incorporá-lo aos tomates. Ele vai soltar um pouco de água, mas tudo bem, pois você vai acrescentar a farinha de rosca. Misture-a e acrescente um pouco mais de azeite se o recheio não estiver úmido. Ao fazê-lo, verifique o tempero.

Divida o recheio entre cada cavidade dos peixes, depois coloque-os em uma tigela refratária onde possam ficar em uma única camada. Espalhe os ramos de tomilho por cima e ao redor dos peixes e regue com azeite. Leve ao forno quente por 20 minutos, depois verifique o cozimento. A carne deve estar branca, nada transparente e soltando do osso. Esprema o suco de limão por cima e sirva.

experimente também… um recheio agridoce de inspiração siciliana Refogue 2 cebolas picadas e 1 dente de alho picado em 1 colher (sopa) de azeite, até amaciar, mas sem dourar. Adicione 15 g de azeitona preta ou verde picada e sem caroço, 50 g de pinhole tostado, 2 colheres (sopa) de uva-passa, o suco e as raspas da casca de 1 limão, 2 colheres (sopa) de folhas de salsa picada ou hortelã rasgada e 2½ colheres (chá) de alcaparra lavada e escorrida. Aqueça bem para os sabores se fundirem. Jogue 75 g de farinha de rosca, tempere com sal e pimenta e misture. Recheie o peixe como acima e asse da mesma forma.

trilha ao forno com molho de tahine e tabule de cevadinha

Trilhas são peixes que exigem pouco e impressionam muito. Assam rápido, a carne é perolada, e a pele, iridescente. Você pode usar qualquer outro grão em vez da cevada (farro ou trigo em grão ficam bons, veja nas pp. 223-4 como cozinhá-los). No inverno, faça um tabule de grãos como esse usando romã, azeitona verde e noz picada no lugar do tomate e da azeitona.

4 PORÇÕES

PARA O TABULE

150 g de cevadinha

3 colheres (sopa) de azeite extravirgem, ou a gosto

1 colher (sopa) de suco de limão-siciliano, ou a gosto

1 colher (sopa) de vinagre balsâmico branco

sal e pimenta-do-reino moída na hora

1 colher (sopa) de azeite

1 cebola roxa pequena bem picada

2 dentes de alho bem picados

2 colheres (chá) de cominho em pó

1 pimenta dedo-de-moça pequena, sem sementes e bem picada

um punhado grande de folhas de hortelã rasgadas

6 colheres (sopa) de folhas de salsa picadinhas

5 tomates italianos bem saborosos, sem pele, sem sementes e bem picados (p. 101)

1 pepino japonês descascado, sem sementes e bem picado, ou use um pepino comum

PARA O MOLHO DE TAHINE

2 colheres (sopa) de tahine

suco de ½ limão-siciliano, ou a gosto

2 colheres (sopa) de azeite extravirgem

1 dente de alho amassado

PARA O PEIXE

4 trilhas grandes, com cerca de 225 g cada, limpas e sem escamas

4 colheres (sopa) de azeite

suco de 1 limão-siciliano

um pouco de sumagre

Coloque a cevadinha numa panela e cubra com bastante água fria. Leve à fervura, reduza o fogo e cozinhe por 30 minutos, ou até ficar macia. Escorra, enxague com água fervente, sacuda para secar e misture imediatamente com o azeite extravirgem, o suco de limão, o vinagre, sal e pimenta-do-reino. Deixar esfriar até a temperatura ambiente.

Aqueça o azeite em uma panela e refogue a cebola até ficar macia, mas sem dourar. Adicione o alho, o cominho e a pimenta dedo-de-moça e cozinhe por mais alguns minutos. Deixe esfriar. Acrescente isso à cevada junto com as ervas, o tomate e o pepino. Verifique o tempero – você pode querer acrescentar um pouco mais de azeite extravirgem ou suco de limão.

Para fazer o molho de tahine, bata o tahine (é só usar um garfo), depois acrescente 75 ml de água, o suco de limão, o azeite extravirgem e o alho (preste atenção para adicionar a água antes do suco de limão, ou o tahine engrossa de repente). Prove e tempere com sal e pimenta. Você também pode querer adicionar um pouco mais de água ou suco de limão; as várias marcas de tahine têm consistências diferentes, que pedem diferentes quantidades de água e temperos. O importante é que a mistura final deve ter a consistência de um creme de leite grosso.

Para cozinhar o peixe, preaqueça o forno a 180°C. Tempere as cavidades das trilhas com sal e pimenta e acomode os quatro peixes em uma tigela refratária onde possam ficar em uma só camada. Misture o azeite com o suco de limão e regue as trilhas. Tempere o lado de fora. Leve ao forno por 15 minutos. Regue os peixes com um pouco do molho de tahine (sirva o restante como acompanhamento) e polvilhe tanto o molho quanto o peixe com sumagre. Sirva com o tabule de cevadinha.

frango israelense com moghrabieh, pêssego com harissa e hortelã

Esse frango é baseado em uma receita do excelente livro *Mediterranean Cooking*, da escritora norte-americana Paula Wolfert, especializada em culinária mediterrânea, entre outras. (Se você não tem nenhum livro de Paula, procure. Eles estão cheios de pratos saudáveis "por acaso".)

O moghrabieh (um cuscuz gigante do Oriente Médio) é difícil de encontrar na versão integral. Você também pode usar matfoul, uma espécie de trigo para quibe, e cozinhá-lo da mesma forma. Qualquer um pode ser usado como base para salada.

4 PORÇÕES

PARA O FRANGO E O MOGHRABIEH

5 colheres (sopa) de mostarda picante (eu uso mostarda inglesa)

8 sobrecoxas de frango com osso e sem pele (ou outras partes de frango)

3 colheres (sopa) de açúcar mascavo

sal e pimenta-do-reino moída na hora

3 colheres (sopa) de azeite

150 ml de suco de laranja

200 g de moghrabieh integral*

1 colher (sopa) de azeite extravirgem

uma boa espremida de suco de limão-siciliano

* Se não encontrar, use cuscuz marroquino, preparado como na receita da p. 127, mas sem os legumes.

PARA O PÊSSEGO

3 pêssegos maduros, porém ainda firmes, cortados ao meio e sem caroço

2 colheres (sopa) de azeite

3 colheres (sopa) de harissa, ou a gosto (reduza a quantidade se quiser menos picante)

suco de ½ limão-siciliano

folhas rasgadas de 1 maço pequeno de hortelã

Preaqueça o forno a 190°C.

Espalhe a mostarda dos dois lados das sobrecoxas de frango e coloque-as em uma assadeira pequena ou tigela refratária onde caibam perfeitamente. Polvilhe com metade do açúcar, tempere com sal e pimenta-do-reino. Regue com 2 colheres (sopa) do azeite comum e todo o suco de laranja. Asse no forno por 20 minutos. Retire a assadeira, vire o frango do outro lado, regue-o e polvilhe com o restante do açúcar. Tempere com sal e pimenta e volte ao forno por mais 15 minutos. O frango deve ficar com uma cor dourada escura.

Quando faltarem cerca de 15 minutos no tempo de cozimento do frango, prepare o moghrabieh. Aqueça a última colher (sopa) do azeite comum em uma panela, adicione o moghrabieh e mexa em fogo médio até dourar; após cerca de 4 minutos, você deve sentir o cheiro dele tostando. Cubra com água fervente, tempere com sal e pimenta e deixe ferver em fogo baixo por cerca de 10 minutos, até o moghrabieh ficar macio. Escorra, misture com o azeite extravirgem e o limão e tempere com sal e pimenta.

Enquanto isso, fatie as metades de pêssego e misture-as em uma tigela com as 2 colheres (sopa) de azeite e a harissa. Aqueça uma frigideira com grelha até ficar bem quente. Retire as fatias de pêssego da mistura de harissa, escorra o excesso e grelhe dos dois lados, até ficar macio. Retire da frigideira e esprema o suco de limão por cima. Assim que o moghrabieh estiver pronto, misture-o com os pêssegos e a hortelã. Sirva com o frango.

espetinho de frango com salada de limão, pimenta dedo-de-moça, hortelã e broto de rabanete

Um prato de que as crianças inglesas gostam (os meus filhos adoram, e eles são bem exigentes). A salada é deliciosa (picante e fresca) e combina com qualquer receita apimentada de carne, grelhada ou assada. Os brotos de rabanete são bonitos, mas difíceis de encontrar. Você pode substituí-los por brotos de trevo ou de alfafa.

6 PORÇÕES

PARA O FRANGO

12 sobrecoxas de frango sem osso e sem pele

1½ colher (sopa) de óleo de amendoim

suco de 1 limão, mais alguns gomos

PARA A MARINADA

raspas da casca de 4 limões e o suco de 6 limões

2 pimentas dedo-de-moça sem sementes e fatiadas

3 colheres (sopa) de shoyu

½ colher (sopa) de molho de peixe (nam pla)

6 dentes de alho amassados

2 colheres (sopa) de folhas de hortelã picadas

pimenta-do-reino moída na hora

PARA O MOLHO

2 colheres (sopa) de vinagre de arroz

1 colher (sopa) de açúcar

½ colher (sopa) de molho de peixe

suco de 1 limão

2 colheres (chá) de xarope de gengibre [ou 1 colher (chá) de gengibre ralado bem finamente]

1 colher (sopa) de amendoim picado (opcional)

2 colheres (sopa) de óleo de amendoim

sal e pimenta-do-reino moída na hora

PARA A SALADA

10 rabanetes cortados em palitinhos

5 folhas de acelga picadas

1 cenoura cortada em palitinhos

15 g de folhas de coentro rasgadas

folhas rasgadas de 4 ramos de hortelã

70 g de folhas de mizuna ou agrião

35 g de broto de rabanete

Deixe seis espetos de bambu de molho na água por 30 minutos; isso faz com que eles não queimem ao cozinhar o frango.

Corte o frango em cubos. Misture todos os ingredientes para fazer a marinada. Coloque o frango, vire-o para revestir bem, cubra com filme de PVC e leve à geladeira. Reserve por 1-4 horas.

Para fazer o molho, misture todos os ingredientes, exceto o óleo. O açúcar deve se dissolver no suco de limão. Depois acrescente o óleo, batendo com um fouet, e prove o tempero.

Deixe todos os ingredientes para a salada preparados e prontos para misturar.

Ajuste o frango nos espetinhos e aqueça o óleo em uma frigideira grande (ela precisa ser grande o suficiente para acomodar o espetinho inteiro e o frango encostar no fundo quente). Você também pode grelhar o frango – nesse caso, basta aquecer uma chapa com grelha e pincelar cada espetinho com óleo em vez de colocar o óleo na frigideira. Escorra o excesso de marinada do frango.

Grelhe de todos os lados, começando com um fogo alto para dourar bem por inteiro, depois reduza o calor para o interior do frango cozinhar. O processo todo deve levar cerca de 10 minutos. Adicione sal e pimenta-do-reino e esprema o suco de limão por cima.

Misture todos os ingredientes da salada com o molho e sirva os espetinhos sobre a salada. Ofereça gomos extras de limão para acompanhar e arroz integral.

pollo alla diavola com vagem e farofa de pão siciliana

Esse frango italiano apimentado é geralmente feito na churrasqueira ou na grelha, mas fica muito bom também no forno, e exige muito menos atenção. Use tanta pimenta quanto for capaz.

A farofa de pão siciliana é boa com outros legumes também; sinta-se à vontade para improvisar: acrescente pimenta fresca, alcaparra ou raspas de limão ao servi-la com outros pratos de legumes. As opiniões variam sobre quantos galetos servir (já vi pessoas horrorizadas com a ideia de comer um inteiro, outras se lançam sem medo). Alguns convivas podem querer só a metade. Então você pode ou reduzir as quantidades (se conhece os seus convidados) ou contar com algumas sobras.

Se preferir fazer essa receita com sobrecoxa de frango (com ou sem pele, depende do seu gosto), use apenas 6 colheres (sopa) de azeite na marinada e deixe assar por 40-45 minutos a 180°C.

8 PORÇÕES

PARA O GALETO

folhas picadas de 4 raminhos de alecrim

2 colheres (sopa) de orégano seco

8 colheres (sopa) de azeite

pimenta-do-reino moída na hora

suco de 1 limão grande

1½ colher (sopa) de pimenta-calabresa (a seu critério, tudo depende de quão apimentado você prefira)

8 galetos

sal marinho em flocos

PARA A VAGEM COM FAROFA DE PÃO

3 colheres (sopa) de azeite

125 g de pão integral rústico sem casca, rasgado em pedacinhos (tipo italiano)

35 g de uva-passa

35 g de pinhole

4 dentes de alho cortados em fatias finas

4 filés de aliche bem picados

700 g de vagem aparada

suco de ½ limão-siciliano

cerca de 2 colheres (sopa) de azeite extravirgem

pimenta-do-reino moída na hora

folhas rasgadas de cerca de 8 ramos de hortelã

Para o galeto, misture as ervas, o azeite, a pimenta-do-reino, o limão e a pimenta-calabresa. Despeje tudo sobre os galetos em um ou vários pratos de vidro ou cerâmica e massageie com as mãos por dentro e por fora. Cubra com filme de PVC e leve à geladeira para marinar. Deixe por cerca de 2 horas, virando de vez em quando. Na hora de cozinhar, preaqueça o forno a 190°C e retire os galetos da marinada. Tempere as aves com sal marinho e asse por 50 minutos. Verifique se estão bem cozidas: ao furar a sobrecoxa, o caldo deve sair transparente e sem nenhum traço rosado. Cubra com papel-alumínio, abafe com alguns panos de prato (usados apenas para esse fim) e reserve por 15 minutos.

Para a vagem, aqueça 2 colheres (sopa) de azeite numa frigideira e refogue o pão até dourar de todos os lados. Adicione mais 1 colher (sopa) do azeite e as passas, o pinhole, o alho e o aliche. Deixe o pinhole tostar (atenção, é muito rápido) e aperte o aliche com uma colher de pau para esmagá-lo. Retire do fogo e mantenha aquecido enquanto a vagem cozinha.

Cozinhe a vagem em água fervente com sal até ficar macia (mas ainda *al dente*). Escorra, misture em uma tigela com o suco de limão, o azeite extravirgem, sal e pimenta e acrescente a farofa com a hortelã.

Sirva os galetos com a vagem. Você não precisa de mais carboidrato (embora a fregola sarda seja uma boa ideia, veja na página seguinte), mas o pimentão assado (que você pode fazer com antecedência) acompanha bem.

kebab de cordeiro com adzhika georgiano

Minha versão do molho é menos picante do que a que se faz na Geórgia. Como as pimentas variam, eu colocaria a metade da quantidade sugerida aqui, provaria e, em seguida, adicionaria mais, se fosse o caso.

6 PORÇÕES

PARA O KEBAB

600 g de pernil de cordeiro em cubos

4 colheres (sopa) de azeite

1½ colher (chá) de canela em pó

1 colher (chá) de pimenta-da-jamaica moída

2 colheres (chá) de pimenta-de--caiena

2 dentes de alho amassados

PARA O ADZHIKA

4 dentes de alho picados

1 talo de aipo picado

4 pimentas dedo-de-moça pequenas, picadas

1 pimentão vermelho picado

25 g de folhas de endro

25 g de folhas de coentro

3½ colheres (sopa) de vinagre de vinho tinto

4 colheres (sopa) de azeite extravirgem

Limpe o cordeiro, retirando qualquer gordura ou pele branca. Misture todos os outros ingredientes para o kebab em uma tigela e coloque o cordeiro. Vire a carne para misturar, cubra com filme de PVC e leve à geladeira para marinar por 2 a 24 horas. Vire a carne algumas vezes. Deixe 6 espetos de bambu de molho na água por pelo menos 30 minutos para eles não queimarem na churrasqueira ou na chapa.

Para fazer o adzhika, coloque o alho em um processador de alimentos e bata. Adicione o aipo, a pimenta dedo-de-moça (sem sementes, se quiser) e o pimentão e pulse até obter uma textura grosseira de molho pedaçudo. Adicione as ervas e pulse cerca de três vezes; você não quer um purê homogêneo, e sim uma mistura irregular. Com a ajuda de um pão-duro, passe a mistura para uma tigela e adicione o sal, o vinagre e o azeite extravirgem.

Enfie os cubos de cordeiro nos espetos e tempere com sal. Cozinhe em uma chapa com grelha bem quente ou uma churrasqueira, até dourar, virando com frequência. Ficam melhores ainda malpassados no meio, portanto precisam de cerca de 7 minutos no total. Sirva com o adzhika ou com qualquer um dos molhos abaixo.

mais molhos... salsa de uva-passa, pimenta dedo-de-moça e pinhole

Picante, agridoce e com um quê fresco da hortelã, esse molho tem inspiração siciliana. Amasse 2 dentes de alho pequenos em um pilão com um pouco de sal marinho. Adicione 60 g de pinhole e amasse mais um pouco. Junte então 2 colheres (sopa) de uva-passa, 1 pimenta dedo-de-moça vermelha e 1 verde sem sementes e bem picadas, as folhas rasgadas de cerca de 12 ramos de hortelã, 2 cebolinhas bem picadas, 2 colheres (sopa) de vinagre balsâmico branco, o suco de ½ limão-siciliano, pimenta--do-reino e 8 colheres (sopa) de azeite extravirgem. Dê uma amassada rápida para avivar o sabor. Prove, ajuste o tempero e sirva. Rende seis porções.

pesto de amêndoa e hortelã Coloque 60 g de amêndoa tostada em um processador de alimentos com 4 dentes de alho, 80 g de folhas de hortelã, 40 g de folhas de salsinha, 3 colheres (chá) de mel líquido, o suco de 1 limão-siciliano, sal e pimenta-do-reino. Bata adicionando 300 ml de azeite extravirgem em um fluxo constante. Prove o tempero. Regue com uma camada de azeite para proteger e cubra com filme de PVC até a hora de servir. Rende seis porções.

cordeiro scottadito com fregola sarda

Literalmente "cordeiro que queima os dedos", essa receita rende um ótimo jantar casual ou almoço de fim de semana. Precisa ser feita no último minuto, mas é muito fácil. Melhor cozinhar com a gordura; se você ou seus convidados não a quiserem, basta retirar na hora de comer.

A fregola é um tipo de cuscuz de grão grande da Sardenha. Se você não achar, use farro, por exemplo (saiba na p. 223 como cozinhá-lo).

6 PORÇÕES

PARA O CORDEIRO

18 costeletas de cordeiro bem limpas (peça ao açougueiro para fazê-lo)

3 colheres (sopa) de azeite

suco de 1 limão-siciliano, mais alguns gomos para servir

1½ colher (sopa) folhas de orégano picadas

8 colheres (chá) de pimenta-calabresa (ou até mais, para ficar mais picante)

PARA A FREGOLA

400 g de fregola

4 colheres (sopa) de azeite extravirgem

1½ colher (sopa) de suco de limão-siciliano

sal e pimenta-do-reino moída na hora

1 colher (sopa) de azeite

4 echalotas bem picadas

150 g de tomate-cereja cortados em quartos ou picados

folhas rasgadas de um punhado pequeno de manjericão, ou 3 colheres (sopa) de folhas de salsa picadas grosseiramente

Coloque as costeletas em uma tigela rasa e grande de vidro ou porcelana. Adicione o azeite, o suco de limão, o orégano e a pimenta-calabresa. Massageie tudo com as mãos, cubra, leve à geladeira e deixe marinar por cerca de 2 horas. Vire a carne algumas vezes, se puder.

Cozinhe a fregola em água fervente por 10 minutos, depois escorra e adicione imediatamente o azeite extravirgem, o suco de limão, sal e pimenta-do-reino. Afofe com um garfo.

Enquanto isso, aqueça 1 colher (sopa) de azeite comum em uma frigideira pequena e cozinhe as echalotas até ficarem macias, mas sem dourar. Adicione à fregola junto com o tomate e as ervas.

Aqueça uma chapa com grelha em fogo alto. Retire o cordeiro da marinada e escorra o excesso de líquido (não deve ter muito). Tempere bem a carne com sal e pimenta. Quando a grelha estiver bem quente, grelhe as costeletas de ambos os lados, até ficarem bem coradas. Aperte a parte carnuda das costeletas contra a grelha com as costas de uma colher de pau ao cozinhar. Elas devem ficar rosadas no meio, portanto cerca de 1 minuto e meio de cada lado é suficiente. Insira uma faca afiada em uma delas para ver o ponto da carne, mas atenção para servir a costeleta virada do outro lado, assim as pessoas não verão o corte.

Coloque as costeletas em uma travessa com os gomos de limão-siciliano e sirva imediatamente com a fregola. Forneça mais guardanapos do que de costume: seus convidados vão certamente querer roer cada pedacinho de carne das costeletas, então as mãos entrarão em ação, com toda certeza.

filé-mignon com ponzu rústico e wasabi

Às vezes dá vontade de comer um monte de proteína. Eu não como carne vermelha com muita frequência, mas às vezes sinto necessidade dela (e meu filho adolescente também). Esse é um deleite ocasional – e caro –, e eu adoro seu sabor puro. É bem substancioso, também. Você pode servir uma conserva de legumes japonesa para acompanhar (p. 60), se quiser algo a mais.

O molho ponzu veio de um livro inspirador, *Japanese Farm Food*, de Nancy Singleton Hachisu, e é muito mais simples de fazer do que um ponzu comum.

6 PORÇÕES

PARA O PONZU

125 ml de shoyu

125 ml de suco de laranja-amarga, ou uma mistura de suco de limão e laranja

1 colher (sopa) de cebolinha picada, a parte branca incluída

PARA A CARNE

sal marinho

450 g de filé-mignon da melhor qualidade, toda gordura visível removida

wasabi (ou raiz-forte fresca e ralada; consulte a p. 329 para saber onde encontrar), para servir

pedaços de casca de 2 limões-sicilianos, mais alguns gomos para servir

2 pimentas dedo-de-moça pequenas, sem sementes e cortadas em fatias finas

Para fazer o ponzu, basta misturar todos os ingredientes. Cubra e leve à geladeira.

Polvilhe o sal marinho sobre toda a carne. Sele-a inteira em uma chapa bem quente ou em uma churrasqueira. Envolva-a imediatamente em papel-toalha e leve à geladeira por 1 hora, para esfriar.

Corte em fatias no sentido contrário ao das fibras e disponha-as sobrepostas em cada prato. Dê a todos um pouco de wasabi para acompanhar e polvilhe a carne com as raspas de limão e a pimenta dedo-de-moça. Coloque uma tigelinha com o ponzu em cada prato. Ofereça também gomos de limão em uma tigela.

tagliata

Uma salada italiana com carne, rápida de fazer, que é um verdadeiro deleite. Tomate-cereja com um pouco de suco de limão e azeite extravirgem fica ótimo como acompanhamento.

8 PORÇÕES

4 bifes de contra-filé com cerca de 300 g cada, sem gordura

4 dentes de alho com casca

200 g de folhas de agrião e rúcula misturadas

azeite

sal e pimenta-do-reino moída na hora

125 ml de azeite extravirgem

4 raminhos de alecrim

2 tiras de casca de 1 limão-siciliano, mais o suco de 1 limão

25-50 g de raspas de queijo parmesão

Você precisa trabalhar rápido nessa receita. Deixe a carne à temperatura ambiente. Esmague os dentes de alho com a lateral de uma faca e coloque as folhas de salada em uma tigela ampla e rasa.

Aqueça uma frigideira de fundo grosso até ficar bem quente, adicione uma camada fina de azeite comum e aqueça até o óleo começar a fazer fumaça. Tempere bem os bifes por inteiro e frite-os por 2 minutos e meio no total, virando-os a cada 20 segundos para ficarem cozidos de maneira uniforme. Coloque os bifes em um prato quente, cubra com papel-alumínio e reserve.

Não restará muito azeite na frigideira, mas o que houver, jogue fora. Mas não limpe a frigideira: há sabor nela. Adicione o azeite extravirgem à frigideira e leve-a ao fogo médio. Jogue o alho, o alecrim e as raspas de limão. Deixe os aromas se misturarem com o azeite por 3 minutos, depois adicione o suco de limão.

Corte os bifes em fatias com cerca de 0,5 cm de espessura. Coe metade do molho da frigideira com uma peneira sobre as folhas na tigela. Espalhe a carne e o queijo parmesão sobre as folhas, depois coe o resto do molho por cima. Salpique mais sal sobre tudo, dê uma girada no moedor de pimenta-do-reino por cima e sirva imediatamente.

quantas dietas cabem em uma vida?

Durante a minha vida eu segui muitas dietas: Clínica Mayo, Scarsdale, F-plan, Atkins, sopa de repolho, Cambridge, Lighter Life, South Beach, Dukan. Gastei tanta energia me angustiando com elas que poderia me acabar em prantos. Os meus amigos, especialmente as mulheres (muitas delas magras), fizeram a mesma coisa (se existe alguma maneira mais eficaz de mantê-las para baixo, inseguras e perdendo tempo, eu ainda preciso descobrir...).

Pesquisadores da Mintel apuraram que um em cada quatro adultos no Reino Unido está tentando perder peso "a maior parte do tempo". Isso são 13 milhões de pessoas em dieta permanente. Todo mundo tem uma opinião sobre qual é a melhor ou a mais rápida. Vão dizer que você está perdendo seu tempo, ou que deve fazer um regime diferente. Pessoas bem magras e presunçosas dirão que você não tem força de vontade ou que não se exercita o suficiente.

Se você está lendo esta página, provavelmente já fez dieta também. Se comprou este livro, provavelmente tem paixão por comida e acha difícil fazer dieta. Estou exatamente na mesma situação. Infelizmente, depois que você começa a fazer dieta é difícil parar, porque você entra na montanha-russa de privação/rebelião, de comer muito pouco/abusar demais.

Eu acredito que, sem a nossa neurose coletiva sobre aparência, teríamos todos um peso aceitável que nos fosse adequado (tanto faz se gordinhos ou magrinhos). Mas não vivemos nesse tipo de sociedade. Além disso, experimentamos uma cultura que é tão repleta de alimentos engordativos – carboidratos simples, principalmente açúcar – que comer de forma equilibrada é mais difícil do que costumava ser. Meus filhos querem uma guloseima (doce) todos os dias no caminho da escola para casa, porque todo mundo faz isso. Quando eu era pequena, doces eram para o fim de semana. Hoje somos julgados de forma mais severa sobre nosso visual, embora haja mais tentação para comer coisas não saudáveis que nos farão engordar. Não é a abordagem mais sensata e equilibrada quando se pensa em comida.

Eu não defendo ser magro; desisti dessa opção há anos. Aos 20 e poucos anos eu consegui ficar com 48 kg (tenho 1,62 de altura) sendo extremamente rigorosa por cinco dias e comendo o que bem entendesse no fim de semana. Era uma existência cruel – embora "funcionasse" para a minha aparência – e certamente não era saudável. Mas também não é "saudável" estar acima do peso e, embora este livro não seja sobre perda de peso, precisamos ficar de olho nele. Fazer regime de vez em quando não é ruim – será apenas uma restrição de alguns dias (após o Natal ou uma semana de férias em Paris, por exemplo). Mas fazer dieta constante não é uma boa maneira de viver. Não é saudável e torna você muito infeliz.

Dietas funcionam – algumas de maneira espetacular –, mas só enquanto você as está fazendo. Eu posso ouvir você resmungar ao ler isso (do mesmo jeito que eu resmungava quando outros me diziam), mas você precisa chegar a um peso com o qual fica confortável e, em seguida, *precisa mudar a maneira de comer*. Passei anos sem dar ouvidos a isso. Na verdade, eu poderia ter batido em quem me dizia tal coisa. Portanto, não estou *mandando* você fazer isso; a batalha é sua. Mas a comida neste livro (exceto os bolos e sorvetes, que são para os fins de semana) e as informações nele contidas devem ajudar você a manter um peso decente sem ficar com fome. Eu adoro comida. Mas cansei de fazer dieta. E a comida apresentada neste livro é a mais gratificante que já comi.

ricota com frutas vermelhas e mel

Não precisa cozinhar nada. Apenas ingredientes bons e brutos. Vá a uma delicatéssen e compre uma boa ricota fresca em vez daquele tijolo UHT que você encontra no supermercado. A diferença é total.

4-6 PORÇÕES

300 g de ricota fresca

um pouco de açúcar de confeiteiro (opcional)

400 g de framboesa, groselha ou amora

um bom mel líquido e perfumado (de flor de laranjeira ou tomilho vão melhor aqui)

Forre uma peneira com um tecido fino ou um pano de prato novo. Disponha a ricota sobre a peneira, e esta sobre uma tigela. Feche o pano por cima dela e coloque um prato por cima, para fazer peso. Leve à geladeira e deixe por algumas horas.

Retire o pano e prove a ricota. Se você achar que precisa ser mais doce, amasse-a com um pouco de açúcar de confeiteiro. Divida-a entre os pratinhos de servir ou coloque-a em um prato grande.

Espalhe algumas frutas vermelhas ao lado de cada porção e regue com o mel.

outras maneiras de servir frutas com ricota...

Muitas outras frutas podem acompanhar a ricota preparada acima. Figos bons e maduros ficam deliciosos (nesse caso, use um bom mel de lavanda, combina perfeitamente com a fruta) e groselhas-brancas dão um visual lindo ao lado da ricota cremosa. Pêssegos ou damascos escaldados são deliciosos também (veja na p. 130, mas adicione menos açúcar ao líquido de cozimento, pois serão regados com mel).

Se você usar frutas amarelas com caroço, polvilhe pistache por cima antes de servir. Outra ideia é adoçar um pouco a ricota com o açúcar de confeiteiro e servir com uma porção de cerejas frescas espalhadas em volta.

bolo de groselha, amêndoa e espelta

Doce, azedinho e molhadinho. Tem açúcar, é claro, o que faz dele uma guloseima ocasional. Mas é feito com uma parte de farinha de espelta integral, que faz mais bem do que a farinha de trigo branca e também dá um sabor de castanhas. Você pode substituí-la por farinha de trigo integral, se preferir.

8 PORÇÕES

125 g de manteiga sem sal, e mais para untar

125 g de açúcar mascavo

3 ovos grandes ligeiramente batidos

50 g de farinha de espelta integral peneirada

25 g de farinha de trigo branca peneirada

75 g de amêndoa moída (de preferência moída na hora)

¾ de colher (chá) de fermento químico em pó

350 g de groselha (vermelha ou verde) [ou uva preta ou verde sem caroço (thompson)]

4 colheres (sopa) de açúcar demerara

30 g de amêndoa laminada

açúcar de confeiteiro, para polvilhar

Preaqueça o forno a 190°C. Unte uma fôrma de bolo redonda de 20 cm com fundo removível.

Bata a manteiga e o açúcar mascavo até formar um creme. Adicione os ovos um por vez, batendo bem após cada adição. Se a mistura começar a talhar, adicione 1 colher (sopa) de farinha de espelta. Acrescente o resto das farinhas, as amêndoas e o fermento em pó usando uma colher de metal grande, depois transfira para a fôrma preparada.

Misture as frutas com o açúcar dourado e espalhe por cima do bolo. Leve ao forno por 20 minutos. Polvilhe as amêndoas laminadas e volte ao forno por 10 minutos. O bolo estará pronto quando um palito inserido no meio sair limpo.

Deixe esfriar na fôrma, depois retire cuidadosamente as laterais e o fundo da assadeira. Polvilhe com açúcar de confeiteiro antes de servir.

uma versão com cereja... Esse bolo fica muito bom também com cerejas. Retire o caroço de 500 g de cereja e jogue-as no bolo antes de levá-lo ao forno. Elas ficarão macias no tempo que leva para assar a massa. Isso deixa o bolo bem macio e molhadinho.

framboesa com manjericão e sherbet de iogurte

Sherbet é algo diferente. Embora feito com leite e xarope de açúcar, na boca dá a sensação mais de sorbet que de sorvete comum. Essa versão com iogurte é bem azedinha e refrescante.

A calda para as framboesas contém menos açúcar do que o usual. Depois que tiramos da cabeça a ideia de que as frutas precisam sempre estar em uma calda grossa, é bastante libertador. O sabor melhora, mas ajuste suas expectativas quanto à textura.

6 PORÇÕES

PARA O SHERBET

125 g de açúcar cristal

225 ml de iogurte desnatado

suco de 2 limões-sicilianos

PARA A FRAMBOESA

75 g de açúcar cristal

3 raspas de casca de 1 limão-siciliano, mais o suco de 1 limão

3 ramos de manjericão, mais alguns raminhos ou folhas para servir (opcional)

325 g de framboesa

Para o sherbet, aqueça 75 ml de água junto com o açúcar até dissolver completamente, depois deixe esfriar. Misture o iogurte e o suco de limão e coloque em uma máquina de sorvete seguindo as instruções do fabricante, ou congele em um recipiente raso e largo próprio para congelador, retirando três ou quatro vezes durante o processo de congelamento e batendo em um processador de alimentos ou amassando (vigorosamente) com um garfo.

Para preparar as framboesas, coloque o açúcar e as raspas de limão em uma panela com 300 ml de água e aqueça em fogo baixo, mexendo um pouco para ajudar a dissolver o açúcar. Ferva por 2 minutos, retire do fogo, adicione o suco de limão e o manjericão e deixe esfriar. O manjericão vai infundir na calda. Coloque as framboesas em uma tigela e coe a calda fria sobre elas (as frutas ficam moles se forem reservadas muito tempo na calda, portanto não deixe por mais de 15 minutos antes de servi-las).

Sirva as framboesas com algumas folhas ou raminhos de manjericão (se for usar), junto com o sherbet de iogurte.

figo e melão com gengibre e anis-estrelado

Figo e melão são frutas quase de outono, portanto estão melhores no final do verão. O melão é algo almiscarado, o figo, complexo e sensual, e as especiarias antecipam a estação do ano vindoura.

6 PORÇÕES

125 g de açúcar cristal

2 cm de gengibre descascado e fatiado

1 anis-estrelado

suco de 5 limões bem suculentos, mais 2 tiras grandes da casca

6 figos grandes (não muito maduros), sem o talo e cortados ao meio

400 g de melão maduro e doce, sem sementes (é o peso de um melão gália ou cantalupo)

Coloque o açúcar em uma panela grande o suficiente para conter os figos em uma única camada e junte 300 ml de água. Adicione o gengibre, o anis-estrelado, metade do suco de limão e as duas tiras da casca. Aqueça a panela, mexendo para ajudar a dissolver o açúcar. Leve à fervura e deixe borbulhar por 4 minutos. Reduza o fogo.

Adicione os figos e escalde-os suavemente por 3-4 minutos – apenas o tempo suficiente para eles darem um sabor à calda e também incorporarem alguns aromas da panela. Não os cozinhe demais, para que não desmanchem. Retire-os com uma escumadeira e coloque-os em uma tigela.

Descarte as raspas e o anis-estrelado da calda. Reduza o líquido de cozimento para cerca de um quarto, fervendo-o, depois adicione o restante do suco de limão e deixe esfriar. Acrescente o melão aos figos e regue com a calda fria.

Deixe a fruta macerar na calda por pelo menos 30 minutos (e não mais que 3 horas, ou o melão ficará muito mole). Vai bem com iogurte grego e um fiozinho de mel.

para gostar do café da manhã

O café da manhã que eu comia quando adolescente me deixa hoje horrorizada: uma fatia de pão branco com polenguinho e uma xícara de chá adoçado, ou talvez uma tigela de sucrilhos. Não é à toa que eu cochilava na aula de espanhol às 11 horas. Já adulta, não melhorou muito. Não havia nada de que eu gostasse mais do que um café da manhã francês. Cestas de brioche, croissants, tartines... minha autobiografia poderia se chamar "As viennoiseries foram a minha desgraça". Eu não bani essas delícias do meu cardápio (não sou capaz, então deixo para o fim de semana), mas elas engordam e, mais importante, deixam você com fome. O café da manhã é a refeição mais importante que nós comemos – por isso é chamado de desjejum, é quando se quebra o jejum – e, como tal, precisa fornecer energia que dure. (Muitos especialistas estão convencidos de que as pessoas que pulam o café da manhã com o intuito de perder peso comem mais nas outras refeições durante o dia, e fazem mais lanchinhos, também.) No entanto, os alimentos mais comuns na cultura ocidental no café da manhã são carboidratos simples. Cereais processados, muffins, croissants e pão branco são simplesmente as piores coisas que você pode comer (e não apenas no café da manhã, mas em qualquer hora do dia). Até o copo de suco de frutas que tomamos é, basicamente, açúcar; pode conter vitaminas, mas é muito melhor comer a fruta inteira (pois assim obtêm-se a fibra também) do que beber o suco. Não tomar nenhum café da manhã, ou tomar um que não satisfaça, significa que a grelina, hormônio que seu corpo envia para dizer que ainda está com fome, não é suprimida e que você vai comer demais na hora do almoço (ou atacar a lata de biscoitos no meio da manhã). Portanto, o desjejum é importante.

Eu não comecei a tomar um café da manhã melhor porque alguém me disse que deveria. Foi por curiosidade e por amor à comida. Fiquei mais interessada nele como refeição quando vi o que pessoas de outros países ingeriam ao acordar. O café da manhã em uma hospedaria no México era abacate fatiado, queijo fresco salgado, feijão-preto quente e manga com limão. Não havia uma só caixa de cereal à vista. Na Alemanha eu comi "ovo no copo" todas as manhãs: dois ovos quentes engenhosamente descascados e colocados em um copo de vidro (o que os torna especiais), com um tipo de pão que exige muita mastigação (e felizmente eu adoro). Na Grécia é tomate, pepino, queijo feta, azeitona, iogurte e frutas. Mas foi o café da manhã escandinavo que realmente me conquistou. O desjejum em um hotel de Helsinque alguns verões atrás oferecia müsli caseiro, mingau de aveia, compota de frutas, queijos, ovo cozido, tomates, pepino e pimentão em fatias, arenque curado, gravlax [salmão com açúcar, sal e endro], presunto e cinco tipos de pão integral consistente. Todas as manhãs eu chegava para o café da manhã com a mesma disposição que para um bom jantar.

Eu não comia tudo que havia ali, mas receber primeiro a proteína (peixe, ovos e queijo) realmente faz você se sentir satisfeito, enquanto os carboidratos complexos (o mingau e o pão integral) ajudam a manter a energia. Eu tomei o café da manhã finlandês por duas semanas – era a minha refeição favorita do dia – e raramente estava com fome antes das 3 da tarde. Ao voltar para casa, ficava apavorada na hora de subir na balança. Como diz aquele ditado, eu tomava o café da manhã de um rei. Sabia que isso fazia bem, mas tinha certeza de que pagaria um preço alto. No entanto, a balança do meu banheiro mostrou que eu não havia engordado nem um quilo sequer. E eu tinha energia ilimitada todo dia.

Todos nós dispomos de pouco tempo durante a manhã. Isso é, em parte, a razão pela qual os fabricantes de cereais nos convenceram de que uma tigela de grãos processados é adequada (nós queríamos acreditar nisso). Mas, por todas as aborrecidas razões que você já conhece – eles levam grande quantidade de açúcar, de sal etc. –, os cereais não são bons o suficiente. Faça o seu próprio cereal com grãos integrais, castanhas e sementes ou, se você comprar müsli, verifique o teor de açúcar e de sal no pacote. Você vai descobrir, no entanto, que uma granola caseira é mais barata e mais gostosa. E você sabe exatamente o que há nela.

Eu dei receitas do tipo "cenário ideal" para alguns cafés da manhã (um bom mingau cozido lentamente, por exemplo), mas não há nada de errado com o cozimento rápido; ele certamente é melhor que os cereais embalados. Amo uma tigela de mingau de aveia que borbulhou na boca do fogão – com uma mexida aqui e ali – por 5 minutos enquanto eu tentava encontrar os calçados do meu filho mais novo. Vivemos em um mundo real. Mas você provavelmente vai descobrir, se começar a comer mingau regularmente, que terá muito mais expectativa pelo mingau do que por aquela tigela de cereal frio que costumava ingerir. E, aí, poderá reservar mais tempo a ele.

O principal é ter a cabeça aberta. Eu gosto de pensar no café da manhã como uma refeição como qualquer outra, com todos os prazeres que isso implica, e não como algo que você precisa devorar antes de sair correndo de casa. Não deixe que uma das suas três refeições diárias seja ditada pelos fabricantes de cereais matinais. Pense em comida salgada também. Pense de forma criativa. Pode não ser do seu gosto, mas arenque curado rende um ótimo café da manhã (bem substancioso), ou experimente peixe defumado vez ou outra. Ou omeletes – recheadas com queijo ralado, espinafre picado ou agrião. (Na verdade, ovos são ótimos de qualquer jeito, por sua riqueza em proteínas, e sustentam até a hora do almoço.) Depois, sempre há o kedgeree [prato típico britânico, mistura de peixe defumado, arroz, limão, curry, ovos cozidos e salsa fresca] feito com arroz integral e lentilha, ou um pão de fermentação natural tostado com abacate ou coalhada seca e tomate assado, ou um cogumelo salteado com algumas gotinhas de shoyu... já está com fome?

Um café da manhã rico em proteínas mostrou-se o melhor para mim. Me mantém satisfeita por mais tempo e eu acho que mesmo os "bons carboidratos" como o mingau – se eu comer todo dia – ajudam a manter o peso. A sua experiência com seu próprio corpo vai dizer o que funciona melhor para você.

Ninguém vai privá-lo do copo de suco feito na hora, mas tente comer frutas em vez de bebê-las (ou faça as duas coisas). Maçã cozida – procuro adicionar muito pouco açúcar – é barata e permite obter no café da manhã a primeira das cinco porções de frutas e legumes do dia. Mesmo fora de época, faço compota de frutas vermelhas com fruta congelada: adicione açúcar suficiente para adoçar, jogue alguns mirtilos frescos e coma com iogurte. (Eu prefiro integral, que tem um sabor melhor e o mantém saciado por mais tempo do que as versões desnatadas. Muitos iogurtes desnatados levam grande quantidade de açúcar ou adoçantes, portanto verifique o rótulo. E leia mais sobre as gorduras nas pp. 284-5.)

O café da manhã – mesmo durante a semana – pode ser tão agradável quanto um jantar. E, se você gosta de comida, é uma outra bela refeição na qual pensar. Pode ser variado, até mesmo exótico, substancioso o suficiente para mantê-lo longe dos biscoitos de chocolate às 11 horas e – essa é a verdadeira vantagem – absolutamente delicioso. Mesmo quando livre de croissants...

ovo pochê turco com espinafre e iogurte

Os turcos são muito bons com os ovos. Você não imaginaria que ovo pochê poderia virar um banquete exótico, mas é o caso aqui. Rende café da manhã, almoço ou jantar simples e delicioso para duas pessoas.

2 PORÇÕES

100 g de iogurte natural de consistência firme

1 dente de alho amassado

1-2 fatias de pão de fôrma

2-4 ovos

50 g de manteiga

½ colher (chá) de sementes de cominho

½ colher (chá) de pimenta-calabresa

100 g de folhas de espinafre sem os talos duros

1 colher (sopa) de azeite

sal e pimenta-do-reino moída na hora

Misture o iogurte com o alho amassado. Aqueça ou toste os pães e coloque uma fatia em cada um dos dois pratos. Espalhe um pouco de iogurte em cada fatia.

Enquanto isso, prepare os ovos, 1-2 por pessoa, dependendo do apetite. Ao mesmo tempo, aqueça a manteiga até espumar, depois adicione os temperos e refogue por 1 minuto. Coloque o espinafre em uma frigideira com o azeite e aqueça-o rapidamente, até murchar. Tempere. Tente deixar tudo pronto ao mesmo tempo.

Ponha um pouco de espinafre por cima do iogurte, cubra com os ovos e regue com a manteiga quente temperada. Coloque sal e pimenta-do-reino e sirva.

ovo mexido indiano da roopa

Um prato punjabi da minha grande amiga Roopa Gulati. Você pode tirar as sementes da pimenta, se quiser. Isso rende um café da manhã maravilhoso (sobretudo no fim de semana) ou um almoço. A comida indiana nunca chegou na mesa tão rápido. Roopa recomenda comer essa receita com chutney de cenoura fresca. Eu sugiro uma das saladas de cenoura das pp. 273 e 277.

3-4 PORÇÕES

1 colher (chá) de sementes de cominho

2 colheres (sopa) de óleo de girassol

2 cebolas roxas grandes bem picadas

2 pimentas dedo-de-moça verdes pequenas, picadas (com as sementes)

½ colher (chá) de pimenta-do-reino moída grosseiramente

3 tomates bem picados

6 ovos ligeiramente batidos e temperados com sal

2 colheres (sopa) de folhas de coentro picadas

Aqueça as sementes de cominho em uma frigideira seca por 1-2 minutos, até sentir o aroma delas. Transfira para um pilão e moa até formar um pó. Aqueça o óleo na frigideira e refogue a cebola em fogo médio, até dourar. Adicione a pimenta dedo-de-moça e a pimenta-do-reino e continue fritando por mais 2 minutos.

Acrescente o tomate; refogue até ficar macio e secar qualquer excesso de líquido; isso demora pelo menos 5 minutos.

Reduza o fogo um pouco e adicione os ovos. Não mexa por cerca de 2-3 minutos, depois levante-os com cuidado e vire-os na frigideira. Mantenha no fogo até firmar. Pouco antes de servir, acrescente o cominho e finalize com as folhas de coentro.

groselha com iogurte e crocante de pão de centeio

Um café da manhã escandinavo que é ótimo no verão quando está na época de frutas vermelhas (você pode fazê-lo com qualquer tipo de fruta vermelha, embora não fique muito bom com morangos, que amolecem demais). A acidez das frutinhas estourando e se misturando com o sabor profundo do pão de centeio, quase tão forte quanto um café, dá uma boa despertada no paladar de manhã. Coma com um pouco de conserva de arenque para acompanhar (leia mais sobre isso na p. 155, para se deixar persuadir) e imagine que está começando o dia... na Finlândia!

4 PORÇÕES

300 g de groselha, de qualquer cor ou misturada [ou framboesa e mirtilo]
75 g de açúcar
100 g de pão de centeio escuro e seco
2 colheres (sopa) de açúcar mascavo
iogurte natural ou grego, para servir

Lave as groselhas, mas não as seque. Espalhe-as em uma assadeira grande e polvilhe-as com o açúcar. Deixe-as na assadeira por cerca de 2 horas, agitando-as de vez em quando, depois transfira-as para um frasco e mantenha na geladeira. (Se for usar framboesas, reduza o tempo para 1 hora, porque elas são mais macias e delicadas.)

Para a farofa crocante, preaqueça o forno a 100°C. Quebre o pão em pedacinhos com as mãos (a ideia é obter algo um pouco maior do que as migalhinhas de pão que resultariam de um processador de alimentos). Espalhe-as em uma assadeira (não precisa untar), leve ao forno e toste por 15 minutos. Deixe esfriar e misture-as com o açúcar mascavo.

Sirva as groselhas com o iogurte e a farinha de rosca de centeio.

mais cafés da manhã com frutas... Eu cozinho todo tipo de frutas no verão para o café da manhã, mesmo frutas congeladas (são mais baratas do que as frescas, mesmo no auge da época). Basta colocá-las na panela, aquecer em fogo baixo, adicionar açúcar suficiente para adoçar só um pouco e deixar esfriar. Você também pode assar damasco, nectarina ou pêssego. Preaqueça o forno a 180°C. Use 16 damascos ou 8 nectarinas ou pêssegos. Retire os caroços. Corte os damascos ao meio, ou as nectarinas ou os pêssegos em 8 fatias cada. Disponha-os em uma tigela refratária. Adicione 225 ml de água e o suco de 1 laranja e 2 colheres (chá) de extrato de baunilha, e depois polvilhe com 50 g de açúcar mascavo. Asse por 20-25 minutos, ou até a fruta ficar macia. Rende de quatro a seis porções.

outono

comer no outono

O outono é a melhor estação do ano para quem cozinha. Ele se estende por meses quentes e frios, e a temperatura cai de forma suave, quase imperceptível. Depois de um verão com apetite inconstante (às vezes faz calor demais para cozinhar ou está quente demais para comer), eu adoro o ímã que se cria na cozinha, resultado do clima mais ameno. O mês de setembro [no hemisfério Norte] é quase embaraçoso de tão extravagante, com sua fusão de verão e outono, o que gera um explosão de abóboras, maçãs, framboesas e abobrinhas. Muitos dos ingredientes que antes considerávamos como estivais hoje têm uma época mais longa: as últimas framboesas chegam por volta de outubro; os montes de berinjelas, grelhadas até quase derreterem, são uma comida outonal perfeita; os tomates continuam nas gôndolas (no entanto, quando o verão já se foi, eles ficam melhores assados). E então chega, enfim, o frio. Você bota um agasalho e sente vontade de comer uma abóbora adocicada e substanciosa.

Não se esqueça de que algumas das melhores comidas de outono se encontram no fundo da sua despensa. Eu me reapaixono pelas lentilhas – as de puy, as pretas e as marrom-esverdeadas, mais prosaicas – e também fico feliz de voltar aos grãos mais substanciosos.

início do outono

abobrinha
acelga
agrião
aipo
aipo-rábano
alface
alho-poró
avelã
batata
berinjela
beterraba
brócolis
cebolinha
cenoura
cobnut
cogumelos selvagens
couve
erva-doce
milho-verde
nabo
nozes
pepino
pimentão
rabanete
raiz-forte
rúcula
tomate
vagem francesa
vagem macarrão

ameixa
ameixa preta
amora
figo
framboesa
groselha vermelha
maçã
melão
nectarina
pêssego
pera
uva

meados do outono

abóbora
castanha portuguesa
tupinambo

final do outono

cranberry
erva-doce
marmelo
romã

tomate assado com lentilha e ovo com dukka

Você acabará com mais dukka do que precisa para esse prato, mas parece bobagem fazer uma quantidade menor. Coloque essa mistura de ervas, frutas secas e especiarias em um recipiente hermético e use-a para polvilhar sobre feijão assado ou amassado ou para comer com ovo cozido e rabanete. Você pode usar sementes de abóbora em vez de girassol, se preferir.

6 PORÇÕES COMO LANCHE OU PRATO PRINCIPAL LEVE

PARA O DUKKA

- 75 g de avelã (com pele)
- 50 g de gergelim
- 1 colher (chá) de sementes de nigela
- 1 colher (sopa) de sementes de girassol
- 3 colheres (sopa) de sementes de coentro
- 1 colher (sopa) de pimenta-do-reino branca
- 1½ colher (sopa) de sementes de cominho
- 1 colher (chá) de páprica
- ½ colher (sopa) de sal marinho em flocos

PARA O TOMATE E O OVO

- 12 tomates grandes cortados ao meio
- 3 colheres (sopa) de azeite
- 2 colheres (chá) de pasta de harissa
- ½ colher (sopa) de açúcar
- sal e pimenta-do-reino moída na hora
- 6 ovos grandes

PARA A LENTILHA

- 1 colher (sopa) de azeite
- ½ cebola muito bem picada
- 1 talo de aipo muito bem picado
- 1 dente de alho bem picado
- 250 g de lentilha de puy ou comum
- 1 ramo de tomilho
- 1 folha de louro
- suco de ½ limão-siciliano
- 1 colher (sopa) de vinagre de xerez
- 3½ colheres (sopa) de azeite extravirgem
- 2 colheres (sopa) de folhas de coentro picadas

Para fazer o dukka, coloque as avelãs em uma frigideira seca e toste-as em fogo alto até exalarem seu aroma. Tenha cuidado para não tostar demais – elas se queimam com muita facilidade. Transfira-as para um prato, para esfriarem um pouco, e depois triture-as com um pilão, até obter uma textura grosseira.

Coloque o gergelim na frigideira seca junto com a nigela e toste até o gergelim dourar. Faça o mesmo com as sementes de girassol. Triture todas as sementes tostadas e adicione às avelãs. Toste as sementes de coentro até exalarem seu aroma, depois triture-as mais ou menos. Faça o mesmo com os grãos de pimenta-do-reino e o cominho. Misture as avelãs, as sementes e as especiarias tostadas com a páprica e o sal. Guarde em um recipiente hermético até a hora de usar.

Para fazer os tomates, preaqueça o forno a 190°C. Disponha-os em uma única camada em uma assadeira. Misture o azeite com a pasta de harissa e regue os tomates. Vire-os para envolvê-los por igual, terminando com o corte virado para cima, depois polvilhe o açúcar e tempere com sal e pimenta-do-reino. Asse no forno por 45 minutos, ou até caramelizar em certos pontos e encolher um pouco.

Enquanto isso, cozinhe a lentilha. Aqueça o azeite em uma panela e refogue ligeiramente a cebola, o aipo e o alho, até tudo amaciar, mas sem dourar. Acrescente a lentilha e mexa-a no azeite. Junte o tomilho e o louro. Despeje 700 ml de água, tempere com um pouco de sal e pimenta-do-reino, leve à fervura, reduza o fogo e deixe borbulhar descoberto, até a lentilha começar a ficar macia. Isso pode demorar 15-25 minutos, dependendo de quão nova ela for – mantenha a atenção, porque ela pode amolecer rapidamente. Ao cozinhar, ela deve absorver todo o líquido (basta escorrê-la, se isso não ocorreu). Retire o tomilho e o louro. Adicione o suco de limão. Misture o vinagre com o azeite extravirgem e acrescente à lentilha junto com o coentro. Prove o sal.

Cozinhe os ovos em água fervente por 6 minutos. Eles devem ficar ainda um pouco moles no meio. Passe-os sob a água fria e, depois de esfriarem o suficiente para manusear, descasque-os rapidamente. Role-os de leve no dukka e acomode cada um em cima de uma porção de lentilha e tomate ou, se você prefere ver a gema, quebre o ovo ao meio e polvilhe um pouco de dukka por cima. Sirva imediatamente.

caldo oriental com cebolinha, limão e coentro

Essa é uma receita bem básica. Você pode adicionar tofu, cogumelo shiitake fatiado, broto de feijão, frango cozido ou camarão cru, mas ela fica deliciosa assim, simples – ótima para botar a cabeça no lugar. O açúcar (basta um pouquinho) aparece só para dar esse equilíbrio maravilhoso entre os sabores picante, azedo, salgado e doce, que é uma característica da comida do Sudeste Asiático.

4 PORÇÕES

12 echalotas

1 litro de caldo de galinha bem saboroso

4 cm de gengibre descascado e fatiado

2 folhas de limão, se você as tiver à mão

1 pimenta dedo-de-moça pequena (ou ½, dependendo de quão picante você quiser), cortada em fatias finas

suco de 1 limão, ou a gosto

1 maço pequeno de coentro, picado ou não, como você preferir

1½ colher (chá) de molho de peixe (nam pla), ou a gosto

1 colher (chá) de açúcar, ou a gosto

2 cebolinhas cortadas em tirinhas muito finas (à juliana)

Corte as echalotas ao meio e fatie-as no sentido do comprimento.

Coloque o caldo em uma panela e leve à fervura. Reduza o fogo e adicione o gengibre, as folhas de limão e a echalota. Deixe borbulhar de leve por cerca de 15 minutos, depois junte a pimenta dedo-de-moça e cozinhe por mais alguns minutos. Acrescente todos os outros ingredientes e prove o sal. A ideia é encontrar um bom equilíbrio entre a pimenta dedo-de-moça, o limão, o molho de peixe e o açúcar (picante, azedo, salgado e doce).

Não é preciso remover o gengibre, mas alerte os comensais sobre a presença dele.

ou em estilo japonês... caldo de missô com verdura Rende um bom almoço rápido se houver um pouco de caldo na geladeira. Você pode adicionar espinafre em vez de acelga japonesa (também conhecida como couve chinesa). Leve 500 ml de caldo de galinha bem saboroso à fervura em uma panela e acrescente 4 colheres (sopa) de pasta de missô branco. Abaixe o fogo e mantenha fervura leve. Coloque em um pilão ½ pimenta dedo-de-moça verde pequena, picada, 2 cebolinhas picadas, 2 colheres (sopa) de folhas de coentro ou hortelã picadas grosseiramente, 1 dente de alho picado e 1 cm de gengibre descascado e picado e amasse até formar uma pasta. Acrescente-a ao caldo, depois junte o suco de ½ limão (ou mais, a gosto) e 75 g de acelga japonesa, cada pé cortado em quartos no sentido do comprimento. Cozinhe por alguns minutos para que a verdura murche, prove o sal e sirva. Rende duas porções.

caldo milagroso

Apesar de todas as tendências que vêm e vão em matéria de comida, alguns pratos nunca saem de cena. Como a sopa. As receitas antigas de sopas e caldos são muito parecidas com aquelas dos livros de receitas atuais – é sempre um líquido, normalmente um caldo ou fundo, combinado com alguns vegetais ou grãos –, e a maneira como recorremos a elas quando nos sentimos enfraquecidos mostra um claro instinto de sobrevivência. Médicos recomendavam caldo de galinha contra resfriado já no século XII e, segundo o historiador de comida norte-americano Ken Albala, a prescrição se deve ao fato de a canja ter ação anti-inflamatória e ser de fácil digestão. Não é só a impressão de se sentir cuidado – de fato, uma canja faz bem de verdade. Se você tem o hábito de tomar canja de galinha quando fica doente, sabe como ela opera milagres para recobrar as nossas forças.

Há muitas receitas de sopa neste livro – e elas são ótimas para aumentar o consumo de vegetais –, mas eu quero mesmo é falar sobre os caldos, porque você nem precisa de receita para fazê-los. "Caldo" pode soar como algo antigo, do tempo dos nossos avós, mas o meu ponto é outro – quero chamar a atenção para um caldo (aqui em casa geralmente é de galinha) que você possa transformar com base no que tem vontade ou no que há na sua gaveta de legumes. Para tal, você precisa começar com um caldo decente. Eu às vezes uso um comprado pronto, mas em geral não é forte o suficiente. Faça o seu, se puder.

Caldos não precisam ser batidos no liquidificador e podem ser preparados de forma bem pontual, improvisada. Se você tem uma panela de sopa, já é meio caminho andado. Quer algo pedaçudo? Adicione abóbora picada, feijão-branco enlatado, alho fatiado e 1 colher (sopa) de extrato de tomate. Cozinhe até a abóbora ficar macia, junte espinafre picado e ervas (folhas de manjericão ou salsinha), algumas lascas de parmesão e pronto. No verão, use abobrinha, vagem-francesa e tomate picado. Você gosta dos sabores escandinavos? Então cozinhe um pouco de espelta ou cevada no caldo antes de acrescentar salmão (fresco ou defumado) e endro e finalizar com um pouco de creme azedo ou iogurte. Se você quer um choque de temperos, faça uma sopa picante e azedinha de estilo oriental, adicionando pimenta vermelha fresca, gengibre fatiado, pasta de tamarindo ou suco de limão e talvez algumas gotas de molho de peixe (nam pla). Prefere algo agridoce? Jogue um pouquinho de açúcar mascavo também. Você pode adicionar sobras de frango picado, camarão, acelga japonesa, broto de feijão e cogumelo fatiado... Basta ferver a sopa pelo tempo necessário para cozinhar os vários componentes (ou então, se estiver usando sobras, para aquecê-las). Se você se preocupa com a ingestão de carboidratos ou só presta atenção na quantidade de legume que está consumindo, uma sopa com um bom caldo é algo ótimo de comer: sacia e nutre.

É hora do almoço, está chovendo e meu aquecedor central deu seu último suspiro. Graças aos céus há um pote de caldo na geladeira. Quando ele começar a ferver, já terei picado alguns legumes, decidido qual sabor eu quero para essa sopa (hoje vou de missô, acho) e, em breve, estarei me deliciando com uma tigela nutritiva e de dar água na boca. Você há de convir que isso é melhor que qualquer comida comprada pronta.

sopa de cenoura e gengibre com raita de pepino

Calor indiano, sabor intenso de cenoura. Se você não quiser colocar suco de cenoura – e essa receita fica melhor quando se usa algo que a gente mesmo fez –, substitua-o por caldo ou água.

4 PORÇÕES

PARA A SOPA

2 colheres (sopa) de azeite

1 cebola bem picada

1 talo de aipo bem picado

10 cenouras bem picadas

2 dentes de alho muito bem picados

2,5 cm de gengibre descascado e muito bem picado

2 colheres (chá) de cominho em pó

500 ml de caldo de galinha

500 ml de suco de cenoura

sal e pimenta-do-reino moída na hora

PARA O RAITA

¼ de pepino

125 ml de iogurte natural

1 dente de alho amassado

cerca de 1 colher (sopa) de folhas de hortelã rasgadas

Aqueça o azeite em uma panela. Refogue a cebola em fogo médio junto com o aipo e a cenoura, mexendo bem, para corarem. Depois acrescente o alho, o gengibre e o cominho e refogue por mais alguns minutos. Junte o caldo de galinha e o suco de cenoura, tempere e leve à fervura.

Abaixe o fogo para uma fervura leve e cozinhe até a cenoura ficar completamente macia, o que levará cerca de 20 minutos. Deixe esfriar um pouco enquanto prepara o raita.

Corte o pepino pela metade no sentido do comprimento e use uma colherzinha de chá para tirar as sementes. Pique o pepino e misture-o com o iogurte, o alho e a hortelã.

Bata a sopa com um processador de alimentos ou liquidificador. Reaqueça, verifique o sal e sirva com um pouco de raita por cima de cada tigela.

uma versão caribenha... sopa i-tal de cenoura e batata-doce Essa receita foi feita para mim por um amigo que segue algumas orientações dietéticas rastafáris. Eles acreditam que a comida deve melhorar sua "leveza" (energia vital). Eu não podia acreditar que algo tão gostoso fosse tão absolutamente simples. Coloque 1 litro de suco de cenoura fresco em uma panela e adicione 2 alhos-porós picados, 2 batatas-doces picadas, 3½ colheres (sopa) de leite de coco, 1 dente de alho amassado, 1 pimenta dedo-de-moça pequena, sem sementes e picada, 2 cm de gengibre descascado e bem picado e as folhas de 2 ramos de tomilho. Tempere com sal e pimenta-do-reino, leve à fervura e cozinhe por 10 minutos, ou até a batata-doce ficar macia. Deixe assim mesmo ou bata para fazer um creme. Nesse último caso, volte ao fogo e acrescente 50 g de folhas de espinafre e 1 lata de 400 g de grão-de-bico escorrido (opcional). Deixe o espinafre murchar e finalize com bastante coentro picado. Rende seis porções.

caldo de trilha e açafrão com molho de alho de corfu

Essa sopa é bem substanciosa, então rende mais um prato principal do que uma entrada. Você pode servir o caldo sem o molho de alho, ainda assim fica muito bom. Esse molho permite diversos usos; sirva com outros peixes carnudos ou com cordeiro, porco ou frango, além de carne assada ou legumes crus.

4 PORÇÕES

PARA O PEIXE

8 filés de cioba ou de trilha

suco de ½ laranja

10 grãos de pimenta-do-reino triturados grosseiramente

4 colheres (sopa) de azeite extravirgem

2 colheres (sopa) de azeite

PARA O MOLHO

25 g de pão integral rústico sem casca (tipo italiano)

50 g de nozes

3 dentes de alho

¼ de colher (chá) de sal, ou mais, a gosto

100 ml de azeite extravirgem

1-2 colheres (sopa) de vinagre de vinho tinto

pimenta-do-reino moída na hora

PARA O CALDO

2 alhos-porós finos

3 bulbos pequenos de erva-doce

8 batatas-bolinha descascadas e cortadas ao meio

2 colheres (sopa) de azeite

6 echalotas fatiadas

1 pimenta dedo-de-moça pequena e seca, esmigalhada (opcional)

uma pitada generosa de pistilos de açafrão

600 ml de caldo de peixe bem saboroso

Coloque o peixe em um prato com o suco de laranja, a pimenta-do-reino e o azeite extravirgem. Revire para temperá-lo de todos os lados, cubra com filme de PVC e leve à geladeira para marinar por 3-4 horas.

Para fazer o molho, coloque o pão em uma tigela. Polvilhe 3-4 colheres (sopa) de água. Deixe de molho até o pão amolecer. Doure as nozes numa frigideira seca até exalarem um aroma de tostadas, depois retire-as. Coloque o alho e o sal em um pilão e esmague tudo. Esprema a água do pão e amasse-o também, depois junte as nozes e triture-as. Acrescente o azeite extravirgem, batendo vigorosamente com um garfo, depois vinagre a gosto, mais sal, se necessário, e um pouco de pimenta-do-reino. Você pode fazer isso com o processador de alimentos, mas a textura não fica tão boa. Se parecer muito grosso, misture com um pouco de água quente até adequar, depois ajuste o tempero. Reserve.

Para fazer o caldo, apare a base e as folhas do alho-poró e retire as folhas externas mais duras. Corte em pedaços de 3 cm. Lave cuidadosamente, sem quebrar os pedaços. Apare as pontas da erva-doce, reservando as folhinhas felpudas, e descarte eventuais camadas exteriores mais duras. Corte os bulbos em quartos no comprimento e apare cuidadosamente a base de cada um, mas sem retirar demais, para não desmontar.

Cozinhe as batatas em água salgada fervente por 12-15 minutos, ou até ficarem macias, depois escorra. Enquanto isso, aqueça o azeite em uma frigideira e refogue ligeiramente as echalotas, o alho-poró e a erva-doce por 5 minutos, até amaciarem um pouco. Junte a pimenta dedo-de-moça (se for usar), o açafrão e o caldo e leve à fervura. Reduza o fogo para fervura leve e cozinhe destampado por 15 minutos, adicionando as batatas poucos minutos antes do final. O líquido deve reduzir um pouco. Acrescente quaisquer folhinhas de erva-doce reservadas.

Retire os filés de peixe da marinada e leve duas frigideiras ao fogo médio. Aqueça 1 colher (sopa) de azeite comum em cada uma e divida o peixe entre elas, com o lado da pele para baixo, fritando por 1 minuto; é bom dourar um pouco a pele. Vire com cuidado, abaixe o fogo e cozinhe por mais 1 minuto.

Despeje o caldo e os legumes em pratos ou cumbucas e coloque dois filés de peixe em cada um. Sirva com uma boa colherada de molho e ofereça o restante em uma tigelinha.

salada de lentilha beluga com uva assada e endívia

Quem teve a ideia de chamar a lentilha negra de "beluga" é um gênio do marketing. É claro que isso é uma bobagem – o sabor dela não supera o da lentilha de puy –, mas o epíteto a faz parecer luxuosa, e, deve-se admitir, sua cor é fantástica. Faz pensar em todos os tipos de pratos cheios de tons de preto e vermelho. Você pode adicionar queijo de cabra ou um queijo azul a essa receita, e nozes tostadas e picadas funcionam bem, também.

4 PORÇÕES COMO REFEIÇÃO LEVE

2 colheres (sopa) de azeite

½ cebola roxa bem picada

½ talo de aipo bem picado

1 dente de alho bem picado

250 g de lentilha negra (ou lentilha de puy ou comum)

4 colheres (sopa) de azeite extravirgem, e mais para a endívia

1 colher (sopa) de vinagre balsâmico branco

uma boa espremida de suco de limão-siciliano, e mais para a endívia

sal e pimenta-do-reino moída na hora

2 colheres (sopa) de folhas de salsa picadas grosseiramente

300 g de uva roxa sem semente, dividida em galhinhos (não muito pequenos, pois eles encolhem depois de assados)

½ colher (sopa) de vinagre balsâmico

2 pés pequenos de endívia

Aqueça 1 colher (sopa) de azeite comum em uma panela e adicione a cebola e o aipo. Refogue até os legumes ficarem macios, mas sem dourar. Junte o alho, refogue por mais 2 minutos e depois acrescente a lentilha e água suficiente para cobri-la 5 cm. Leve à fervura, reduza o fogo e cozinhe até a lentilha ficar macia (verifique depois de 15 minutos; o tempo de cozimento varia conforme a idade e o tipo de lentilha escolhido). Escorra e acrescente o azeite extravirgem, o vinagre balsâmico branco, o suco de limão, sal, pimenta e a salsa. A lentilha deve ficar úmida, mas sem nadar no óleo. Deixe esfriar até a temperatura ambiente.

Para fazer as uvas, preaqueça o forno a 200°C. Coloque-as em uma assadeira e regue-as com a colher (sopa) do azeite comum restante e o vinagre balsâmico. Asse no forno quente por 15-20 minutos.

Separe as folhas da endívia. Disponha em pratos, regue com o azeite extravirgem e esprema um pouco de limão por cima. Coloque a lentilha por cima e cubra com as uvas.

salada de aipo-rábano, radicchio, erva-doce e maçã com avelã

Essa receita é inspirada na rémoulade, mas eu não queria fazê-la só com maionese (acho que fica um pouco enjoativa). Trata-se de uma salada ótima para acompanhar salmão defumado ou anchova defumada, em especial (nesses casos, use a raiz-forte; aliás, se é para acompanhar um peixe defumado, você pode usar endro e raiz-forte juntos). É uma boa opção também para quebrar a gordura de um porco assado ou de um queijo.

4 PORÇÕES COMO ACOMPANHAMENTO

PARA A SALADA

suco de ½ limão-siciliano

125 g de aipo-rábano (também chamado aipo de raiz; se você não achar, use aipo comum)

1 bulbo pequeno de erva-doce

2 maçãs ácidas pequenas, de preferência de casca vermelha

¼ de pé de radicchio rasgado

1 colher (sopa) de folhas de endro picadas ou raiz-forte fresca ralada

50 g de avelã tostada e picada grosseiramente

2 colheres (chá) de sementes de papoula (opcional) (p. 80)

PARA O MOLHO

1½ colher (sopa) de iogurte natural de consistência firme

2 colheres (sopa) de maionese

½ colher (chá) de mostarda de Dijon, ou a gosto

¼ de colher (sopa) de vinagre de maçã

2 colheres (sopa) de azeite

¼ de colher (chá) de mel líquido

sal e pimenta-do-reino moída na hora

Coloque o suco de limão em uma tigela. Descasque o aipo-rábano (ou apare e retire os fios do aipo, se for usá-lo) e corte-o em palitinhos, transferindo-os para a tigela para que não escureçam.

Corte a erva-doce em quartos, apare em cima e retire eventuais camadas externas muito duras. Retire o miolo da base de cada quarto. Com uma faca bem afiada ou um fatiador, fatie a erva-doce bem finamente. Misture-a na tigela com o aipo-rábano.

Parta as maçãs ao meio, retire o miolo, corte em palitinhos e acrescente imediatamente à tigela; misture com o limão.

Para fazer o molho, coloque o iogurte em uma tigela e, usando um garfo, misture os outros ingredientes, mais 1 colher (sopa) de água. Em certos momentos pode parecer que a mistura vai talhar, mas continue mexendo. Prove o sal e o equilíbrio dos sabores.

Acrescente o molho, o radicchio, o endro (ou a raiz-forte) e as avelãs à tigela com o aipo-rábano e misture tudo. Prove para checar o tempero – se quiser, coloque um pouco mais de mostarda, sal ou pimenta. Transfira para uma tigela de servir e polvilhe com sementes de papoula (se for usar).

salada de cenoura, repolho e maçã com cominho

Uma salada grande, saudável e vistosa, com muita crocância e sabores da Escandinávia. Se você tiver folhas de couve bem novas, pode adicioná-las cruas (mas retire e descarte os talos duros centrais e rasgue as folhas). Acrescente as sementes de que mais gosta (abóbora, girassol, gergelim ou linhaça).

6 PORÇÕES COMO ACOMPANHAMENTO

PARA O MOLHO

1 colher (chá) de cominho em grãos

1½ colher (sopa) de mel líquido

2 colheres (chá) de mostarda com grãos

suco de 1 limão-siciliano

sal e pimenta-do-reino moída na hora

4 colheres (sopa) de óleo de canola

PARA A SALADA

¼ de repolho roxo

¼ de repolho verde

1 maçã firme e ácida

1 cenoura grande descascada

10 rabanetes

Para fazer o molho, dê uma leve triturada no cominho em um pilão, para que liberem seu perfume. Coloque o mel, a mostarda e metade do suco de limão em uma xícara ou jarrinha. Adicione o sal, a pimenta e o cominho. Depois acrescente o óleo de canola aos poucos, mexendo com um garfo no decorrer do processo. Prove o tempero.

Retire o miolo duro de cada quarto de repolho e descarte-o. Descarte eventuais folhas exteriores já meio amolecidas ou descoradas e depois corte os repolhos em fatias finas. Parta a maçã ao meio, retire o miolo (não precisa descascar) e corte-a em palitinhos. Misture-a imediatamente no suco de limão restante, para que não escureça. Descasque a cenoura e corte-a em palitinhos também. Apare os rabanetes em cima e embaixo e fatie-os finamente (use um fatiador, se tiver).

Misture todos os legumes e a maçã em uma tigela com o molho. Prove para verificar o tempero e sirva.

outra salada frutada... farro, avelã, uva e figo

Adorável. E bem outonal. Acrescente queijo para fazer um prato principal mais substancioso (queijo de cabra ou azul vão bem). Coloque 1 colher (sopa) de vinagre balsâmico branco, 4 colheres (sopa) de óleo de avelã ou nozes, 2 colheres (sopa) de azeite extravirgem frutado e ½ colher (chá) de mel líquido em uma tigelinha, tempere e bata com um garfo para fazer um molho. Coloque 150 g de farro ou trigo em grão em uma panela, cubra com água e leve à fervura. Reduza o fogo para uma fervura leve e cozinhe por 20-25 minutos; o trigo deve ficar macio, mas ainda um pouco *al dente*. Escorra, tempere e adicione o suco de ½ limão e 1 colher (sopa) de azeite. Deixe esfriar até alcançar a temperatura ambiente. Prove o tempero; o trigo pode exigir bastante. Adicione as folhas de 1 radicchio ou 1 endívia, 75 g de agrião sem os talos grossos, 8 figos pequenos maduros sem o cabinho e cortados ao meio, 25 g de uva preta sem semente e cortada ao meio e 15 g de avelã tostada e muito grosseiramente picada. Misture delicadamente com o molho. Sirva em seguida. Rende de quatro a seis porções como acompanhamento.

a questão do almoço

Um almoço adequado de segunda a sexta é coisa do passado. Estamos todos, aparentemente, ocupados demais. Às vezes eu assisto a filmes franceses e italianos antigos só para ver como era uma cultura de almoço civilizada. Antepastos *e* um prato principal? Uau, mas que tempo bom que não volta!

Sinto-me culpada de dar pouca atenção ao meu almoço. Geralmente como na mesa de trabalho, mas, pelo menos, essa normalmente é também a mesa da minha cozinha (onde o laptop continua aberto, claro). Não é uma maneira incrível de viver, mas também não tenho a pretensão de revolucionar os hábitos de trabalho modernos. Quero ajudá-lo a recuperar o seu almoço, mesmo que você o faça enquanto navega na internet e dá ordens (ou as executa).

Para comer o almoço no trabalho, ele precisa ser fácil de carregar; para comer em casa, precisa ser rápido. A coisa mais fácil a fazer – eu, amante dos carboidratos, sempre tendo a isso – é um sanduíche de queijo. Ok, não é um pacote de Doritos com um balde de Gatorade, mas mesmo assim fica longe do ideal: não leva vegetais e está baseado em carboidratos (o que é ruim, pois gera picos de glicose no sangue e vira gordura, embora esses efeitos possam ser minimizados com um bom pão integral). Quando almoço um sanduíche, normalmente estou com fome de novo por volta das 4 da tarde. Tentei entender o que me fazia escolher essa opção com tanta frequência (além de preguiça). Cheguei à conclusão de que achava que não "precisava" de nada mais elaborado. Em nossa cultura workaholic, é difícil pensar que "merecemos" uma pausa para uma refeição bem feita. Mas precisamos lembrar que o almoço é a segunda oportunidade do dia para se ter algum prazer gastronômico, e a refeição que vai nos manter funcionando até o jantar. É também a oportunidade de comer algo que de fato faz *bem*.

Foi difícil, mas consegui mudar meus hábitos de almoço. Se você não se preocupa com a ingestão de carboidratos, tudo bem um sanduíche (de pão integral), mas pense em acrescentar legumes. Há um monte de sugestões neste livro que funcionam bem entre duas fatias de pão (homus, salada de cenoura, salada de frango tailandês, tomate assado com abacate). Se você está controlando sua ingestão de carboidratos, reduza pela metade a quantidade de pão fazendo um sanduíche aberto (use apenas uma fatia de pão de fermentação natural tostado) ou usando pão alemão (uma fatia de pão preto, de centeio). Por alguma razão – talvez a natureza visual – o sanduíche aberto se presta mais à criatividade.

Se investigarmos o que há além do pão, descobriremos montes de pratos saudáveis para fazer e guardar na geladeira ou acondicionar em uma marmita e levar para o trabalho. Você pode incorporá-los na cozinha diária, fazendo quantidades maiores para criar um arsenal de coisas saborosas. Berinjela grelhada, legumes crus com molhos asiáticos marcantes, lentilha, feijão e cereais integrais são perfeitos (grãos e leguminosas saciam mesmo a fome), e neste livro há saladas para cada estação, que você pode preparar com antecedência. Mantenha molhos (há uma série de opções na p. 103 e ao longo do livro) em frascos na geladeira para regar as folhas (e aumentar sua ingestão de verduras) no último minuto.

Depois, há coisas para as quais você nem precisa de uma receita, mas fazem muito bem: salada de agrião e laranja; salada de frango, mirtilo e arroz integral; vinagrete de abacate; fatias de tomate com azeite, alho e aliche picado. Vale a pena considerar alguns dos pratos que eu sugiro para o café da manhã, também. Cole uma lista de opções na porta da geladeira. A vida é realmente muito curta para comer um sanduíche de queijo todos os dias. *Le déjeuner, il pranzo, the lunch* – chame como você quiser –, o almoço pode ser a porta para todo um mundo de possibilidades...

almoços para o trabalho ou para casa

mais almoços para casa

cardápio de outono a primeira refeição com abóbora

abóbora e tupinambo assado com agresto | pilafe de couve e trigo para quibe com figo glaceado | salada de agrião e cenoura | galette de centeio com amora e maçã

Eu adoro esse tipo de refeição. Sem carne à vista e ainda assim substanciosa, gratificante e profunda. E imagine o que todos esses legumes podem fazer por você. A sobremesa não é saudável – tem um pouco de açúcar –, mas leva muita fruta e uma massa feita de farinha de centeio. Sugeri outras opções, se você quiser servir algo doce e mais saudável.

abóbora e tupinambo assado com agresto

Cheia de sabores outonais, adocicada com legumes e castanhas assadas. O agresto é um molho italiano que fica bom com peixes carnudos e frango, além de legumes. Não deixe as folhas amargas da endívia de fora, elas são muito necessárias para contrastar com o tupinambo e a abóbora, mais adocicados.

6 PORÇÕES COMO PRATO PRINCIPAL JUNTO COM OUTRO PRATO, OU 8 COMO ACOMPANHAMENTO

PARA OS LEGUMES

900 g de tupinambo ou inhame

suco de 1½ limão-siciliano

1,5 kg de abóbora japonesa ou cheirosa

sal e pimenta-do-reino moída na hora

3 colheres (sopa) de azeite

3 endívias roxas grandes ou 4 pequenas

1½ colher (sopa) de azeite extravirgem

PARA O AGRESTO

3 dentes de alho

uma boa pitada de sal marinho em flocos

150 g de nozes picadas

75 g de avelã sem pele, picada grosseiramente

240 ml de azeite extravirgem

240 ml de verjus*

folhas picadas de 1 maço grande de salsa

* Você também pode usar uma mistura de 180 ml de vinho branco seco com 60 ml de suco de limão ou vinagre de vinho branco ou maçã de boa qualidade.

Preaqueça o forno a 180°C. Esfregue bem os tupinambos e retire eventuais partes com fiapos. Você não precisa descascá-los (é muito difícil, e além disso a casca fica linda e confere textura; se for usar inhame, descasque-os). Corte-os ao meio no sentido do comprimento e coloque-os em uma tigela de água misturada com o suco de 1 limão, para que não escureçam. Parta a abóbora ao meio e retire as sementes e as fibras. Corte-a em fatias com cerca de 3 cm de espessura na parte mais grossa. Descasque cada fatia.

Escorra os tupinambos e coloque-os junto com a abóbora em uma assadeira onde possam ser acomodados em uma única camada. Tempere com sal e pimenta e adicione o azeite comum. Misture bem, leve ao forno e asse por 40 minutos, até os legumes ficarem macios, e a abóbora, ligeiramente chamuscada nas bordas.

Enquanto isso, coloque o alho em um pilão grande com o sal e amasse até formar uma pasta. Adicione as nozes e moa junto. Acrescente o azeite extravirgem aos poucos, batendo, e depois o verjus. Junte a salsa e bata mais; a ideia é obter um purê grosseiro. Adicione a pimenta-do-reino e prove o sal.

Separe as folhas de endívia e coloque-as em uma saladeira com o resto do suco de limão e o azeite extravirgem. Tempere e misture. Acomode as folhas nas bordas da travessa, distribua os legumes assados no meio e sirva com o agresto.

pilafe de trigo com couve e figo glaceado

O trigo bulgur (para quibe) tem sabor de castanha, mas também é macio, por isso é um dos grãos mais fáceis de usar. A receita original pede um tipo de couve italiana chamada "cavolo nero", mas você pode usar couve comum (basta cozinhar da mesma forma). Adicione pedaços de labneh (p. 104), feta ou queijo de cabra e avelãs tostadas para deixar mais substancioso. Idealmente, os figos devem ficar prontos ao mesmo tempo que o trigo, então calcule o tempo de cozimento (embora eles possam esperar tranquilamente à temperatura ambiente se você preferir fazê-los com antecedência).

6 PORÇÕES

PARA O PILAFE

1 bulbo de erva-doce

1 cebola roxa fatiada em meia-lua

1½ colher (sopa) de azeite

2 dentes de alho amassados

uma pitada de pimenta-calabresa (opcional)

5 bagas de zimbro amassadas

175 g de trigo bulgur (para quibe)

350 ml de caldo de galinha ou legumes

2 tiras da casca de 1 laranja (sem a parte branca)

sal e pimenta-do-reino moída na hora

400 g de couve

1½ colher (sopa) de azeite extravirgem

uma boa espremida de suco de laranja

PARA O FIGO GLACEADO

8 figos gordos e firmes

3 colheres (sopa) de mel líquido

2 colheres (sopa) de vinagre balsâmico

Preaqueça o forno a 200°C.

Apare as pontas da erva-doce (reserve as folhinhas, se houver), depois corte-a em quartos e retire eventuais folhas exteriores muito duras ou desbotadas. Extraia o miolo duro da base, com cuidado (não corte muito ou a erva-doce vai desmontar). Refogue a cebola e a erva-doce no azeite comum em uma panela de fundo grosso. Quando os legumes estiverem com partes douradas, acrescente o alho, a pimenta-calabresa (se for usar) e o zimbro e deixe refogar por mais alguns minutos. Acrescente o trigo à panela, despeje o caldo, junte as cascas de laranja e tempere com sal e pimenta-do-reino. Leve à fervura, reduza o fogo para o mais baixo possível, tampe e cozinhe por cerca de 15 minutos. O caldo será absorvido. Deixe o trigo descansar fora do fogo, ainda coberto, por mais 15 minutos.

Enquanto isso, retire o cabinho de cada figo e corte-os ao meio no sentido do comprimento. Coloque-os em um refratário onde caibam confortavelmente em uma única camada. (Se houver muito espaço ao redor, a umidade evapora e eles queimam.) Regue com o mel e o vinagre e tempere. Asse no forno quente por 20 minutos, regando com o caldo mais algumas vezes durante esse tempo. Os figos devem ficar escuros, com um visual exuberante, e tenros, mas sem desmanchar.

Ao mesmo tempo, corte e descarte os talos mais duros da couve. Lave as folhas e pique-as (em tamanhos não muito pequenos). Coloque em uma panela de água fervente e deixe cozinhar por 4 minutos. Escorra muito bem, tempere e misture o azeite extravirgem.

Retire a casca de laranja do trigo e afofe-o com um garfo. Acrescente a couve ao trigo, misture e verifique o tempero. Coloque em uma travessa aquecida, larga e rasa para servir, e disponha os figos por cima, regando com o caldo de cozimento dos figos. Esprema o suco de laranja sobre tudo e sirva com legumes assados e agresto (p. 178).

salada de agrião e cenoura

Eu tento me alimentar de agrião ao menos uma vez por dia, e não é difícil, basta fazer uma salada simples para comer depois ou junto com o prato principal (ou faça dele a base para uma salada de prato principal). Suas propriedades saudáveis são inegáveis (leia mais sobre isso na p. 253).

Agrião é ligeiramente picante, mas não a ponto de impedir que você o misture com muitos outros ingredientes. Ele combina com sabores frescos – erva-doce, pepino, endro e hortelã – e contrasta bem com ingredientes doces, substanciosos ou de textura carnuda, a exemplo de pimentão assado e abóbora, maçã e pera, cereja e cogumelo selvagem. E fica muito gostoso quando misturado em pratos quentes (como pilafes), onde murcha um pouco, mas sem chegar a desmanchar.

6-8 PORÇÕES

PARA A SALADA

150 g de cenoura

100 g de agrião sem os talos grossos

½ colher (sopa) de sementes variadas (por exemplo, gergelim, linhaça, abóbora) (opcional)

2 colheres (chá) de sementes de papoula (p. 80)

PARA O MOLHO

½ colher (sopa) de vinagre de xerez

1 colher (sopa) de suco de laranja

1 colher (chá) de mostarda de Dijon

1 colher (chá) de mel líquido

sal e pimenta-do-reino moída na hora

4 colheres (sopa) de azeite extravirgem

Se você tiver cenouras bem finas, pode cortá-las em quartos no sentido do comprimento. Para cenouras grandes, ou corte-as em palitinhos (o que é mais demorado) ou em fitas. Para fazer fitas (algo também mais fácil com cenouras maiores), corte-as ao meio no sentido do comprimento e, usando um descascador de batata, faça as fitas passando o descascador ao longo da cenoura. Você sempre acaba com um pedaço final que não pode ser usado dessa forma; guarde-o para uma sopa (ou coma-o na hora).

Para fazer o molho, coloque tudo, exceto o azeite extravirgem, em uma xícara e misture com um garfo. Adicione o azeite aos poucos, mexendo no decorrer do processo. Verifique o tempero. Esse molho é bastante forte, mas você vai usar com ingredientes marcantes também. Misture com a cenoura, o agrião e as sementes (se for usar). Polvilhe com as sementes de papoula (que ficam lindas com a cenoura) e sirva.

galette de centeio com amora e maçã

Embora essa receita tenha entrado em um livro de receitas saudáveis, não vou fingir que massa doce faz "bem" para ninguém. Mas, em defesa dessa galette, devo dizer que leva farinha de centeio e uma porção de frutas – e que essa é a única massa doce em todo o livro, e maravilhosamente outonal, graças ao sabor de castanhas da farinha de centeio. Se ainda assim você resistir, pode servir no lugar dela uma sobremesa de frutas sem massa: maçã assada ou cozida com amora no iogurte e um pouco de maple syrup fica delicioso.

6 PORÇÕES

PARA A MASSA

125 g de farinha de centeio

125 g de farinha de trigo, e mais para polvilhar

uma pitada de sal

150 g de manteiga gelada cortada em cubos

2 colheres (sopa) de açúcar mascavo

1 gema de ovo

PARA O RECHEIO

250 g de maçã (cerca de 2 maçãs)

suco de ½ limão-siciliano

raspas finas da casca de 1 laranja

4 colheres (sopa) de açúcar mascavo

200 g de amora

85 g de avelã

PARA FINALIZAR

1 ovo levemente batido

4 colheres (sopa) de açúcar cristal

Peneire as duas farinhas, depois acrescente também o farelo que ficou na peneira. Adicione o sal e esfregue a manteiga com a mão, até obter uma farofa com caroços do tamanho de ervilhas. Esfregue o açúcar também, depois acrescente a gema de ovo e ½ colher (sopa) de água muito fria, trabalhando um pouco por vez, até a massa formar uma bola. Aperte-a para fazer um disco, embrulhe em filme de PVC e leve à geladeira por 1 hora.

Desembrulhe a massa e abra-a sobre uma superfície levemente enfarinhada até formar um círculo com cerca de 32 cm; tente abri-la de maneira uniforme. Transfira para uma assadeira forrada com papel-manteiga. Não se preocupe se a massa estiver quebradiça, basta remendar. Essa torta é muito fácil porque o formato não importa.

Descasque as maçãs, retire os miolos, fatie-as e coloque-as em uma tigela com o suco de limão, as raspas de laranja e metade do açúcar mascavo. Junte a amora e misture com as mãos.

Bata as avelãs grosseiramente no processador de alimentos – você deve obter uma mistura que é meio pó, meio pedaçuda – e adicione o restante do açúcar mascavo.

Polvilhe a mistura de avelã sobre a massa, deixando uma borda com cerca de 5 cm ao redor. Coloque as frutas em cima e depois levante as bordas da massa cuidadosamente, dobrando-a sobre as frutas. Novamente, se a massa rasgar, basta remendá-la, ninguém vai notar. Coloque a galette na parte mais fria da geladeira por 30 minutos (ou no freezer, se ele for grande o suficiente, por 10 minutos ou mais). Preaqueça o forno a 170°C.

Para finalizar, misture o ovo com 2 colheres (sopa) de açúcar cristal e pincele sobre a massa. Polvilhe as 2 colheres (sopa) restantes de açúcar cristal sobre toda a torta. Asse em forno quente por 50-60 minutos. A massa deve ficar dourada e incrustada de açúcar, e as frutas, macias.

salada de caqui, romã e endívia roxa com queijo de cabra e avelã tostada

Existem algumas combinações das quais não consigo abrir mão – e fruta com queijo e castanhas é uma delas. A beleza do caqui ilude muita gente, que o come quando ainda não está maduro. As frutas para essa receita não podem estar maduras demais – quando o caqui fica mole, é muito difícil cortá-lo sem que se despedace –, mas também não podem estar verdes. Deixe os caquis em uma fruteira na cozinha e verifique o ponto de vez em quando, pressionando-os delicadamente, para saber a hora certa de comê-los.

4 PORÇÕES

½ colher (chá) de vinagre balsâmico branco

sal e pimenta-do-reino moída na hora

¼ de colher (chá) rasa de mostarda de Dijon

1¼ colher (sopa) de azeite extravirgem (não use nada muito forte e prefira frutado, em vez de herbáceo)

1¼ colher (sopa) de óleo de avelã

2 pés de endívia roxa (ou 1 de radicchio)

125 g de agrião

2 caquis fuyu

1 romã

25 g de avelã com pele e quebrada

150 g de queijo de cabra cremoso em pedaços

Faça o molho com antecedência. Basta colocar o balsâmico branco, os temperos e a mostarda em uma xícara e acrescentar o azeite extravirgem e o óleo de avelã, batendo com um garfo. Verifique o sal.

Separe as folhas da endívia (não use os talos) e retire e descarte os talos grossos do agrião. Coloque todas as folhas em uma saladeira larga e rasa.

Extraia o chapéu de cada caqui e fatie-os o mais fino que puder – use uma faca bem fina, como uma de filetar de peixe, ou um fatiador.

Corte as romãs ao meio e tente retirar as sementes batendo na fruta com uma colher de pau sobre uma tigela, com lado do corte para baixo; se a fruta estiver bem madura, as sementes devem cair facilmente. Se isso não funcionar (não é sempre que funciona), extraia as sementes com uma colher. Em ambos os casos, você terá de cumprir a laboriosa tarefa de remover a membrana branca que envolve as sementes.

Coloque as avelãs em uma frigideira seca em fogo médio e toste-as. Isso pode levar menos de 30 segundos, portanto preste atenção, ou elas podem queimar. Transfira para uma tigela para esfriar.

Adicione o caqui e a avelã às folhas junto de três quartos do molho, depois misture. Junte o queijo de cabra e espalhe as sementes de romã por cima. Regue com o resto do molho e sirva imediatamente.

berinjela grelhada com salada de tâmara, nozes e iogurte

Um bom jantar de meio de semana. Por sua riqueza em açúcar, a tâmara é comida por nômades do deserto (dizem que é possível sobreviver à base de tâmara e leite de camelo). Você pode usar frutas secas menos doces (como cranberry ou uva-passa), mas a tâmara combina maravilhosamente com a berinjela.

4 PORÇÕES

125 g de iogurte natural de consistência firme

75 g de tâmara sem caroço e picada

50 g de nozes tostadas e picadas

6 colheres (sopa) de azeite

2 dentes de alho amassados

4 berinjelas pequenas

sal e pimenta-do-reino moída na hora

suco de 1 limão-siciliano

Para fazer a salada, bata o iogurte a fim de deixá-lo mais fluido, depois adicione a tâmara, as nozes, 1 colher (sopa) de azeite e o alho.

Retire os talos das berinjelas e corte-as em fatias de 1 cm de espessura no sentido do comprimento. Pincele os dois lados com um pouco do azeite restante, tempere-as com sal e pimenta e aqueça uma chapa com grelha (ou uma frigideira). Grelhe dos dois lados, até chamuscar um pouco e amaciar. Primeiro é preciso dourar as berinjelas de cada lado, depois abaixar o fogo para cozinhá-las completamente. Você vai precisar fazê-lo em lotes, ajustando o fogo a cada lote. À medida que as fatias ficarem prontas, esprema o suco de limão por cima, tempere com sal e pimenta novamente e disponha em camadas em um prato de servir. Sirva com a salada de tâmara e o kisir (abaixo).

kisir

Um tabule outonal, melhor quando os tomates ainda estão bons e as romãs começam a chegar.

4 PORÇÕES

1 colher (sopa) de azeite

1 cebola roxa pequena bem picada

2 dentes de alho bem picados

2½ colheres (chá) de cominho em pó

1 pimenta dedo-de-moça pequena, sem sementes e picada

1½ colher (sopa) de polpa de tomate

200 g de trigo para quibe

4 tomates bem saborosos, sem pele, sem sementes e picados

um punhado de folhas de hortelã rasgadas

35 g de folhas de salsa picadas

suco de 1 limão-siciliano, ou a gosto

75 ml de azeite extravirgem

1½ colher (sopa) de melaço de romã

sementes de 1 romã

Aqueça o azeite comum em uma panela e refogue a cebola e o alho por 2 minutos. Adicione o cominho e a pimenta dedo-de-moça e refogue por mais 1 minuto. Junte a polpa de tomate e acrescente 150 ml de água fervente. Misture o trigo, retire do fogo, tampe e reserve por 15 minutos. Afofe os grãos suavemente com um garfo para separá-los. Se parecer seco e alguns dos grãos estiverem *al dente*, resista à tentação de adicionar mais água. Não se preocupe – você vai adicionar mais ingredientes molhados que farão toda a diferença.

Junte os tomates e as ervas. Misture o suco de limão com o azeite extravirgem e o melaço de romã em uma xícara. O trigo não deve ficar muito seco, mas também não encharcado, então adicione três quartos do molho, depois avalie se é preciso mais (você pode acrescentar mais azeite ou limão, se quiser, mas não deixe encharcar). Misture as sementes de romã. Prove o sal; talvez seja preciso uma quantidade generosa. O kisir resiste bem até a hora de servir. Você pode mantê-lo na geladeira, coberto, mas leve à temperatura ambiente para servir.

berinjela japonesa com missô

A primeira vez que provei esse prato não pude acreditar: a cobertura de missô doce e salgada envolve a berinjela, temperando-a completamente, aproveitando ao máximo a textura esponjosa da berinjela. Eu gosto com uma mistura de missô doce e salgada, mas você pode usar o missô branco (o doce) sozinho, se preferir (é branco no nome, mas amarelo na cor, só para confundir as coisas).

Veja nas pp. 328-9 onde comprá-lo. O togarashi, uma mistura de especiarias japonesa contendo pimenta vermelha, casca de laranja, sementes de gergelim e gengibre, pode ser comprado pronto também, em lojas de produtos orientais.

4 PORÇÕES COMO ACOMPANHAMENTO

6 berinjelas compridas e finas

2 colheres (sopa) de óleo de amendoim

2 colheres (sopa) de missô branco

2 colheres (sopa) de missô marrom

2 colheres (chá) de açúcar mascavo

3 colheres (sopa) de mirin

1 colher (sopa) de saquê ou xerez seco

¼ de colher (chá) (ou menos, ele é poderoso) de togarashi ou pimenta-calabresa

3 colheres (chá) de gergelim branco tostado

Preaqueça o forno a 180°C.

Parta as berinjelas ao meio e faça cortes em um padrão de treliça no lado da polpa, mas sem atingir a casca. Pincele com o óleo e coloque em um refratário. Asse no forno quente por 40 minutos, ou até ficar completamente macia, cobrindo com papel-alumínio na metade do tempo.

Enquanto isso, misture os dois missôs, o açúcar, o mirin e o saquê em uma panela pequena e aqueça lentamente. Retire do fogo e junte o togarashi.

Espalhe a mistura de missô por cima de cada berinjela e recoloque o refratário no forno. Asse até dourar, por cerca de 5 minutos. A parte de cima das berinjelas deve estar úmida e lustrosa, nada seca. Polvilhe com as sementes de gergelim tostadas e sirva.

abóbora com especiarias orientais e feijão-branco com limão e hortelã à moda do oriente médio

Eu uso o feijão-branco aqui, mas você pode utilizar fava-branca ou grão-de-bico (embora este renda um prato com textura menos densa). Se prefere cozinhar o feijão do zero, use 130 g. Deixe de molho durante a noite, lave, cubra com água fresca e cozinhe por cerca de 1 hora ou só até ficar macio. Só adicione sal depois de cozido.

Não precisa usar hortelã fresca, mas faça como em certas partes do Oriente Médio: frite um pouco de hortelã seca em algumas colheres (sopa) de azeite e use a mistura para regar o prato. Pode soar estranho, mas fica bom, com um cheiro curtido (no bom sentido). Você pode, é claro, usar coentro ou salsa picada em vez (ou além) da hortelã.

6 PORÇÕES

2 colheres (sopa) de azeite

1 cebola grande bem picada

1 cenoura grande bem picada

4 dentes de alho bem picados

2 pimentas dedo-de-moça pequenas, sem sementes e picadas

5 tomates italianos picados

3 colheres (chá) de cominho em pó

1 colher (sopa) de polpa de tomate

1 kg de abóbora-cheirosa ou japonesa, sem sementes e cortada em pedaços

500 ml de caldo de legumes ou água

sal e pimenta-do-reino moída na hora

400 g de feijão-branco enlatado, lavado e escorrido

suco de ½ limão-siciliano, mais raspas da casca de 1 limão (removido com um ralador)

folhas rasgadas de 6 raminhos de hortelã

Aqueça metade do azeite em uma panela de fundo grosso e adicione a cebola e a cenoura. Refogue até a cebola amolecer e dourar um pouco. Acrescente o alho, a pimenta dedo-de-moça e o tomate e refogue por mais 5 minutos ou menos. Junte então o cominho, refogue por mais 1 minuto e depois misture a polpa de tomate.

Aqueça o restante do azeite em uma frigideira grande e refogue a abóbora (você provavelmente vai ter que fazê-lo em lotes), até dourar bem, por inteiro, e começar a amolecer.

Junte a abóbora à cebola, com o caldo ou a água, e tempere com sal e pimenta. Leve à fervura, abaixe o fogo, tampe e cozinhe por 40 minutos. Após 30 minutos, retire a tampa e acrescente o feijão.

O prato estará pronto quando a abóbora amaciar completamente e a textura estiver bem espessa. Junte o suco de limão e metade das raspas e verifique o tempero. Polvilhe com a hortelã e o restante das raspas. Sirva com trigo bulgur (ou trigo misturado com lentilhas, fica delicioso nessa receita) e um legume verde.

brincando com as variações... Para "italianizar" esse prato, adicione 2 folhas de louro e 1 raminho de alecrim à abóbora. Pique 1 dente de alho, as raspas da casca de 1 limão-siciliano e 1 colher (sopa) de folhas de alecrim e espalhe por cima. Para torná-lo marroquino, acrescente 1 colher (chá) de gengibre em pó, ½ pau de canela e ½ colher (sopa) de pasta de harissa. Com azeitona verde fica bom também. Finalize com pedaços de limão confit, folhas de coentro e amêndoas laminadas tostadas. Para "espanholizar", adicione 2 colheres (chá) de páprica defumada e finalize com coentro e salsa também.

lentilha à moda punjabi caseira (tarka dhal)

Em um livro cheio de sabores marcantes, essa receita é uma raridade. Discreta, simples, alguns podem até mesmo descrevê-la como sem graça. Mas há dias que você só quer isso. Temos a tendência de temperar bastante as lentilhas; aqui, elas são cozidas com especiarias, mas ainda assim permanecem bem lentilhas. De vez em quando experimento alguns dhals diferentes – receitas agridoces, tigelas picantes –, mas sempre volto para esse aqui. É uma espécie de equivalente indiano da nossa canja de galinha. Apruma e acalma. Também é um prato central perfeito sobre o qual apoiar outros sabores mais marcantes, se é isso que você quer. Experimente o kachumber (p. 89) ou o relish de gengibre e manga (p. 220).

4 PORÇÕES

PARA O DHAL

200 g de chana dhal (grão-de-bico partido) ou ervilha coral (o chana dhal mantém melhor a forma)

½ colher (chá) de cúrcuma

3 cm de gengibre descascado

sal e pimenta-do-reino moída na hora

PARA A GUARNIÇÃO

2 colheres (sopa) de óleo de girassol

1½ colher (chá) de sementes de cominho

1 colher (chá) de pimenta-calabresa

1 cebola roxa pequena cortada em fatias finas

3 cm de gengibre descascado e bem picado

2 dentes de alho picados

1 tomate italiano grande picado

½ colher (chá) de garam masala

2 colheres (sopa) de folhas de coentro picadas (opcional)

Coloque as lentilhas em uma panela de fundo grosso. Acrescente 500 ml de água, a cúrcuma e o pedaço de gengibre descascado. Não adicione sal, pois isso endurece a lentilha. Leve à fervura, reduza o fogo e cozinhe até a lentilha ficar macia, desmanchando. Retire o gengibre e deixe a lentilha esfriar um pouco.

Se você prefere um dhal homogêneo, passe no liquidificador nesse momento; depende de como quer a textura e a consistência. Gosto de bater metade das lentilhas rapidamente, depois misturá-las na panela com as restantes, de textura mais grossa. Misture um pouco mais de água se achar necessário e tempere com sal e pimenta-do-reino.

Passe à guarnição. Aqueça o óleo em uma frigideira pequena e jogue as sementes de cominho, seguidas pela pimenta-calabresa. Agite tudo por cerca de 20 segundos, até escurecer. Junte a cebola e frite até dourar. Acrescente o gengibre e o alho e refogue por mais 1 minuto. Por fim, adicione o tomate e o garam masala e continue refogando por mais 2 minutos, ou até o tomate amaciar.

Coloque essa mistura sobre o dhal quente e acrescente o coentro (se for usar). Mexa bem e sirva com arroz integral ou pão sírio integral. Chutney fresco e um pouco de iogurte natural são bons acompanhamentos.

experimente também... **uma versão do sul da Índia** Deixe o cominho de fora da guarnição e refogue 2 colheres (chá) de sementes de mostarda no óleo por 30 segundos (até elas pipocarem), depois junte cerca de 8 folhas de curry e ¼ de colher (chá) de sementes de feno-grego. Acrescente a cebola e proceda conforme a receita principal. Essa versão normalmente recebe cerca de 250-300 g de folhas de espinafre (sem os talos mais grossos) ao final; elas murcham com o calor.

dhal divino

"Minha filha está voltando para casa", suspira minha amiga Roopa, de ascendência indiana. "Devíamos comer um prato especial para comemorar, mas ela diz 'mamãe, tudo o que eu quero é *dhal chawal*'." Eu entendo a filha da Roopa. "Dhal chawal" é simplesmente arroz com dhal. Meu prato preferido na infância era carne moída com batatas; para uma criança da cultura indiana, é *dhal chawal*. E eu também adoro – basta sentar-me em um restaurante indiano, e a primeira coisa que peço é o *tarka dhal*, o prato de lentilha mais básico e suave.

Há uma porção de receitas com feijão e lentilha neste livro, mas não porque elas são saudáveis (e são) ou boa alternativa à carne (ofereça-me um bife de filé-mignon ou uma tigela de dhal e eu terei sérios problemas para escolher). Elas estão aqui porque eu as adoro. São antes de tudo primordiais e reconfortantes, mas nem sempre. Lentilha preta misturada com agrião, manga e um molho indiano cremoso está mais para um espetáculo de Bollywood que para uma canção de ninar suave. E purê de grão-de-bico – os grãos amassados com cebola salteada, um monte de alho, cominho, limão e uma bela colherada de pasta de harissa – também não é exatamente sutil. Feijões e leguminosas de fato fazem bem (é o que oferecem como "bônus"): saciam, possuem carboidratos "bons" e constituem ótima fonte de proteína. E são baratos, também. Meu predileto neste grande mundo de coisas secas são os dhals indianos.

A palavra "dhal" significa simplesmente uma leguminosa partida, mas, na Índia, passou a designar todas as leguminosas secas, bem como os pratos em que elas são o ingrediente principal. Além do "tarka dhal", que não é muito específico (sempre está no menu dos restaurantes indianos), dhals eram algo bastante misterioso para mim. Então tomei algumas aulas com Roopa, e hoje posso me "dhal-iciar" com toda a Índia. Há todo um mundo de dhals e, apesar de seus ingredientes humildes, alguns desses pratos são, para mim ao menos, o suprassumo do luxo – e, ao mesmo tempo, a simplicidade encarnada. O imprescindível é a cremosidade – é o que torna o dhal um prato tão reconfortante –, resultado de um cozimento suave e demorado. De fato, na Índia os melhores dhals são encontrados em barracas de beira de estrada. Caldeirões enormes – chamados *patilas* – de lentilha cozinham em cima de fornos tandoor a noite inteira (assim não se desperdiça o calor do forno), e tudo fica pronto para comer na manhã seguinte.

Dhals podem ser tão ralos quanto um caldo ou tão espessos quanto um mingau. Não precisam de um caldo, apenas de água. Como a sua particularidade reside nas especiarias, não há necessidade de dar um sabor a mais com um caldo. Vegetais – como espinafre ou abóbora – também podem ser adicionados (verduras entram no final). Assim que você obtém a consistência desejada (para chegar lá, basta adicionar mais água ou continuar a cozinhar), a guarnição, ou a *tarka*, é tanto o que dá o acabamento quanto o que "faz" o dhal. Especiarias e cebola roxa (às vezes tomate) são refogadas e depois espalhadas por cima e misturadas. No sul da Índia os aromas são folhas de curry, sementes de feno-grego e de mostarda; na região do Punjab, cominho, gengibre, alho, pimenta dedo-de-moça e cebola.

Agora você só tem que encontrar os diversos tipos de feijão e lentilha (a única coisa difícil). Depois, goze o enorme prazer de desempacotar embalagens cujos nomes evocam dias quentes em Nova Déli e noites frias em Bombaim. Urad dhal, chana dhal, toor dhal, moong dhal... um mundo exótico e reconfortante o aguarda.

espinafre e cogumelo com lentilha preta e paneer ao tempero indiano

Essa receita não é nada autêntica. Eu queria algo que tivesse tempero e ingredientes indianos, mas que mantivesse a forma e tivesse partes separadas, embora complementares – e esse é o resultado. Você não precisa usar o paneer, fica bom também, mas ele confere uma outra textura ao prato. E eu adoro a cremosidade em contraste com as lentilhas.

6 PORÇÕES

3½ colheres (sopa) de óleo de amendoim, e mais para o paneer

2 cebolas picadas

2 pimentas dedo-de-moça pequenas, sem sementes e bem picadas

5 cm de canela em pau

175 g de lentilha preta ou comum

sal e pimenta-do-reino moída na hora

suco de 1 limão

2 colheres (sopa) de folhas de coentro bem picadas

3 dentes de alho bem picados

3 cm de gengibre descascado e bem picado

600 g de cogumelo shiitake fatiado

15 g de manteiga sem sal (opcional)

¾ de colher (chá) de cominho em pó

¾ de colher (chá) de coentro em grãos

2 tomates grandes picados

300 g de espinafre

125 g de queijo paneer cortado em quadrados (ou queijo branco bem fresco)

1 colher (chá) de garam masala

3½ colheres (sopa) de iogurte natural

Aqueça 1 colher (sopa) de óleo em uma panela e adicione uma das cebolas picadas. Refogue até ficar macia e dourada, depois acrescente uma das pimentas dedo-de-moça e a canela e cozinhe por 1 minuto. Junte a lentilha, cubra com bastante água e leve à fervura. Reduza o fogo e cozinhe até as lentilhas ficarem macias, algo entre 15-30 minutos, dependendo se estão maduras ou não. Escorra as lentilhas rapidamente e devolva-as à panela quente. Tempere bem com sal e pimenta-do-reino e misture o suco de limão e o coentro. Cubra para manter aquecido.

Enquanto isso, refogue a cebola restante em uma frigideira com outra colher (sopa) de óleo. Quando a cebola começar a dourar, acrescente o alho, a pimenta dedo-de-moça restante e o gengibre e refogue por mais 1 minuto.

Em uma outra frigideira e com o restante do óleo, refogue os cogumelos rapidamente em fogo alto, aos lotes, até eles adquirirem uma bela cor. Adicione-os à mistura de cebola. Acrescente a manteiga (se for usar; o sabor fica mesmo muito bom) e cozinhe por mais alguns minutos, depois junte o cominho, o coentro e os tomates. Refogue até os tomates amaciarem. Abaixe o fogo e cozinhe por cerca de 10 minutos, até os tomates quase desmancharem e murcharem. Acrescente o espinafre, em lotes, e vire-o na mistura; as folhas murcham e soltam água. Aumente o fogo para ferver um pouco do líquido se ficar muito aguado.

Pincele os cubos de paneer com um pouco de óleo. Grelhe-os ou doure-os rapidamente em uma frigideira.

Junte o garam masala e o iogurte aos cogumelos e aqueça, mas sem deixar ferver. Verifique o tempero. Sirva o cogumelo com o paneer espalhado por cima e colheradas da lentilha ao redor.

pilafe de grãos variados, batata-doce e erva-doce com creme de abacate

Essa receita é deliciosa, mas bem rica em carboidratos quando servida como prato principal, mesmo com o purê. Precisa de um legume picante para acompanhar e de bastante salada com folhas frescas. Funciona bem como acompanhamento para carne, também. A quinoa não precisa ser vermelha, mas essa variedade, se você a encontrar, embeleza o prato.

4 PORÇÕES COMO PRATO PRINCIPAL, 6-8 PORÇÕES COMO ACOMPANHAMENTO

2 batatas-doces (cerca de 500 g) descascadas

3 colheres (sopa) de azeite

1½ colher (sopa) de vinagre balsâmico

sal e pimenta-do-reino moída na hora

2 bulbos pequenos de erva-doce

80 g de arroz selvagem

100 g de quinoa vermelha

1 cebola bem picada

2 dentes de alho bem picados

2 pimentas dedo-de-moça pequenas, sem sementes e bem picadas

100 g de trigo para quibe

400 ml de caldo de galinha ou legumes

PARA O CREME DE ABACATE

1 abacate médio maduro

suco de 2 limões

1 pimenta dedo-de-moça pequena, sem sementes e bem picada

1 dente de alho amassado

1 colher (sopa) de azeite

¼ de colher (sopa) de vinagre de xerez, ou mais, a gosto

Preaqueça o forno a 190°C. Corte a batata-doce em pedaços de 3,5 cm. Coloque em uma assadeira e misture com 2 colheres (sopa) de azeite, o vinagre balsâmico, sal e pimenta. Leve ao forno quente e asse por 1 hora.

Por volta da metade desse tempo, apare as pontas da erva-doce (reserve eventuais folhinhas), corte os bulbos em quartos e retire camadas exteriores muito duras ou desbotadas. Extraia com cuidado o miolo embaixo de cada um (não corte muito, ou a erva-doce vai desmontar). Adicione à batata-doce nos últimos 20 minutos de cozimento, misturando no caldo. Quando estiver pronto, ambos devem estar macios e levemente tostados.

Enquanto isso, coloque o arroz selvagem em uma panela e cubra com água. Leve à fervura e cozinhe por 45 minutos.

Toste a quinoa em uma frigideira seca por 2 minutos. Coloque a colher (sopa) de azeite restante em uma panela e refogue a cebola até ficar macia e dourada. Junte o alho e as pimentas e refogue por mais alguns minutos, depois junte a quinoa tostada, o trigo para quibe e o caldo. Tempere com sal e pimenta. Espere ferver, abaixe o fogo para uma fervura leve, tampe e cozinhe por 15 minutos. Você deve obter uma panela cheia de grãos sequinhos e macios.

Escorra o arroz selvagem, enxágue em água fervente e misture delicadamente com a quinoa e o trigo com os legumes. Verifique o tempero.

Prepare o abacate logo antes de servir, já que ele escurece se ficar reservado por muito tempo. Corte-o ao meio, retire o caroço e a polpa, depois amasse-o com todos os outros ingredientes até ficar homogêneo. Prove o tempero (talvez você prefira com um pouco mais de vinagre). Sirva com os grãos.

experimente isso... com iogurte com hortelã

Misture 225 g de iogurte natural de consistência firme, 1 dente de alho amassado, cerca de 20 folhas de hortelã picadas e 2 colheres (sopa) de azeite extravirgem. Sirva no lugar do creme de abacate ou junto com ele.

cardápio de outono rumo ao oriente, meu amigo

salada japonesa de caqui e abacate | peixe birmanês apimentado com salada picante e azeda | compota cítrica com neve de gengibre

Ao comer de forma mais saudável, fiquei cada vez mais atraída pelas cozinhas orientais, especialmente as do Vietnã e do Japão. Os ingredientes são saudáveis, e os sabores puros, picantes ou cítricos estalam na boca. Você muitas vezes se levanta da mesa com a sensação de ter dado uma volta na floresta. É uma cozinha geralmente muito bonita também, o prazer começa ao olhar o prato. Esse menu é uma ilustração perfeita do motivo pelo qual o Oriente é um bom terreno para caçar pratos irresistíveis e que fazem bem.

salada japonesa de caqui e abacate com gengibre

Para essa receita eu sirvo o molho à parte, deixando os comensais à vontade para adicionar o quanto quiserem, afinal o prato coberto com rodelas de nabo brancas como a neve fica lindo quando é levado à mesa. Compre os caquis com antecedência e deixe-os amadurecer em casa.

4 PORÇÕES

PARA O MOLHO

1 colher (sopa) de vinagre de arroz, ou a gosto

suco de ½ limão

2½ colheres (sopa) de calda de gengibre, ou a gosto

2 colheres (sopa) de óleo de amendoim

2 colheres (chá) de shoyu, ou a gosto

3 cm de gengibre descascado e ralado, ou a gosto

PARA A SALADA

1 abacate médio maduro

suco de 1 limão

sal e pimenta-do-reino moída na hora

3 caquis fuyu médios

175 g de nabo

50 g de folhas de mizuna e outras (de preferência incluindo microfolhas)

cerca de 4 colheres (chá) de gergelim preto

Para fazer o molho, basta misturar tudo. Prove para checar o equilíbrio entre os sabores picante, azedo, salgado e doce, ajustando o gengibre, o vinagre, o shoyu ou a calda, como você preferir.

Corte o abacate ao meio e retire os caroços (bata a lâmina de uma faca larga no caroço, gire e puxe para fora; o caroço deve grudar na lâmina). Corte em fatias finas e descasque com cuidado cada fatia (acho que esse método produz fatias mais intactas e bonitas). Esprema imediatamente um pouco de suco de limão e tempere com sal e pimenta; a salada sempre parece melhor se o abacate é temperado separadamente.

Parta os caquis ao meio e retire os chapéus. Corte-os em fatias e descasque cada uma delas com cuidado. Esprema suco de limão por cima também.

Para o nabo, há dois caminhos: ou raspar para fazer fitas (use um fatiador ou uma faca bem afiada) ou fatiar bem fino com uma faca em um movimento circular (parece mais que você está apontando um lápis que fatiando).

Espalhe as folhas em uma tigela larga e rasa, depois disponha por cima as fatias de caqui, abacate e nabo. Espalhe o gergelim preto e sirva imediatamente com o molho para acompanhar.

peixe birmanês apimentado com salada picante e azeda

Essa é a adaptação de uma receita do livro *Burma: Rivers of Flavour*, da escritora canadense Naomi Duguid, um dos meus preferidos. Trata-se de um belo prato rápido.

4 PORÇÕES

750 g de filé de peixe sem pele (eu gosto de solha)

2 colheres (chá) de cúrcuma

½ colher (chá) de sal

8 echalotas bem picadas

½ colher (chá) de sal marinho em flocos

3 cm de gengibre descascado e picado

4 dentes de alho picados

1½ colher (sopa) de óleo de amendoim

1 pimenta dedo-de-moça seca, esmigalhada

1 colher (sopa) de molho de peixe (nam pla)

suco de limão a gosto

PARA A SALADA PICANTE E AZEDA

¼ de repolho verde

8 echalotas

10 rabanetes aparados em cima e embaixo

1 pimenta dedo-de-moça pequena, sem sementes e cortada em fatias finas

3 colheres (sopa) de molho de peixe

3 colheres (sopa) de suco de limão

1 colher (chá) de açúcar, ou mais, a gosto

Lave o peixe, seque e passe os dedos pela superfície da carne para procurar espinhas que tenham sobrado. Retire as que encontrar. Corte o peixe em pedaços de 5 cm e misture-o com a cúrcuma e o sal em uma tigela. Vire-o para cobrir com o tempero e reserve-o por 15 minutos.

Triture as echalotas em um pilão grande com metade do sal marinho (o sal atua como abrasivo), até obter uma pasta; remova e faça o mesmo com o gengibre e o alho usando o restante do sal.

Faça a salada de modo que fique pronta quando o peixe estiver cozido. Elimine as folhas duras ou descoradas e o miolo duro do repolho e pique as folhas bem fino. Coloque em uma tigela para servir. Fatie a echalota o mais fino que puder (use um fatiador, se tiver) e faça o mesmo com o rabanete. Coloque em uma tigela com a pimenta dedo-de-moça. Em uma xícara ou tigelinha, misture o molho de peixe, o suco de limão e o açúcar, mexendo para ajudar a dissolver o açúcar. Prove; você pode querer um pouco mais de açúcar. Misture os vegetais com o molho (deve haver molho em abundância para envolver tudo muito bem).

Aqueça ½ colher (sopa) do óleo e refogue a pasta de echalota em fogo médio, até começar a dourar. Adicione um pouco mais de óleo, a pasta de alho e gengibre e a pimenta seca e refogue por mais alguns minutos, até toda a mistura dourar. Junte um pouco mais de óleo (talvez você não precise de tudo), acrescente o peixe e frite por 1 minuto e meio, depois vire os pedaços e frite do outro lado por mais 1 minuto, ou algo perto disso. Deve ficar belo e dourado. Junte o molho de peixe e prove; você pode querer adicionar mais. Esprema um pouco de limão e sirva com a salada picante e azeda e um pouco de arroz integral.

compota cítrica com neve de gengibre

Essa receita tem uma aparência mágica – a granita parece mesmo uma neve – e dá a sensação de limpar por dentro. Mata tanto a sede que me faz pensar em Nene, o menino do romance *O mar cor de vinho*, do escritor italiano Leonardo Sciascia. Nene diz a seus companheiros de viagem que quando chegar a Catânia vai "comer um balde de granita". Ele devia ter em mente algo como essa receita.

Pode parecer muita fruta cítrica, mas, removidas as peles dos gomos, perde-se bastante (se você preferir, fatie e use apenas quatro frutas). Você não precisa fazer uma calda, é claro. Pode simplesmente preparar os gomos e servi-los com a granita.

4-6 PORÇÕES

PARA A NEVE DE GENGIBRE

155 g de açúcar cristal

raspas da casca de 2 limões (removidas com um ralador), mais o suco de 3 limões

40 g de gengibre descascado e ralado

PARA A COMPOTA

2 grapefruits rosas

2 grapefruits vermelhos

2 laranjas ou grapefruits brancos

100 g de açúcar cristal

suco de 2 limões

Para fazer a granita, misture o açúcar, as raspas e o gengibre em uma panela, despeje 600 ml de água e leve à fervura devagar, mexendo para ajudar a dissolver o açúcar. Quando ferver, abaixe o fogo e cozinhe por 2 minutos. Deixe o líquido esfriar.

Coe o líquido, adicione o suco de limão e despeje a mistura em um recipiente raso que possa ir ao freezer, de preferência um de metal. Leve para congelar. Quando o líquido começar a firmar, mexa com um garfo para quebrar os cristais de gelo. Faça isso três ou quatro vezes durante o processo de congelamento; o resultado deve ser uma bela mistura de caquinhos de gelo.

Para fazer a compota, corte uma tampa em cima e embaixo de todas as frutas, para que fiquem com uma base. Com uma faca bem afiada, retire a casca e a pele branca de cada uma, cortando tiras largas de cima a baixo. Trabalhe sobre uma tigela e solte os gomos enfiando uma faca entre a pele que envolve cada um. Deixe os gomos caírem dentro da tigela.

Escorra com cuidado o caldo da tigela para uma panela. Adicione 5 colheres (sopa) de água, o açúcar e o suco de limão e aqueça, mexendo de vez em quando para ajudar a dissolver o açúcar. Leve à fervura, abaixe bem o fogo e cozinhe lentamente por 5 minutos. Deixe esfriar, coe e leve à geladeira até ficar bem frio.

Coloque os gomos das frutas em uma tigela e regue com a calda fria. Sirva com colheradas da granita por cima.

tomate assado, homus e espinafre com torrada

Tomate assado e homus são coisas muito boas de preparar com antecedência e ter à mão na geladeira para um almoço individual ou até mesmo um café da manhã (e, como você já vai acender o forno, asse também alguns pimentões para guardar). Se você gosta de enfeitar bastante (por que não?), um ovo pochê por cima fica simplesmente incrível e torna o prato mais substancioso.

4 PORÇÕES

PARA OS TOMATES, O ESPINAFRE E AS TORRADAS

- 6 tomates grandes
- 1½ colher (sopa) de azeite
- ½ colher (sopa) de vinagre balsâmico
- cerca de ½ colher (chá) de pasta de harissa, se você gosta de um toque picante (opcional)
- 1 colher (chá) de açúcar
- sal e pimenta-do-reino moída na hora
- 4 fatias de pão integral
- 15 g de folhas de espinafre baby ou miniagrião

PARA O HOMUS

- 400 g de grão-de-bico enlatado
- 4 colheres (sopa) de tahine
- 2 dentes de alho gordos amassados
- suco de 1 limão-siciliano, ou a gosto
- ½ colher (chá) de cominho em pó
- 3 colheres (sopa) de azeite extravirgem, e mais para regar
- 1 colher (sopa) de iogurte natural de consistência firme (opcional)

Preaqueça o forno a 190°C.

Corte os tomates ao meio e coloque-os em camada única em uma assadeira pequena ou refratário. Misture o azeite, o vinagre balsâmico e a harissa (se for usar) e despeje sobre os tomates. Revire-os no azeite para garantir que fiquem bem envolvidos, finalizando com o corte para cima. Polvilhe com açúcar, sal e pimenta-do-reino. Asse no forno quente por 45 minutos, ou até os tomates caramelizarem e encolherem um pouco.

Para fazer o homus, escorra e enxague o grão-de-bico e coloque em um processador de alimentos. Adicione o tahine, o alho, o suco de limão, o cominho, o sal e o azeite extravirgem junto com 3 colheres (sopa) de água morna. Bata até obter um purê. Prove e adicione o iogurte, se quiser (eu gosto). Prove mais uma vez para saber se quer adicionar mais suco de limão ou não. Você pode preferir colocar um pouco de água para afinar, também. Transfira para uma tigela, cubra e leve à geladeira até a hora de servir.

Para montar, basta tostar o pão e regar com um pouco de azeite extravirgem. Coloque o espinafre por cima, acrescente uma boa colherada de homus e disponha três metades de tomate por cima. Sirva.

vieira com molho de aliche e alcaparra

Um verdadeiro deleite para dois. E bem saudável – proteína, ácidos graxos ômega-3 e vitamina B12, está tudo aqui. A gordura da vieira sacia a fome, também. Para acompanhar, você pode servir uma salada de folhas com pouco molho; a endívia, amarga, contrasta bem com a vieira, adocicada, ou opte por agrião.

2 PORÇÕES

6 vieiras grandes

2 colheres (sopa) de azeite extravirgem

2 dentes de alho fatiados

3 filés de aliche escorridos e bem picados

1 colher (sopa) de alcaparra lavada e escorrida

2 colheres (sopa) de suco de limão

azeite

sal e pimenta-do-reino moída na hora

½ colher (sopa) de folhas de salsa picadas grosseiramente

Prepare as vieiras. Olhe as laterais de cada uma, e você talvez veja um pedacinho de carne firme que é mais branco e tem textura diferente. Trata-se de um músculo que alguns peixeiros não tiram; puxe ou corte. Seque as vieiras passando-as em um papel-toalha (vieira molhada não doura direito).

Prepare o molho. Aqueça o azeite extravirgem e refogue levemente o alho, mas sem deixar dourar (cerca de 30 segundos). Junte o aliche e frite por 45 segundos ou um pouco mais, apertando-a com as costas de uma colher de pau para que desmanche um pouco. Acrescente o suco de limão e as alcaparras e deixe o molho descansar na frigideira enquanto você cozinha rapidamente as vieiras.

Pincele as vieiras por inteiro com uma leve camada de azeite comum e tempere com sal e pimenta. Aqueça uma frigideira ou uma chapa até ficar bem quente, grelhe as vieiras 1 minuto de cada lado – a ideia é obter uma bela cor dourada –, reduza o fogo e grelhe por mais 30 segundos. As vieiras devem ficar cozidas por dentro, mas cuidado para não cozinhar demais, deixando-as borrachudas. Com a ponta de uma faquinha afiada, olhe o interior de uma delas para checar o ponto.

Reaqueça o molho – ele não precisa ficar quente, apenas morno – e junte a salsa. Divida as vieiras entre dois pratos e regue com o caldo da chapa e, depois, com o molho. Sirva imediatamente. Tudo vai ficar ainda melhor se você servir um pouco de pão para passar no caldo.

lula com tarator de amêndoa defumado, pimentão, freekeh e espinafre

Um belo prato cheio, indiscutivelmente. De todos os grãos, o freekeh (também conhecido como trigo verde) é o que mais bem aceita sabores marcantes, portanto fica perfeito com a lula, o pimentão e a páprica defumada. Se você não conseguir encontrá-lo, use trigo em grão ou trigo durum (consulte a p. 224 para saber como cozinhá-los).

6 PORÇÕES

PARA O PIMENTÃO E A LULA

3 pimentões vermelhos

azeite

sal e pimenta-do-reino moída na hora

900 g de lula limpa

suco de ½ limão-siciliano, mais alguns gomos para servir

2 pimentas dedo-de-moça, sem sementes e picadas

2 colheres (sopa) de folhas de coentro picadas

PARA O FREEKEH

200 g de freekeh (grão inteiro, e não quebrado)

2 colheres (sopa) de azeite

3 colheres (sopa) de folhas de salsa picadas grosseiramente

suco de 1 limão-siciliano

3½ colheres (sopa) de azeite extravirgem

50 g de espinafre

PARA O TARATOR

25 g de pão rústico de fermentação natural sem casca (tipo italiano)

4 colheres (sopa) de leite

50 g de amêndoa

¾ de colher (chá) de páprica defumada

¼ de colher (chá) de pimenta-de-caiena

2 dentes de alho

125 ml de azeite extravirgem (um grego vai bem)

suco de ¾ de 1 limão, ou mais, a gosto

Preaqueça o forno a 180°C. Pincele os pimentões com azeite, tempere com sal e pimenta e coloque em uma assadeira. Asse por 35-40 minutos. Eles devem ficar completamente macios e com algumas bolhas. Eu não tiro a pele, pois adoro o sabor queimadinho, mas tire, se preferir. Corte em tiras quando estiverem frios o suficiente para manusear.

Faça o tarator. Mergulhe o pão no leite por 15 minutos. Bata em um processador de alimentos junto com a amêndoa, a páprica defumada, a pimenta-de-caiena, o alho, sal e pimenta, acrescentando aos poucos o azeite extravirgem e o suco de limão. Adicione 75 ml de água e bata novamente. A pasta deve ficar grossa, mas não dura (adicione água, se preciso). Prove e ajuste o tempero, especialmente o limão.

Coloque o freekeh em uma panela com bastante água, sal e ½ colher (chá) de azeite comum. Deixe levantar fervura. Cubra com uma tampa bem firme, reduza o fogo e cozinhe por 20-25 minutos. Ele deve ficar macio, mas ainda um pouco *al dente* no meio. Escorra e misture com a salsa, o suco de limão, o azeite extravirgem, sal e pimenta-do-reino. O freekeh fica gostoso ainda morno, então tampe enquanto cozinha a lula.

Lave a lula, remova qualquer cartilagem na parte de dentro e seque (se ela estiver molhada, não frita bem). Se as lulas forem pequenas, deixe-as inteiras. Caso contrário, corte as nadadeiras e reserve junto com os tentáculos. Faça um corte de um lado para abri-la. Se as lulas forem muito grandes, corte-as na metade no sentido do comprimento e faça cortes em um padrão de treliça em um lado de cada metade. Coloque em uma tigela com azeite para untá-las.

Aqueça uma chapa com grelha até ficar bem quente. Tempere a lula com sal e pimenta e grelhe-a dos dois lados, em lotes, apertando-a para marcar na grelha. A lula precisa de cerca de 20 segundos apenas de cada lado para ficar opaca e com uma bela cor dourada. Vá transferindo os lotes para um prato e esprema o suco de limão por cima. Adicione as pimentas dedo-de-moça e o coentro quando estiver tudo cozido e misture bem.

Misture o espinafre com o freekeh e divida entre os pratos ou espalhe em uma travessa ou tigela larga e rasa. Cubra com a lula e o pimentão e coloque uma boa colherada de tarator ao lado de cada prato, oferecendo o restante em uma tigela. Sirva com gomos de limão.

cavalinha defumada e relish de beterraba e papoula com pão integral de melado

Eu adoro esse tipo de comida. É meio escandinava, meio irlandesa. O pão, adocicado, parece um bolo (é como um pão de minuto). Eu gosto de sua doçura suave em contraste com o salgado da cavalinha, mas, se você preferir algo com menos carboidrato, use pão de centeio.

Essa receita de pão é suficiente para dois pães pequenos. Basta fazer a metade se você quiser apenas um... mas sempre me parece meio sem sentido acender o forno para fazer só um pãozinho.

4 PORÇÕES

PARA O PÃO

500 g farinha integral

175 g de farinha de trigo

75 g de aveia em flocos médios

1 colher (chá) de sal

2½ colheres (chá) de bicarbonato de sódio

50 g de manteiga cortada em cubinhos, e mais para untar

4 colheres (sopa) de açúcar mascavo

175 ml de cerveja preta

80 ml de melado

400 ml de iogurte desnatado

aveia em flocos grandes, para a cobertura

PARA O RESTANTE

1 maçã

1 colher (sopa) de vinagre de maçã

¼ de cebola roxa cortada em fatias finas

1½ colher (sopa) de azeite

3 folhas grandes de repolho verde

1 colher (chá) de açúcar mascavo

2 colheres (chá) de sementes de papoula (opcional) (p. 80)

sal e pimenta-do-reino moída na hora

3 beterrabas pequenas cozidas (peso total de cerca de 300 g)

algumas microfolhas, idealmente com talo vermelho (opcional)

4 filés de cavalinha defumada

Para fazer o pão, preaqueça o forno a 180°C. Misture as farinhas e a aveia com o sal e o bicarbonato de sódio. Adicione a manteiga e esfregue-a com os dedos. Junte o açúcar. Faça uma cova no meio da mistura e despeje gradualmente a cerveja, em seguida o melado e, por fim, o iogurte. Misture os líquidos com uma faca de manteiga ao adicioná-los. Você vai obter uma mistura bem úmida – e não vai acreditar que ela vai virar um pão. Divida entre duas fôrmas pequenas de bolo inglês (cada uma com 19 cm x 9 cm e 5 cm de profundidade) e polvilhe cada uma com a aveia em flocos grandes.

Leve ao forno e asse por 40-50 minutos. Para testar se os pães estão prontos, retire-os da fôrma e bata na base deles. Se soar oco, estão prontos. Se não, recoloque-os no forno por mais algum tempo – mas cuidado para não assar demais, ou vão ficar muito secos. Desenforme e deixe esfriar sobre uma grade.

Descasque a maçã, retire o miolo e corte-a em palitinhos. Transfira imediatamente para uma tigela com o vinagre e misture para envolver. Refogue a cebola delicadamente em ½ colher (sopa) de azeite por cerca de 1 minuto e meio. A ideia não é dourá-la, ou mesmo amolecê-la demais, mas apenas suavizá-la. Adicione à tigela com as maçãs. Retire o talo grosso de cada uma das folhas de repolho, depois enrole-as e fatie-as. Acrescente à tigela junto com o azeite, o açúcar, as sementes de papoula e os temperos restantes.

Descasque as beterrabas e corte-as em palitinhos. Adicione à tigela no último minuto (se você fizer isso mais cedo, elas "sangram" nos outros ingredientes; um pouco é bom, mas o visual fica melhor quando não é demais). Por fim, espalhe a salada com as microfolhas (se for usar).

Sirva a cavalinha defumada com o pão e a salada.

peixe com gengibre, shoyu e cebolinha

Uma das receitas mais puras e simples deste livro. Se você está tentando reduzir o consumo de gordura por qualquer motivo, não precisa fritar a pimenta e o gengibre, embora o contraste de texturas com a carne do peixe cozido no vapor fique maravilhoso. Você pode apenas cozinhá-los no vapor em cima do peixe, junto com o restante do gengibre.

4 PORÇÕES

3½ colheres (sopa) de shoyu

3½ colheres (sopa) de vinho chinês de arroz ou saquê

4 colheres (chá) de açúcar

4 filés de solha ou pescada de 175 g (ou algo parecido; robalo é delicioso, mas mais caro)

2,5 cm de gengibre descascado e picado

6 colheres (sopa) de óleo de amendoim

2 pimentas dedo-de-moça pequenas, sem sementes e picadas

8 cebolinhas cortadas ao meio na horizontal e em palitinhos, a parte branca incluída

Misture o shoyu, o saquê e o açúcar. Coloque os filés de peixe em um prato e espalhe por cima 4 colheres (sopa) da mistura de shoyu e metade do gengibre. Reserve por 15 minutos.

Despeje a água em uma panela grande onde caiba uma cestinha de cozimento a vapor. Leve a água à fervura. Arrume a cestinha e coloque o peixe dentro dela com o prato (você pode escorrer o shoyu, mas deixe o gengibre). Tampe bem. Cozinhe no vapor por 7 minutos, desligue o fogo e deixe cozinhando no calor residual por 1 minuto. Verifique para ter certeza de que o peixe ficou cozido.

Aqueça o óleo e frite as pimentas e o restante do gengibre, até dourar um pouco. Sirva o peixe com as cebolinhas espalhadas por cima, depois regue com o óleo quente com a pimenta e o gengibre. Despeje mais um pouco da mistura de shoyu restante e coloque o que sobrar em uma tigelinha para os comensais.

outra opção... vieira com gengibre, shoyu e cebolinha

Pique 4 cm de gengibre descascado em palitinhos. Divida cerca de um terço entre 4 conchas limpas de vieira, depois cubra cada uma delas com 4 vieiras e as suas ovas. Pique 6 cebolinhas na diagonal e espalhe sobre as vieiras com 6 colheres (sopa) de shoyu. Prepare uma panela de cozimento a vapor com duas camadas e coloque 2 conchas em cada um dos andares. Cozinhe no vapor por 6-8 minutos, dependendo do tamanho delas (idealmente, você deve inverter os andares no meio do processo para garantir que tudo cozinhe o mesmo tanto). Aqueça 1 colher (sopa) de óleo de amendoim em uma frigideira e refogue o restante do gengibre e 2 dentes de alho em fatias finas. O alho deve ficar um pouco dourado, e o gengibre, com algumas riscas douradas. Retire e escorra em papel-toalha. Divida as vieiras entre os pratos e salpique a superfície com o gengibre e o alho frito, adicionando uma gota de óleo de gergelim tostado. Sirva imediatamente. Essa receita rende uma entrada substanciosa ou, acompanhada de arroz e legumes verdes refogados, um prato principal para quatro pessoas.

sashimi

Peixe cru não é para todos os gostos, e você precisa de algo tremendamente fresco (procure uma peixaria excelente), mas logo vira um hábito. Eu acho, na verdade, bastante viciante (exceto quanto à lula). Não é um prato barato – a menos que você o faça apenas com cavalinha –, mas sacia a fome, graças à grande quantidade de proteína, e é perfeito para quem controla o peso.

A qualidade do wasabi (raiz-forte) varia muito. Pode ser vendido em tubinho, em pó para misturar e como raiz fresca (veja a foto da raiz na p. 59). Esta última, a melhor opção (mas não encontrada no Brasil), pode ser ralada em um ralador especial japonês. O shoyu japonês é mais leve e refinado que os outros e não sobrepuja o sabor do peixe.

QUANTAS PORÇÕES QUISER

cerca de 90 g de filé de peixe sem pele por pessoa (atum, salmão, robalo, serra, anchova, pargo)

PARA SERVIR

nabo japonês (daikon) picado

cenoura em palitinhos

raminhos de agrião ou outras microfolhas

cebolinha bem picada

rabanete cortado em fatias finas

gengibre em conserva

wasabi

shoyu

Com uma faca bem afiada – de preferência de filetar peixe – corte o peixe na diagonal em fatias com aproximadamente 3 mm de espessura e 2,5 cm de largura. Você não precisa "serrar" o peixe, basta fatiar a carne.

Arrume cada tipo de peixe – de forma ligeiramente sobreposta – em uma fileira. Você pode servir vários tipos de legumes (nabo, cenoura, folhas, cebolinha, rabanete) em montinhos no prato, mas na hora de organizar tudo faça como preferir. Um dos pontos altos de servir e comer sashimi é o quão simples e bonito fica o prato.

Sirva outros acompanhamentos – gengibre, wasabi e shoyu – em tigelinhas à parte.

cavalinha com picada de avelã

A picada é geralmente usada como um espessante na culinária catalã, adicionada a cozidos no último instante, mas alguns cozinheiros espanhóis agora a empregam para dar um toque final, da mesma forma que os italianos usam a gremolata.

Salada de agrião e lentilha são perfeitos para acompanhar.

4 PORÇÕES

PARA A PICADA

4 colheres (sopa) de azeite extravirgem

50 g de pão rústico massudo, sem casca e cortado em fatias com cerca de 1 cm de espessura (tipo filão italiano)

40 g de avelã com pele

raspas de ½ laranja, removidas com um ralador e depois bem picadas

1 dente de alho bem picado

2 colheres (sopa) de folhas de salsa picadas

1 colher (sopa) de vinagre de xerez, ou a gosto

sal e pimenta-do-reino moída na hora

PARA O PEIXE

4 filés grandes de cavalinha, cada um com cerca de 150 g, ou 8 filés pequenos

2 colheres (sopa) de azeite

uma boa espremida de suco de laranja

Para fazer a picada, preaqueça o forno a 190°C.

Despeje 3 colheres (sopa) de azeite extravirgem em uma frigideira pequena e leve-a ao fogo médio-baixo. Para testar a temperatura correta, mergulhe um pedaço de pão no azeite. Se ele chiar um pouco, reduza um pouco o fogo e adicione o pão em uma única camada. Frite por 2-3 minutos, ou até o pão adquirir uma cor levemente dourada. Retire o pão e disponha-o sobre papel-toalha para esfriar.

Toste as avelãs em uma assadeira por 10 minutos no forno, ou até as peles escurecerem, mas sem queimar. Coloque-as sobre um pano de prato e esfregue-as enquanto ainda estão quentes para retirar a maior parte da pele. Pique bem as avelãs. Rasgue o pão em pedaços, coloque-os em um saco de papel e esmague-os em migalhas grosseiras com um rolo de macarrão. Adicione o restante dos ingredientes, incluindo a colher (sopa) de azeite extravirgem restante, tempere a gosto e misture bem.

Para fazer o peixe, tempere os filés de cavalinha com sal e pimenta. Aqueça o azeite comum em uma frigideira antiaderente e frite rapidamente os filés em fogo médio por 3 minutos de cada lado, com o lado da pele para baixo primeiro, se forem filés grandes. Coloque em pratos quentes com a pele voltada para cima e esprema suco de laranja por cima. Coloque algumas colheradas de picada por cima e sirva.

mais cavalinha... **cavalinha japonesa com cogumelo** Imagino que os japoneses pudessem chamar isso de "folhas morrendo na chuva" (você tem que se colocar em uma perspectiva zen para não cair na risada, eu sei... descubra essa perspectiva!). É uma bela combinação entre os cogumelos dourados e a pele cintilante da cavalinha. Aqueça 2 colheres (sopa) de óleo de canola em uma panela e frite 4 filés de cavalinha (de 115 g cada), com o lado da pele voltado para baixo, até dourar, o que levará cerca de 3 minutos. Vire e frite por 3 minutos do outro lado. Reserve. Adicione 2 dentes de alho em fatias finas e refogue por 1 minuto, depois 100 g de shiitake – cortado ao meio ou fatiado, dependendo do tamanho – e 100 g de shimeji branco. Salteie rapidamente por 3 minutos, depois recoloque a cavalinha com mais 4 colheres (sopa) de saquê ou xerez seco e 1 colher (sopa) de shoyu, até aquecer. Espalhe um pouco de gergelim preto ou branco por cima. Rende quatro porções.

lula refogada com pimenta dedo-de-moça e gengibre

Picante, rápido, faz bem e é relativamente barato. Falando sério, o que mais você poderia querer?

4 PORÇÕES

1 talo de capim-limão, sem as folhas externas muito duras

1 colher (sopa) de óleo de amendoim

2 dentes de alho cortados em fatias finas

2 cm de gengibre descascado e muito bem picado

1-2 pimentas dedo-de-moça pequenas, sem sementes e picadas

900 g de lula limpa cortada em anéis

4 cebolinhas picadas, a parte branca incluída

1 colher (chá) de açúcar, ou a gosto

algumas gotas de molho de peixe (nam pla)

sal e pimenta-do-reino moída na hora

suco de ½ limão, ou a gosto

2 colheres (sopa) de folhas de coentro ou hortelã picadas

Pique o capim-limão e amasse-o com um pilão. Aqueça o óleo em um wok ou frigideira e adicione o capim-limão, o alho, o gengibre e as pimentas. Refogue em fogo médio por 1 minuto.

É muito importante deixar a lula seca, caso contrário ela não frita direito, então seque-a com papel-toalha. Acrescente à panela e frite em fogo bem alto durante 1 minuto. Abaixe o fogo e adicione a cebolinha, o açúcar, o molho de peixe, sal e pimenta-do-reino e o suco de limão.

Cozinhe por mais 30 segundos ou menos, prove rapidamente para verificar o tempero (e o equilíbrio entre doce e azedo, ajustando as quantidades de açúcar e limão, se quiser), misture as ervas e despeje em pratos quentes. Sirva com arroz integral e uma salada ou legumes verdes salteados.

mais frutos do mar super-rápidos... **camarão com limão e acelga chinesa** Aqueça 1 colher (sopa) de óleo de amendoim em um wok e coloque 2 cm de gengibre descascado e bem picado, 1 talo de capim-limão (sem as folhas duras de fora e com o miolo tenro bem picado), 1 pimenta dedo-de-moça vermelha pequena e 1 verde, sem sementes e picadas, mais 4 cebolinhas picadas na diagonal. Refogue em fogo médio até o gengibre amaciar e começar a corar. Aumente o fogo e adicione 500 g de camarão cinza ou rosa descascado e sem as vísceras (de preferência orgânico). Frite até eles começarem a dourar, depois adicione o suco e as raspas da casca de 1 limão, 1 colher (sopa) de molho de peixe (nam pla) e 1 colher (sopa) de açúcar. Frite até os camarões ficarem rosados. Retire-os com uma escumadeira e adicione ao wok 250 g de acelga chinesa fatiada no sentido do comprimento. Deixe-a murchar e espere o molho reduzir. Recoloque os camarões no wok juntamente com 15 g de coentro picado grosseiramente e 10 g de folhas de manjericão rasgadas. Prove o equilíbrio entre doce e azedo (açúcar-limão) e sirva imediatamente, com gomos de limão. Você pode comer sem acompanhamento ou com arroz integral. Rende quatro porções.

salada morna de pato com molho de ameixa, gengibre e gergelim

Muitos supermercados hoje vendem a pasta de ameixa em conserva japonesa (também chamada de umê; se você não encontrar, consulte as pp. 328-9 para saber onde comprar). Seu frescor azedo fica ótimo em molhos e marinadas. Eu tiro a pele e a gordura do peito de pato: ainda assim rende uma bela salada, mas você pode deixar, se preferir.

4 PORÇÕES

PARA O MOLHO

3½ colheres (sopa) de mirin

2 colheres (sopa) de vinagre de arroz, ou a gosto

2½ colheres (sopa) de óleo de amendoim

2½ colheres (sopa) de azeite

2 colheres (chá) de pasta de ameixa umê em conserva, ou a gosto

2 colheres (chá) de açúcar mascavo, ou a gosto

½ pedaço de gengibre em calda picadinho

PARA A SALADA

1 abacate médio

sal e pimenta-do-reino moída na hora

10 rabanetes (de preferência bicolores, bonitos e firmes)

2 peitos de pato grandes, sem pele e sem gordura

1 colher (sopa) de óleo de amendoim

150 g de vagem francesa, sem o talinho superior (ou ervilha-torta, ou uma mistura)

125 g de espinafre baby ou miniagrião

2 colheres (sopa) de gergelim (de preferência preto)

Preaqueça o forno a 220°C.

Para fazer o molho, basta bater tudo junto. A pasta de ameixa não se mistura completamente; restarão pedacinhos rosados. Prove para verificar o equilíbrio entre doce e azedo, ajustando o açúcar, o vinagre e a pasta de ameixa.

Prepare os legumes. Corte o abacate ao meio, retirando o caroço, fatie-o e descasque cada fatia, depois tempere imediatamente e misture com um pouco do molho. Lave os rabanetes, corte uma tampinha embaixo e em cima e fatie bem fino no sentido do comprimento.

Tempere os peitos de pato com sal e pimenta. Aqueça o óleo em uma frigideira e doure os peitos dos dois lados, depois coloque-os em uma assadeira e leve ao forno quente por 5 minutos (você pode verificar se a carne está no ponto fazendo um corte no meio de um peito; deve estar rosado como um bife malpassado). Retire os peitos, cubra com papel-alumínio para abafar e deixe descansar por 3-4 minutos.

Enquanto isso, cozinhe a vagem no vapor ou na água fervente, até ficar macia, e depois passe imediatamente sob a água fria. Fatie os peitos, tempere com sal e pimenta, junte aos outros ingredientes (exceto o gergelim) e misture com o molho. Disponha em uma travessa grande ou divida entre quatro pratos. Salpique o gergelim e sirva imediatamente.

frango tailandês com salada de manga

Para ser estritamente thai você pode deixar o agrião de fora e aumentar a quantidade de ervas. Se não encontrar manga verde, ou se preferir comê-las maduras, use 1 manga madura e 1 maçã verde azeda (sem o miolo). Além da acidez, a manga verde confere crocância à receita – portanto, a maçã é um bom substituto.

4 PORÇÕES COMO PRATO PRINCIPAL

sal e pimenta-do-reino moída na hora

4 peitos ou sobrecoxas de frango sem pele e sem osso

5 colheres (sopa) de óleo de amendoim

6 cebolinhas fatiadas na diagonal, a parte branca incluída

8 dentes de alho cortados em fatias finas

2 mangas verdes

3 pimentas dedo-de-moça pequenas, sem sementes e picadas

2 colheres (sopa) de molho de peixe (nam pla)

1½ colher (sopa) de açúcar

suco de 1½ limão

50 g de folhas de coentro

40 g de folhas de hortelã

50 g de folhas de agrião sem os talos grossos

1½ colher (sopa) de amendoim torrado picado

Tempere levemente o frango com sal e pimenta e frite em 2 colheres (sopa) de óleo, até ficar cozido. Deixe esfriar. (Se você tiver sobras de frango, pode usar a mesma quantidade, desfiando-as.)

Refogue a cebola com mais ½ colher (sopa) de óleo na mesma frigideira, depois coloque-as em uma tigela larga e plana. Frite rapidamente o alho até dourar; tenha cuidado para não queimá-lo. Adicione à tigela também.

Fatie as mangas e corte-as em pedaços com a espessura de 2 palitos de fósforo. Coloque-as na tigela com a pimenta dedo-de-moça, o molho de peixe, o açúcar e o suco de limão.

Por fim, rasgue o frango em tiras (ou use sobras desfiadas, na mesma quantidade) e adicione à tigela junto com as ervas, o agrião e as 2½ colheres (sopa) de óleo restantes. Misture tudo. Salpique o amendoim por cima e sirva.

e também... **salada de frango birmanesa** Deixe 2 echalotas fatiadas de molho na água fria por 10 minutos, depois escorra. Coloque-as em um prato com 200-250 g de frango cozido desfiado (ou use o que você tiver; eu geralmente aproveito sobras). Adicione o suco de 3 limões, ½ pimenta dedo-de-moça verde pequena, sem sementes e picada, e um punhado bem generoso de folhas de coentro e hortelã. Fatie mais 4 echalotas e frite-as em 2 colheres (sopa) de óleo de amendoim, até dourar. Despeje as echalotas fritas sobre a salada, tempere e misture. Polvilhe com cerca de 1 colher (sopa) de amendoim torrado picado, se quiser. Eu também adiciono às vezes palitos de cenoura ou repolho picado, sobretudo se há pouco frango. Rende duas porções como prato principal leve.

frango shawarma com purê morno de grão-de-bico e cebola ao sumagre

Todo mundo sempre adora essa bela mistura de sabores e temperaturas. Você pode preparar o purê com antecedência, depois vai faltar apenas grelhar o frango. Esse purê também fica excelente com cordeiro ou com legumes assados típicos do Mediterrâneo.

4 PORÇÕES

PARA O FRANGO E A MARINADA

4 dentes de alho amassados

1 colher (chá) de gengibre em pó

1 colher (chá) de mistura de temperos para pão de mel (mixed spice)*

½ colher (chá) de cúrcuma

2 colheres (chá) de cominho em pó

3 colheres (sopa) de azeite

suco de 1 limão-siciliano

sal e bastante pimenta-do-reino moída na hora

8 sobrecoxas de frango desossadas e sem pele

* Mix de especiarias (pimenta-da-jamaica, canela, noz-moscada, macis, cravo, coentro e gengibre).

PARA O PURÊ

1 cebola bem picada

1 colher (sopa) de azeite

4 dentes de alho bem picados

3 colheres (chá) de cominho em pó

½ colher (chá) de mixed spice

400 g de grão-de-bico enlatado, lavado e escorrido

150 ml de azeite extravirgem

2 colheres (sopa) de tahine

suco de 1 limão-siciliano, ou a gosto

PARA A CEBOLA

½ cebola roxa pequena, cortada em fatias muito finas

sementes de ½ romã

½ colher (chá) de sumagre

PARA SERVIR

raminhos bem frescos de coentro

iogurte natural de consistência firme

gomos de limão-siciliano

Prepare a marinada misturando tudo junto (exceto o frango) em um prato raso de vidro ou cerâmica onde caiba todo o frango em uma única camada. Coloque o frango na marinada, revirando cada pedaço para envolvê-lo no tempero. Cubra. Se for possível, deixe o frango algumas horas na geladeira (da manhã até o fim do dia, por exemplo), mas eu deixo só 30 minutos quando estou com pressa. Vire de vez em quando.

Para fazer o purê, refogue a cebola no azeite comum até ficar macia e dourada. Junte o alho, refogue por mais 2 minutos, acrescente os temperos e deixe mais 1 minuto. Adicione o grão-de-bico e aqueça-o bem, misturando com a cebola e os temperos. Transfira tudo isso para um processador de alimentos junto com o azeite extravirgem, o tahine, o suco de limão, sal e pimenta-do-reino, acrescentando 6-8 colheres (sopa) de água. Bata e prove; você pode querer adicionar mais suco de limão ou mais sal e pimenta (o purê precisa ficar bem temperado). Talvez você também precise colocar mais água para obter a textura correta (se fizer isso, ajuste o tempero novamente). Transfira para uma panela limpa para reaquecer o purê (ou sirva à temperatura ambiente).

Coloque a cebola roxa em uma tigela com água muito fria e deixe descansar por 15 minutos, mais ou menos.

Retire o frango da marinada e tempere com sal. Aqueça uma frigideira ou chapa com grelha até ficar bem quente, depois grelhe o frango por 1 minuto e meio de cada lado (não é preciso adicionar óleo). Abaixe o fogo e grelhe por mais 2 minutos e meio de cada lado. O frango ficará dourado e lindamente chamuscado em alguns pontos.

Escorra a cebola roxa, seque-a e misture-a com as sementes de romã. Polvilhe com o sumagre.

Reaqueça o purê se preferi-lo quente. Sirva o frango com um pouco do purê, acrescente os raminhos de coentro e cubra com a mistura de romã e cebola roxa. Ofereça uma tigela de iogurte e algunas gomos de limão. Você pode servir pão sírio ou trigo para quibe para acompanhar, mas não é necessário; uma salada de folhas amargas (endívia ou radicchio) vai melhor.

frango e abóbora com shoyu e anis-estrelado

Essa receita foi ligeiramente adaptada de um livro norte-americano excelente – *All About Braising* [tudo sobre os ensopados], de Molly Stevens. Ela rapidamente virou um dos pratos mais frequentes aqui em casa, pois é fácil e as crianças adoram. Você pode achar que não leva shoyu o bastante, mas, como o frango solta líquidos, no final sempre vai sobrar uma boa quantidade de caldo.

Contenha-se e não adicione mais anis-estrelado – apenas um é realmente a medida. Ele é um tempero poderoso.

4 PORÇÕES

1 colher (sopa) de óleo de amendoim

8 sobrecoxas de frango com osso

2 colheres (sopa) de shoyu

2 colheres (sopa) de vinagre de arroz

2 colheres (sopa) de molho de peixe (nam pla)

2 colheres (sopa) de açúcar mascavo

1 pimenta dedo-de-moça pequena, sem sementes e picada

2,5 cm de gengibre descascado e muito bem picado

3 dentes de alho muito bem picados

8 cebolinhas fatiadas na diagonal, a parte branca incluída

900 g de abóbora japonesa ou cheirosa, sem sementes e cortada em pedaços

3 tiras da casca de 1 laranja

1 anis-estrelado

2 colheres (sopa) de suco de laranja

pimenta-do-reino moída na hora

Preaqueça o forno a 180°C.

Aqueça o óleo em uma panela ou frigideira grande de cabo refratário (mais tarde ela irá ao forno), onde caibam todas as sobrecoxas em uma única camada. Retire a pele do frango, se preferir, depois doure-o dos dois lados. Não tente virar as sobrecoxas antes de ficar fácil de fazê-lo – se você forçar e puxar, a carne pode rasgar. Tire o frango da panela e reserve. Despeje a gordura da panela em uma xícara.

Misture o shoyu, o vinagre e o molho de peixe com o açúcar e mexa. Coloque 1 colher (sopa) da gordura reservada de volta na panela, aqueça-a e adicione a pimenta dedo-de-moça, o gengibre e o alho. Reserve alguns pedacinhos de cebolinha mais verdes para salpicar no final e adicione o restante à panela. Refogue em fogo médio por alguns minutos, até o alho dourar, e depois adicione a mistura de shoyu. Recoloque o frango na panela juntamente com o caldo que dele escorreu, mais a abóbora, a casca de laranja, o anis-estrelado, o suco de laranja e 3-4 colheres (sopa) de água. Moa um pouco de pimenta-do-reino por cima. Tampe e leve ao forno quente por 40 minutos. Depois de 15 minutos de cozimento, vire as sobrecoxas e volte a tampar a panela. Depois de mais 15 minutos, tire a tampa para que o frango asse descoberto nos 10 minutos restantes.

Espalhe a cebolinha verde reservada e sirva. Qualquer grão fica bom para acompanhar: arroz integral, trigo durum, quinoa ou trigo em grão (veja nas pp. 223-4 como cozinhá-los). Basta temperar bem e misturar com bastante folha de coentro picada e um pouco de suco de limão.

costeleta de porco temperada com relish de gengibre e manga

Não guarde esse relish só para as costeletas, ele fica magnífico com qualquer carne picante (e com salmão e cavalinha grelhados também). Eu chamei de relish, mas ele é pedaçudo, quase como uma salada, e as pessoas geralmente acabam enchendo um terço do prato com ele (e pedem mais). Você pode fazer um frango da mesma maneira que as costeletas. Se preferir reduzir a gordura, retire-a das costeletas (ou deixe os comensais se virarem sozinhos), mas só depois do cozimento, pois ela dá sabor ao prato.

6 PORÇÕES

PARA A COSTELETA

2 colheres (sopa) de óleo de amendoim

suco de 3 limões

2 pimentas dedo-de-moça pequenas, sem sementes e picadas

2 dentes de alho amassados

2 cm de gengibre descascado e ralado

6 costeletas de lombo do porco

PARA O RELISH

2 mangas

raspas da casca e suco de 1 limão

1 colher (sopa) de óleo de amendoim

10 dentes de alho ralados

120 g de gengibre descascado e ralado

2 colheres (chá) de mostarda com grãos

açúcar a gosto, cerca de 1 colher (chá)

sal e pimenta-do-reino moída na hora

1 pimenta dedo-de-moça verde pequena, sem sementes e picada

1 pimenta dedo-de-moça vermelha pequena, sem sementes e picada

folhas picadas de 1 maço pequeno de coentro

Misture todos os ingredientes para as costeletas (exceto a carne) para fazer uma marinada e coloque em uma tigela rasa de vidro ou cerâmica. Coloque as costeletas na marinada, revirando cada uma delas para envolvê-las completamente no tempero. Tampe e deixe marinar na geladeira por algumas horas. Vire a carne vez ou outra.

Descasque as mangas e corte as metades de cada lado do caroço. Retire o que mais puder em volta dele. Corte as metades em fatias com a espessura de cerca de 3 mm e misture com as raspas e o suco de limão.

Aqueça o óleo em uma frigideira e adicione o alho e o gengibre ralado. Refogue em fogo médio-baixo até que comecem a liberar seus aromas. Retire do fogo e misture com a mostarda e, depois, com a manga. Misture delicadamente o açúcar, o sal, a pimenta-do-reino, as pimentas dedo-de-moça e o coentro.

Aqueça uma frigideira até ficar bem quente e retire as costeletas da marinada. Escorra o excesso de marinada da carne e devolva-o à tigela onde estava. Tempere as costeletas com sal e pimenta. Frite-as em fogo alto por cerca de 3 minutos, ou até obter uma bela cor, depois vire-as e faça o mesmo do outro lado. Reduza para fogo baixo e continue a cozinhar até que fiquem completamente cozidas; isso leva pelo menos 10 minutos, e não deve restar nenhum caldo rosado quando você espeta a carne. Ao chegar perto do final do tempo de cozimento, adicione a marinada e deixe-a caramelizar as costeletas e borbulhar na frigideira. Sirva com o relish de gengibre e manga.

de grãozinho em grãozinho

É maravilhoso quando um ingrediente que não tinha o menor glamour e é relativamente barato vira o suprassumo da última moda. Eu adoro esses "azarões", e só posso sorrir quando lembro que os grãos integrais – antes propriedade da turma de chinelo de couro que come granola – hoje são consumidos por patricinhas calçadas por Christian Louboutin. De fato, os cereais integrais estão com tudo, e não parta do princípio de que todos eles são borrachudos e têm gosto de mato. A quinoa tem grãos pequenos e sabor delicado, o bulgur (ou trigo para quibe) revela um gosto que lembra castanhas. Eu aprecio especialmente os grãos mais fortes – os de centeio, profundos e terrosos, ou o freekeh, esfumaçado e sensual –, e todos fizeram de mim uma cozinheira mais inventiva.

É consenso que eles fazem bem, e são certamente preferíveis aos grãos processados ou refinados, que perderam a maior parte de seus nutrientes. Carboidratos refinados são rapidamente convertidos em açúcar pelo nosso organismo, e os picos de açúcar no sangue provocam um aumento da insulina. Níveis altos de insulina são cada vez mais culpados pelo ganho de peso e pela obesidade (e problemas a ela relacionados). Os grãos integrais, por outro lado, não geram esses picos. Uma refeição com carboidratos de grãos integrais e proteínas digeridas lentamente suaviza a montanha-russa de açúcar e insulina no sangue. Os cereais integrais deixam você satisfeito por mais tempo e também enviam o sinal de saciedade para o cérebro de forma relativamente rápida, fazendo que você se sinta satisfeito mais cedo. E mais: os fãs dos grãos integrais também veem neles uma boa alternativa à carne e enfatizam como a fibra é importante na nossa dieta.

Fiquei bastante convencida pelas conclusões do The Nurses' Health Study, uma das pesquisas de maior duração e mais intensivas já realizadas na área de nutrição e saúde (foi iniciada em 1976 com financiamento do Instituto Nacional de Saúde dos Estados Unidos e ainda está em curso; atualmente, os filhos das enfermeiras também participam). Ao analisar a questão da fibra, o estudo descobriu que os participantes que comiam mais fibras de grãos integrais (cerca de 7,5 g por dia) tinham 30% menos probabilidade de desenvolver diabetes do tipo 2 que aqueles que ingeriam menos (2,5 g por dia), enquanto os que comiam duas porções de grãos integrais por dia tinham 30% menos probabilidade de desenvolver doenças cardiovasculares que os que consumiam apenas uma porção. Não há como brigar com esses números.

Mas há quem defenda outras posições. A jornalista britânica Joanna Blythman, especializada em comida, argumenta em seu livro *What to Eat* que todas as vitaminas e minerais dos grãos integrais são encontrados em maiores quantidades na carne, no peixe e nos ovos (no entanto, deve-se lembrar que, por razões diversas, a proteína animal nem sempre é uma opção e alguns grãos – como o trigo-sarraceno, o trigo durum, a aveia, a quinoa, o centeio e a espelta – também fornecem bons níveis de proteína). Outra crítica vem da brigada anticarboidrato, para a qual, apesar de os grãos integrais serem carboidratos "do bem", não deixam de ser carboidratos.

Os grãos integrais saciam tanto que você não se empanturra com eles. Portanto, a menos que você tenha mesmo algo contra os carboidratos, eu os colocaria no cardápio. Não deixe de comer um prato de arroz branco com curry, só não o faça com tanta frequência. Além disso, uma hora você vai começa a preferir... o integral. É sério.

cevada

Se antes a cevada era considerada ingrediente de sopa em mesa parca, hoje ela foi resgatada e encontra-se em saladas da moda em tudo que é lugar. A cevadinha é o tipo mais fácil de achar. Ela foi beneficiada – removeu-se o germe e parte do farelo –, mas, ao contrário do que ocorre com a maioria dos grãos, sua fibra encontra-se no endosperma. A cevadinha cozinha em 25-30 minutos. Escorra, tempere com azeite, vinagre, sal e pimenta-do-reino e use como base para uma salada. Ou faça um pilafe – ou seja, o cozimento pelo método de absorção (coloque na panela com algum caldo e outros temperos, deixando o grão absorver o líquido enquanto cozinha). Ou, ainda, cozinhe como um arroz de risoto, mexendo para deixá-la cremosa. O tipo não processado, a cevada com farelo e germe, leva 1 hora para cozinhar (e precisa ficar de molho durante a noite).

arroz integral de grão longo

Ele mantém uma certa firmeza após o cozimento. Cozinhe em água fervente por cerca de 25 minutos ou use o método de absorção (veja acima). Não precisa ficar de molho. Como os grãos ficam soltinhos (como os de muitos cereais integrais), rende uma base excelente para saladas.

trigo-sarraceno

Alimento básico na Rússia e na Europa Oriental, tanto em flocos quanto torrado (também conhecido como kaşha), tem um sabor forte que lembra carne (sobretudo a variedade torrada). Comece com o tipo torrado e frite-o no óleo antes de adicionar água e cozinhar por 15 minutos.

trigo bulgur

Muito utilizado na comida do Oriente Médio, é uma bênção, de tão rápido que é de preparar. É feito com trigo (geralmente a variedade dura) fervido, seco e quebrado. Cozinhe em água ou caldo fervente: o tempo depende do tamanho do grão (para o médio, o tipo que eu mais uso, demora 15 minutos). Para saladas, onde se exige uma textura menos fofa, basta mergulhá-lo na água por 15 minutos.

arroz vermelho

Cultivado originalmente nas zonas úmidas da Camargue, ao sul da França, tem uma cor linda e fica ótimo misturado com saladas ou pilafes de arroz integral, arroz selvagem ou quinoa. Cozinha em 25 minutos, seja fervido com bastante água, seja pelo método de absorção (veja acima) – e se parece com o arroz integral na textura e no sabor de castanhas.

farro

Grão antigo que, acredita-se, era o sustento das legiões romanas. É marrom-claro, tem um sabor bastante próximo do da avelã e serve como excelente base para saladas. O mais fácil de encontrar é o semiprocessado, que perdeu parte do farelo, não precisa ficar de molho e cozinha em 20-25 minutos. Use o tipo sem beneficiamento, se preferir; ele precisa ficar de molho durante a noite e cozinha em 1 hora. Eu costumava fazer farro apenas no outono e no inverno, mas depois de comer uma salada de verão em Roma – com farro, tomate, azeitona, manjericão e azeite toscano herbáceo – fui conquistada e passei a usá-lo o ano inteiro.

freekeh

O freekeh é marcante. Tem cheiro de fumaça, fica bem *al dente*. É trigo verde assado, usado principalmente no Oriente Médio, e o grão mais "descolado" hoje em dia. Resiste bem a sabores fortes, como limão confit, melaço de romã e peixe gordo. Basta ferver na água por 20-25 minutos, escorrer e usar em saladas, ou cozinhar com caldo pelo método de absorção (p. 223).

trigo durum

Também conhecido como kamut, nome de uma marca de trigo khorasan, é uma variedade antiga que ainda não chamou muito a atenção. O sabor – bem sem graça – não é a atração principal, mas os grãos grandes e cor de mel são boa base para saladas. Deixe de molho durante a noite e cozinhe por 50-60 minutos.

aveia

Consulte a p. 240 para saber tudo o que você precisa sobre aveia.

quinoa

Esse pseudocereal – uma semente, na verdade – é uma maravilha para a saúde. Trata-se de uma proteína completa (o que é muito raro no mundo das plantas). Em textura e tamanho é algo entre o cuscuz marroquino e o trigo bulgur e fica deliciosa quente ou fria. Toste-a alguns minutos em uma frigideira seca – o que melhora o seu sabor –, depois adicione 675 ml de líquido para cada 300 g de quinoa e cozinhe por 15 minutos para obter grãos gordinhos e sequinhos. Tem cor creme, preta ou vermelha, então você também pode brincar de pintor ao usá-la.

centeio

O grão que veio do frio, facilmente cultivado em terras ao norte, úmidas e geladas. Eu adoro o seu sabor profundo, denso e frutado. Fica fantástico junto com outros ingredientes "do frio"; experimente com beterraba, peixe defumado, endro, cominho e iogurte. Deixe os grãos de molho durante a noite e cozinhe por 50-60 minutos.

espelta

Também chamado de trigo-vermelho; eu costumo combinar com ingredientes escandinavos, como alimentos defumados e iogurte. A espelta é muitas vezes usada como sinônimo de farro, mas a variedade sem farelo, o tipo mais fácil de encontrar, é mais refinada (e rende um risoto melhor, mais agradável e mais cremoso) que o farro com parte do farelo. A espelta sem farelo cozinha em 20-25 minutos. Substitua por espelta integral, se quiser, exceto para os risotos (deixe-a de molho durante a noite e cozinhe por cerca de 1 hora).

trigo em grão

Existe a variedade macia e a dura (a última é mais borrachuda), e ambas precisam ficar de molho durante a noite. O trigo macio cozinha em 40 minutos; o duro pode demorar cerca de 90.

arroz selvagem

É o grão de uma gramínea aquática norte-americana. Fica bem firme e é ótimo misturado com quinoa, arroz vermelho ou arroz integral, principalmente por causa da cor, mas também pela textura (sozinho eu acho muito borrachudo e forte, vai melhor misturado com outras coisas). Fica pronto em cerca de 45 minutos.

frango grelhado, couve e farro com molho cremoso de alho e aliche

Talvez você só pense nisso ao provar, mas eu considero essa receita de frango como uma salada Caesar saudável. Tem os mesmos ingredientes, todos, mas também leva grãos. E usa ótimas verduras. O farro pode ser substituído por espelta, e a couve, por outra verdura afim. Você não precisa usar frango grelhado. Basta assar uma ave inteira, desfiar a carne e servir sobre os grãos e as verduras.

4 PORÇÕES

- 200 g de farro ou trigo em grão
- 2½ colheres (sopa) de azeite
- 1 cebola pequena bem picada
- 250 g de couve
- ½ colher (sopa) de azeite extravirgem
- uma boa espremida de suco de limão, mais alguns gomos para servir
- 4 sobrecoxas de frango desossadas

PARA O MOLHO

- 6 filés de aliche escorridos
- 30 g de pinhole ou amêndoa
- 1 dente de alho grande
- sal e pimenta-do-reino moída na hora
- 2 colheres (sopa) de azeite extravirgem
- suco de ½ limão-siciliano
- ½ colher (sopa) de folhas de salsa bem picadas

Coloque o farro (ou o trigo em grão) em uma panela e cubra com bastante água. Leve à fervura, abaixe o fogo para ferver de leve e cozinhe por 20-25 minutos, ou até o farro começar a amaciar (ele não amolece completamente como o arroz, fica ainda bem *al dente*).

Enquanto isso, para o molho, coloque o aliche, o pinhole, o alho e um pouco de pimenta-do-reino em um processador de alimentos pequeno. Com o motor ligado, adicione o azeite extravirgem, o suco de limão e 2 colheres (sopa) de água. Bata até ficar homogêneo. Você pode adicionar um pouco mais de água se preferir um molho mais fino, e ele deve ficar cremoso (embora não homogêneo). Transfira para uma tigela e adicione a salsa.

Aqueça 1½ colher (sopa) do azeite comum em uma frigideira e refogue a cebola em fogo médio-baixo até dourar um pouco e amolecer. Reserve.

Retire os talos da couve e descarte-os, depois rasgue as folhas em pedaços. Jogue em bastante água fervente e cozinhe por 4 minutos. Escorra muito bem e acrescente à cebola na frigideira. Em fogo médio, mexa a couve para envolvê-la no azeite. Ela deve adquirir um tom verde profundo e lustroso.

Enxágue o farro em água fervente e misture imediatamente com a couve, o azeite extravirgem e o suco de limão. Tempere a gosto (mas lembre que você ainda vai adicionar um molho bem marcante).

Pincele as sobrecoxas de frango dos dois lados com o azeite comum restante e tempere com sal e pimenta. Aqueça uma chapa com grelha até ficar bem quente e grelhe o frango por 2 minutos de cada lado. Abaixe o fogo e grelhe por mais 2 minutos de cada lado, ou até o frango ficar cozido (não deve restar vestígio de carne rosada no meio).

Divida o farro e a couve entre quatro pratos e regue com o molho (sirva o restante ao lado). Acomode o frango por cima; você pode fatiar ou deixar as sobrecoxas inteiras. Sirva com gomos de limão.

cardápio de outono calor indiano

sopa de lentilha e tomate assado com açafrão | beterraba, abóbora e espinafre com especiarias | manga

Esse é o tipo de cardápio que surpreende as pessoas. Não tem carne, mas os comensais não se dão conta disso até terminar. Com certeza, ninguém sente falta de nada. Eu fico com vontade de especiarias indianas assim que o tempo começa a esfriar. Elas deixam a comida acalentadora, de uma forma suave, perfumada, "viva". Para a sobremesa, basta servir algumas mangas bem maduras e limões suculentos. Deixe cada um fatiar sua própria manga e espremer o limão por cima. Uma tigela de lichia fresca (cuja época vai de novembro a janeiro) vai bem, também. Se você quiser servir uma "sobremesa de fato", a compota cítrica com neve de gengibre (p. 200) fica deliciosa.

sopa de lentilha e tomate assado com açafrão

Rende uma entrada substanciosa, à qual se segue um prato principal que engana de tão leve.

6 PORÇÕES

- 10 tomates cortados ao meio
- 4 colheres (sopa) de azeite
- 2 colheres (chá) de pasta de harissa
- sal e pimenta-do-reino moída na hora
- 2 colheres (chá) de açúcar mascavo (opcional)
- 2 colheres (chá) de sementes de cominho
- 1 colher (chá) de sementes de coentro
- 1 colher (sopa) de óleo de amendoim
- 1 cebola grande picada
- 4 dentes de alho picados
- ½ colher (chá) de cúrcuma
- uma boa pitada de pistilos de açafrão
- 2 cm de gengibre picado
- 1 pimenta dedo-de-moça verde pequena, bem picada
- 150 g de lentilha coral
- 900 ml de caldo de legumes
- 4 colheres (sopa) de folhas de coentro picadas
- iogurte natural (opcional)
- amêndoa tostada e picada

Preaqueça o forno a 190°C. Coloque os tomates em uma assadeira onde caibam em uma única camada. Misture em uma xícara o azeite, a harissa, o sal e a pimenta e despeje sobre eles. Revire-os para envolvê-los no tempero, finalizando com o corte para cima (se os tomates não estiverem muito bons, polvilhe açúcar mascavo por cima, embora sua doçura natural vá se revelar ao assar). Asse por 45 minutos, até encolherem um pouco e chamuscarem em alguns pontos. Escolha as seis metades de tomate mais bonitas e reserve.

Toste as sementes de cominho e de coentro por 2 minutos em uma frigideira seca. Moa em um pilão e reserve. Aqueça o óleo de amendoim em uma panela e refogue a cebola até ficar macia e dourada. Junte o alho, todas as especiarias, o gengibre e a pimenta dedo-de-moça e cozinhe por 2 minutos. Acrescente a lentilha, mexendo para envolvê-la na mistura, os tomates e o caldo. Tempere bem. Leve à fervura, abaixe o fogo para ferver de leve e cozinhe por 15-20 minutos, ou até a lentilha virar um purê. Os tomates devem desmanchar também. Bata a sopa ou deixe-a pedaçuda. Verifique o tempero e junte a maior parte do coentro. Sirva cada tigela com um redemoinho de iogurte (se quiser), meio tomate reservado, algumas amêndoas tostadas e um pouco do coentro restante.

beterraba, abóbora e espinafre com tempero indiano

Isso começou como uma thoran, refogado da região de Kerala que é aromatizado principalmente com sementes de mostarda, folhas de curry e coco. Mas então eu decidi que queria algo mais substancioso – portanto, não é um prato típico, mas ainda assim fica delicioso. Uma das vantagens é não precisar de muitas especiarias. Nessa receita, uso folhas de curry compradas em lojas de comida indiana, bons supermercados e on-line. Elas congelam muito bem. Se não encontrar (no Brasil só se encontra a versão seca), deixe de fora. Não vai ficar a mesma coisa, mas ainda assim será muito bom.

6 PORÇÕES

1½ colher (sopa) de óleo de amendoim
4 colheres (chá) de sementes de mostarda
um punhado de folhas de curry (cerca de 30)
3 colheres (chá) de pimenta--calabresa (ou mais, dependendo de quão picante você quer)
2 cebolas roxas pequenas fatiadas
4 cm de gengibre descascado e picado
1 colher (chá) de cúrcuma
200 g de beterraba cortada em pedaços
400 g de abóbora sem sementes e cortada em pedaços
sal e pimenta-do-reino moída na hora
175 g de batata descascada e cortada em pedaços
200 g de folhas de espinafre
suco de 1 limão bem suculento
6 colheres (sopa) de coco fresco ralado

Aqueça o óleo em um wok ou panela grande em fogo médio. Jogue as sementes de mostarda, seguidas pelas folhas de curry e a pimenta--calabresa. Agite tudo até as folhas e as sementes de mostarda pararem de pipocar. Passe para fogo baixo.

Acrescente a cebola e o gengibre e cozinhe por 5 minutos, até amolecerem. Junte a cúrcuma e cozinhe por mais 1 minuto.

Adicione a beterraba e a abóbora. Mexa bem para envolvê-las nas especiarias. Se você comprou um coco fresco para fazer a receita, adicione a água de coco à panela, mais 75 ml de água. Se não tem água de coco, basta adicionar cerca de 120 ml de água. Tempere bem. Leve à fervura, abaixe o fogo, tampe e cozinhe em fogo brando por cerca de 15 minutos. Junte a batata e continue cozinhando até todos os legumes ficarem macios. Fique de olho na panela, para ter certeza de que os legumes não estão pegando no fundo, e adicione um pouco mais de água, se necessário, embora a ideia seja obter um prato bem sequinho.

Quando os legumes estiverem macios, adicione o espinafre e misture um pouco para ajudar a incorporar, até o espinafre murchar (isso leva apenas alguns minutos). Adicione o suco de limão e verifique o tempero. Polvilhe com o coco antes de servir. Sirva arroz integral para acompanhar, junto de um pouco de iogurte integral.

salada bárbara

Dentre todos os pratos deste livro, esse é um dos meus preferidos. Eu queria inventar uma salada, sobretudo uma que fosse boa nos meses mais frios, substanciosa, muito saudável e irresistível ("saudável por acaso"). Quando a servi, meus filhos disseram "que bárbara, mamãe", porque acharam que era uma salada meio hippie. Ainda sem ter certeza se era uma crítica ou um elogio, sentei-me e os vi comer com gosto muitos pratos cheios dela.

Essa receita é um ponto de partida. Prepare outros grãos – trigo em grão ou trigo durum (consulte a p. 224 para saber como cozinhar) – e adicione ervilha, pepino, feta esmigalhado e hortelã, outras leguminosas, lentilha preta ou vermelha em vez da de puy, mirtilo ou maçã picada em vez de romã. Você pode fazer todo tipo de coisa se começar com um grão cozido como base para uma salada. Desde que mantenha as mesmas quantidades básicas para o molho – 1 colher (sopa) de vinagre, 4 colheres (sopa) de azeite –, pode também dar um sabor um pouco diferente.

6 PORÇÕES COMO ACOMPANHAMENTO

PARA A SALADA

90 g de farro semiprocessado ou trigo verde (freekeh)

55 g de lentilha de puy

125 g de cenoura cortada em palitinhos

100 g de grão-de-bico cozido, lavado e escorrido

2 colheres (sopa) de sementes variadas (girassol, abóbora, gergelim, o que você tiver)

sementes de ½ romã

30 g de agrião sem os talos grossos

PARA O MOLHO

1 colher (sopa) de vinagre balsâmico branco, ou a gosto

½-1 colher (chá) de pasta de harissa, ou a gosto

4 colheres (sopa) de azeite extravirgem

½-1 colher (chá) de mel líquido

¾ de colher (sopa) de melaço de romã

sal e pimenta-do-reino moída na hora

Coloque o grão escolhido em uma panela e cubra com água. Leve à fervura, abaixe o fogo para ferver de leve e cozinhe por 20-25 minutos, ou até o grão ficar cozido, mas ainda um pouco *al dente*. Cozinhe a lentilha ao mesmo tempo em outra panela, também na água, até ficar macia (o tempo de cozimento varia de acordo com a idade dela, vai de 15 a 35 minutos).

Enquanto isso, prepare o molho misturando todos os ingredientes; tempere bem. Escorra bem o farro e a lentilha e passe pela água fria para resfriá-los, chacoalhando bem a peneira para tirar toda a água possível. Transfira para uma tigela de servir, tempere com sal e pimenta e adicione metade do molho.

Acrescente todos os outros ingredientes (se você quiser preparar com antecedência, coloque o agrião pouco antes de servir) e adicione o restante do molho. Prove o tempero: talvez você queira um pouco mais de sal, pimenta-do-reino ou harissa, ou até mais balsâmico branco.

pera cozida no chá earl grey

Essas peras ficam com uma bela cor caramelada e, se você puder reservá-las na calda reduzida durante a noite antes de servir, elas absorverão mais o sabor do chá, que tem um sutil toque defumado. Sirva com iogurte grego.

4 PORÇÕES

4 saquinhos de chá earl grey

150 g de açúcar cristal

suco de 2 limões-sicilianos, mais 2 tiras grandes de casca de limão (sem a parte branca)

2 tiras grandes de casca de laranja (sem a parte branca)

4 peras descascadas, cortadas ao meio e sem miolo

Coloque 3 dos saquinhos de chá em uma jarra com 1 litro de água fervente e deixe em infusão. Descarte os saquinhos e despeje o chá em uma panela grande o suficiente para acomodar todas as metades de pera em uma única camada. Adicione o açúcar.

Mexa em fogo médio para dissolver o açúcar, depois adicione o suco de limão, as cascas de limão e laranja e as peras. Leve o líquido à fervura, reduza o fogo e cozinhe as peras delicadamente, até ficarem macias. O tempo de cozimento depende de quão maduras elas estão. Verifique com frequência, usando a ponta de uma faca afiada. Quando as peras estiverem prontas, retire-as com uma escumadeira e coloque-as em um prato onde não encostem umas nas outras, para que possam esfriar e parar de cozinhar (se você amontoá-las, o calor continuará a amolecê-las).

Retire as cascas da calda e leve-a à fervura. Junte o último saquinho de chá e ferva até o líquido reduzir para cerca de 275 ml. O xarope vai engrossar mais ao esfriar. Deixe esfriar completamente, coe, coloque as peras em um prato para servir e regue com a calda.

sorbet turco de marmelo

O marmelo tem uma doçura de mel tão marcante que precisa de um pouco de ajuda na acidez, eu acho – daí a maçã azeda e o suco de limão. Você precisa tirar o sorvete do congelador para amolecer um bom tempo antes de servir, pois ele fica bem duro devido à alta quantidade de pectina. Se quiser, substitua parte da água por suco de romã (do puro e integral, sem adoçantes ou rótulos do tipo "bebida à base de suco de romã"), a fim de obter um sorbet com linda cor e sabor ligeiramente diferente.

8 PORÇÕES

100 g de maçã verde ácida

400 g de marmelo

315 g de açúcar cristal

suco de 1 limão-siciliano

1-2 colheres (chá) de água de rosas ou de flor de laranjeira (opcional)

sementes de 1 romã, para servir (opcional)

Descasque e retire o miolo das maçãs e dos marmelos, depois corte-os em pedaços. Coloque tudo em uma panela e adicione água só até cobrir. Tampe e cozinhe as frutas delicadamente até amolecerem – pode levar até 30 minutos, pois o marmelo é muito duro. Não deve sobrar muito líquido, mas fique de olho na panela, para não deixar secar. Não acrescente água demais, pois isso afeta o sorbet. Se for mesmo necessário, junte apenas 1-2 colheres (sopa) de cada vez.

Faça uma calda dissolvendo devagar o açúcar em 315 ml de água em fogo médio. Deixe esfriar.

Bata a maçã e o marmelo em um processador de alimentos ou liquidificador, depois passe por uma peneira de náilon (o marmelo é tão fibroso que você precisa mesmo fazer isso para obter um sorbet liso e apresentável). Adicione o suco de limão, uma pequena quantidade de água de flores e prove; as várias marcas têm intensidades diferentes, então você pode desejar um pouco mais. Adicione a calda de açúcar e leve à geladeira para esfriar. Transfira depois para uma máquina de sorvete, seguindo as instruções do fabricante. Se você não tiver uma, coloque a mistura em um recipiente raso próprio para gelar e leve ao congelador. Quando estiver congelado ao redor das bordas, mas ainda mole no meio, bata a mistura em um processador de alimentos (ou use um garfo e bata vigorosamente). Repita isso três ou quatro vezes durante o processo de congelamento.

Se quiser, sirva salpicado com as sementes de romã.

gelatina de amora e vinho tinto

Pode parecer gelatina demais, mas o álcool inibe a capacidade de gelificação, portanto você precisa mesmo dessa quantidade. Não é uma sobremesa para todo dia (ah, esse álcool!), mas um mimo de fim de semana. Fica melhor se feita um dia antes, para dar tempo de firmar bem.

6 PORÇÕES

5 folhas de gelatina grandes ou 10 pequenas (cerca de 18 g no total)

475 ml de vinho tinto

150 g de açúcar cristal

400 g de amora sem os cabinhos

Coloque a gelatina em uma tigela rasa e cubra com água. Deixe de molho por 5 minutos, até ficar bem mole. Retire a gelatina e esprema delicadamente o excesso de água. Enquanto isso, aqueça o vinho e o açúcar com 175 ml de água, mexendo delicadamente para ajudar a dissolver o açúcar. O vinho não deve ficar mais quente do que a mão consegue aguentar. Adicione a gelatina mole e mexa até dissolver (a gelatina não pode ferver, ou perderá sua capacidade de gelificar).

Divida as frutas entre seis taças e regue com o líquido. Leve à geladeira para firmar. Como há muita fruta para pouco espaço, elas não devem boiar. Deixe firmar por uma noite antes de servir.

mais gelatina de frutas, por favor... **gelatina de ameixa com perfume de cardamomo** Faça essa receita no início do outono, antes das ameixas desaparecerem. Corte ao meio 700 g de ameixa de polpa vermelha, retire o caroço e coloque tudo em uma panela com 400 ml de suco de maçã, 100 ml de água, 125 g de açúcar cristal e as sementes moídas de 4 bagas de cardamomo. Aqueça suavemente, mexendo para ajudar a dissolver o açúcar, e, quando estiver quase fervendo, reduza o fogo para ferver de leve e deixe cozinhar até a fruta ficar totalmente mole, desmanchando. Deixe esfriar um pouco e depois bata no liquidificador ou no processador de alimentos. Meça o quanto você tem e complete até a quantidade de 1 litro com mais suco de maçã ou água. Coloque 4 folhas de gelatina grandes ou 8 pequenas (cerca de 18 g no total) em uma tigela e cubra com água fria. Deixe por 10 minutos, até ficarem bem moles. Enquanto isso, aqueça um pouco do purê de ameixa até um ponto em que você possa colocar o dedo sem queimar (deve ser quente o suficiente para derreter a gelatina, mas não tão quente a ponto de destruir sua capacidade de gelificar). Esprema o excesso de água da gelatina e coloque-a no purê morno. Mexa para dissolver, depois adicione ao resto do purê. Divida entre seis taças e leve à geladeira para firmar durante a noite. Sirva com um pouco de iogurte grego adoçado. Rende seis porções.

bolo de tâmara, damasco e nozes

Essa receita não é assim tão saudável a ponto de podermos comê-la sem pensar no amanhã (tem muitas frutas secas, ricas em açúcar), mas usa farinhas integrais boas e leva nozes e sementes que fazem bem. É uma ótima pedida para sábado ou domingo à tarde, pois é superfácil e rápida de fazer (misture tudo, transfira para a assadeira, leve ao forno). Meus filhos gostam desse bolo tanto quanto do de chocolate. E eles o comem quentinho, com manteiga... como não gostar?

CERCA DE 10 PORÇÕES

175 g de manteiga sem sal, e mais para untar

150 g de tâmara sem caroço picada

75 g de damasco seco picado

75 ml de suco de maçã

140 g de açúcar mascavo

raspas finas da casca de 1 laranja

1 ovo levemente batido

100 g de farinha de trigo

125 g farinha integral

1 colher (chá) de fermento em pó

uma boa pitada de mistura de especiarias para pão de mel (p. 217)

uma pitada bem generosa de noz-moscada ralada na hora

50 g de nozes picadas

2 colheres (sopa) de sementes de abóbora, e mais para finalizar (opcional)

2 colheres (sopa) de sementes de girassol

1 colher (sopa) de gergelim (opcional)

Unte uma assadeira de bolo inglês medindo 22 cm x 11 cm x 6 cm e forre o fundo com papel-manteiga. Coloque a tâmara e o damasco em uma panela com o suco de maçã e 3-4 colheres (sopa) de água. Leve à fervura, reduza para fogo mínimo e deixe cozinhar por 15 minutos – você vai obter algo parecido com um purê. Deixe esfriar. Derreta a manteiga e deixe-a esfriar também. Enquanto isso, preaqueça o forno a 180°C.

Adicione a manteiga ao purê de tâmara com damasco e junte o açúcar, as raspas e o ovo. Peneire as farinhas em uma tigela, depois jogue o farelo que ficou na peneira de volta à tigela. Adicione o fermento em pó, as especiarias para pão de mel, a noz-moscada, as nozes e as sementes de abóbora e girassol. Junte a mistura de tâmara com damasco, misturando aos ingredientes secos. Certifique-se de que tudo está bem misturado, mas não trabalhe demais a massa. Transfira para a assadeira e polvilhe com as sementes de gergelim e de abóbora (se for usar).

Asse no forno quente por 1h15, até um palito inserido no meio sair limpo. Deixe esfriar por 10 minutos, depois vire sobre uma grade, retire o papel e desvire, colocando o lado direito para cima. Deixe esfriar. Coma em fatias, puro ou – se você assim se permite – com manteiga.

pão integral da ballymaloe

Essa é minha versão do famoso pão da conhecida Ballymaloe House [restaurante e hotel estabelecido em 1964 no condado de Cork, Irlanda, e estrelado pelo Michelin]. Ele é fantástico – e muito fácil – e eu o faço há anos. Não precisa nem mesmo sovar. Darina Allen, da Ballymaloe, escreveu que "se pode usar açúcar mascavo ou branco, mel, glucose de milho, melado ou melaço. Cada um dá um sabor ligeiramente diferente ao pão. Farinhas diferentes rendem pães com texturas e sabores diferentes... a quantidade de água deve ser alterada de acordo com os ingredientes. A massa deve ficar úmida demais para sovar". Na Ballymaloe, a versão favorita usa farinha de trigo integral com um pouco de centeio.

RENDE 2 PÃES PEQUENOS

- manteiga ou óleo leve para untar
- 60 g de fermento fresco ou 30 g de fermento seco
- 700-850 ml de água à temperatura do corpo
- 2 colheres (sopa) de melado
- 1 kg de farinha integral
- 2 colheres (chá) de sal
- 2 colheres (sopa) de gergelim

Com um pouco de manteiga ou óleo, unte duas fôrmas de bolo inglês de 22 cm x 11 cm x 6 cm. Misture o fermento com 250 ml de água e o melado e deixe em um lugar quente, até formar espuma. Isso deve demorar 10-15 minutos.

Peneire a farinha e o sal em uma tigela. Faça uma cova no meio e despeje a mistura de fermento. Cubra a cova com a farinha e misture bem, adicionando água suficiente para formar uma massa bem molhada (mas não tão molhada a ponto de não ficar homogênea).

Divida a mistura em duas partes e coloque nas fôrmas. Deixe crescer em um local aquecido, coberto folgadamente com alguns panos, por cerca de 30 minutos. Preaqueça o forno a 230°C.

Polvilhe o gergelim e leve ao forno quente por 45-50 minutos, mas retire das fôrmas depois de 30 minutos e coloque na grade do forno para terminar de assar. Quando estiverem assados, devem soar ocos quando se bate na base.

pão irlandês da clare

Todo mundo na Irlanda do Norte têm uma receita de pão irlandês, ou "wheaten bread" – um pão sem sova feito com iogurte e bicarbonato de sódio –, o mais rápido e mais fácil de fazer do mundo. As versões variam em doçura e quantidade de aveia. Essa receita é da minha cunhada Clare Henry, e você também pode incrementá-la misturando outros ingredientes (como na versão indicada na parte de baixo da página).

1 PÃO

70 g de manteiga gelada cortada em pedacinhos, e mais para untar

250 g de farinha integral

115 g de farinha de trigo branca, e mais, se necessário

1 colher (chá) de bicarbonato de sódio

40 g de açúcar mascavo

300 ml de iogurte desnatado, e mais, se necessário

um pouco de leite integral, se necessário

gergelim e aveia para finalizar

Preaqueça o forno a 180°C e unte uma fôrma de bolo inglês de 19 cm x 9 cm x 5 cm.

Peneire as farinhas junto com o bicarbonato de sódio em uma tigela grande, acrescente o açúcar e esfregue a manteiga com os dedos.

Adicione o iogurte. Você pode achar que precisa de um pouco mais de líquido do que o sugerido aqui. Se não tiver mais iogurte, use leite integral. (Por outro lado, você também pode precisar de um pouco mais de farinha, tenha sempre uma quantidade extra.)

Misture tudo com as mãos – é uma massa grudenta, e não uma que você poderia ter esperanças de sovar, mesmo que precisasse – e coloque na fôrma preparada. Alise a superfície. Polvilhe com gergelim e aveia e leve ao forno por 50 minutos.

uma versão frutada... Faça como acima, mas adicione 175 g de figo seco picado (corte fora os cabinhos) ou a mesma quantidade de damasco picado ou cranberry seca, além de 100 g de avelã sem pele (deixe-as inteiras). Adicione às farinhas antes de acrescentar o iogurte. Asse a versão de frutas – que fica um pouquinho maior – em uma fôrma de bolo inglês de 1 kg.

café da manhã em meses frios

Alguns dos melhores pratos de café da manhã britânicos se prestam ao tempo frio. Assim como nos meses mais quentes, é bom ingerir alguma proteína para manter o pique, mas o inverno também exige que você se aqueça. O mingau desce como um cobertor macio e quente. As frutas – secas ou frescas – podem ser assadas ou cozidas e servidas quentes, em vez de frias. Um prato de kedgeree com cheiro defumado ou cogumelos bem substanciosos cobertos com um ovo pochê refletem a estação que se vê do outro lado da janela. As manhãs geladas e escuras podem ser sombrias, portanto um "bom" café da manhã faz bem não só no aspecto nutricional, mas proporciona prazer e a sensação de estar bem cuidado. Uma tigela gelada de cereal simplesmente não dá conta do recado – as próximas páginas oferecem formas bem mais interessantes de começar um dia frio.

tomate assado e abacate com torrada

Tomate assado é uma das coisas mais saudáveis que você pode comer. O calor concentra o sabor e a doçura, e eu asso tomates mesmo no inverno. Quase sempre tenho um pouco na geladeira para servir de base para um prato de café da manhã ou almoço. Dobre as quantidades de tomate e você terá o suficiente para dois dias (já que vai deixar o forno aceso por 40 minutos, é melhor aproveitar).

2 PORÇÕES

6 tomates grandes

1½ colher (sopa) de azeite

½ colher (sopa) de vinagre balsâmico

um pouco de pasta de harissa, cerca de ½ colher (chá), se você gostar de um toque picante

½ colher (chá) de açúcar (se o tomate não estiver muito doce)

sal e pimenta-do-reino moída na hora

½ abacate médio maduro

2 fatias de pão integral

cerca de 2 colheres (sopa) de óleo de abacate ou azeite extravirgem

suco de limão-siciliano ou limão

Preaqueça o forno a 190°C.

Corte os tomates ao meio e coloque-os em camada única em uma assadeira pequena ou refratário. Misture o azeite, o vinagre balsâmico e a harissa (se for usar) e despeje sobre os tomates. Revire-os com a mão para que todos fiquem bem cobertos e finalize com o corte para cima. Polvilhe o açúcar (se for usar) e tempere com sal e pimenta-do-reino. Asse no forno quente por 45 minutos, ou até os tomates caramelizarem em certos pontos e encolherem um pouco.

Descarte o caroço do abacate e retire a polpa. Toste o pão, regue com um pouco de óleo de abacate (ou azeite extravirgem), espalhe o abacate sobre cada pedaço, regue com o suco de limão-siciliano (ou limão), tempere com sal e pimenta-do-reino e coloque os tomates por cima. Regue com um pouco mais de óleo de abacate e sirva.

mingau multigrãos com amoras e mel

Você não precisa usar os cereais sugeridos, faça a combinação que quiser desde que some o mesmo peso (prepare algumas combinações com antecedência e guarde-as na despensa). Hoje em dia, é possível comprar um monte de flocos diferentes (veja as pp. 328-9 para saber onde). E, claro, a cobertura pode ser o que o seu paladar, o seu bolso, a sua despensa e a sua geladeira permitirem...

4 PORÇÕES

PARA O MINGAU

40 g de centeio em flocos

40 g de espelta em flocos

40 g de quinoa em flocos

40 g de cevada em flocos

1,2 litro de leite, ou água, ou uma mistura, e mais para servir (opcional)

açúcar mascavo a gosto

PARA SERVIR

4 colheres (sopa) grandes de iogurte grego

3 colheres (sopa) de mel líquido

125 g de mirtilo ou amora ou framboesa

1 colher (sopa) de semente de girassol

Toste todos os flocos em uma frigideira seca por 1 minuto. Transfira para uma panela e adicione leite (ou água, ou uma mistura) para fazer um mingau mais cremoso. Leve à fervura, reduza o fogo e cozinhe por cerca de 20 minutos, mexendo de vez em quando, até ficar espesso e fofo. Adicione açúcar a gosto.

Divida entre quatro tigelas e acrescente um fio de leite, se quiser. Cubra com o iogurte, o mel, os mirtilos e as sementes de girassol.

mingau de espelta e aveia com romã e pistache

Mingau e mais mingau, isso é um café da manhã digno de um lenhador. Substitua a espelta por cevadinha, se preferir. Cozinhe os grãos na noite anterior, deixe na geladeira, e depois é só finalizar em 10 minutos na manhã seguinte. Use a cobertura que quiser (essa aqui é bem "metida"). A espelta dá um quê escandinavo, então eu gosto de servir com frutas vermelhas ou maçã cozida com mel.

4 PORÇÕES

75 g de espelta (ou cevadinha) sem farelo

75 g de aveia prensada

300 ml de leite, ou leite misturado com água

açúcar mascavo a gosto; eu uso 2 colherzinhas (chá)

sementes de 1 romã

1½ colher (sopa) de pistache picado

Coloque o grão escolhido em uma panela e cubra com bastante água. Leve à fervura, reduza o fogo e cozinhe por 20-30 minutos. Escorra.

Devolva os grãos à panela junto com a aveia, o leite (ou leite e água) e o açúcar, deixe quase ferver, reduza o fogo e cozinhe por 10 minutos, mexendo o tempo todo. Vai ficar espesso e cremoso.

Complete com as sementes de romã e o pistache, ou qualquer outra cobertura de sua preferência.

mingau de cozimento lento, com maçã e maple syrup (como deve ser)

Tendo comido apenas mingau sem graça, cuja intenção sem dúvida era a de me castigar (levava sal, como muitos escoceses gostam, mas não consigo mais começar o dia de modo tão severo), certa vez provei o tipo que a Cachinhos Dourados tomava antes de dormir. Hoje gosto tanto de mingau que limito o consumo a duas vezes por semana (sei que ele é feito de aveia saudável e tem um índice glicêmico baixo, mas, se você gosta tanto quanto eu, vai comer demais).

Aqui está a ciência por trás de tudo. A aveia recém-colhida contém cerca de 14% de umidade, portanto tem de ser seca e levemente tostada. Seu invólucro exterior é então removido por trituração, e sobra o núcleo. A aveia de grão integral quebrado, chamada de *steel cut* ou *pinhead*, é produzida quando o grão passa por lâminas de aço. Essa, a de que mais gosto, rende um mingau robusto e pedaçudo.

A aveia em flocos é o grão, inteiro ou quebrado, cozido no vapor e achatado. Os flocos inteiros são chamados de aveia prensada ou "jumbo", popular nos Estados Unidos. Rendem um mingau rápido, mas ridicularizado pelo pessoal da alimentação natural. Ficam com textura de papinha e têm menos sabor, mas cozinham em um segundo.

No fim de semana faça o que bem entender (no que tange a mim, como tudo o que não posso nos outros dias), acrescente um pouco de creme de leite e uma cobertura de fruta seca cozida (no inverno) ou framboesa fresca (verão e início do outono). E você pode juntar algumas gotinhas de uísque (finja que, num livro de receitas saudáveis, eu na verdade não disse essa última parte... mas como é bom!).

2-3 PORÇÕES

PARA O MINGAU

100 g de aveia integral

400 ml de leite misturado com água, ou apenas água

açúcar mascavo a gosto (opcional)

PARA A MAÇÃ

1 maçã descascada

maple syrup, a gosto

PARA SERVIR

leite, iogurte integral, maple syrup, semente de linhaça (todos opcionais)

Coloque a aveia numa tigela e cubra com metade do leite e água, ou só água. Deixe de molho durante a noite (você pode se virar sem isso, mas precisará adicionar cerca de 10 minutos ao tempo de cozimento).

Fatie a maçã em uma panela pequena até cortar tudo em redor do miolo, depois jogue o miolo fora. Adicione cerca de 2 colheres (sopa) de água e leve ao fogo médio. Fique de olho na maçã e, assim que esquentar e começar a cozinhar, reduza o fogo e tampe. Mexendo e apertando com uma colher de pau de vez em quando, cozinhe até ficar totalmente mole. Deixe esfriar e adoce com maple syrup a gosto.

Coloque a aveia em uma panela e adicione o líquido restante. Leve à fervura devagar, depois reduza o fogo e cozinhe por 20 minutos, mexendo (você pode mexer só de vez em quando, mas eu prefiro mexer quase todo o tempo, o que deixa o mingau mais cremoso). Adicione mais água, se necessário (eu prefiro adicionar apenas água quando já está cozinhando, pois com mais leite o mingau fica muito gordo). Junte um pouco de açúcar, se quiser.

Divida entre duas ou três tigelas. Se quiser, derrame um pouco de leite por cima, para esfriar, e depois acrescente o iogurte e uma bela colherada de maçã. Regue com um pouco mais de maple syrup, se quiser, ou polvilhe com sementes de linhaça. Coma imediatamente.

müsli de centeio tostado com avelã e cranberry

Essa receita é para mudar os ares do müsli comum, mas você pode usar as mesmas quantidades e substituir por aveia ou quinoa em flocos e utilizar as castanhas de que mais gosta. Eu tenho que admitir que coloco um pouquinho de açúcar mascavo – ½ colher (chá) por tigela – ou um fiozinho de maple syrup, mas faça o que você quiser. Ou aumente a quantidade de frutas secas. Outro toque delicioso – embora não seja para todos os gostos – é juntar algumas sementes de cominho tostadas e moídas. Bem escandinavo.

O müsli pode ser comido puro com leite frio, ou aquecido com leite como nessa receita (veja nas pp. 328-9 onde encontrar os ingredientes).

RENDE CERCA DE 500 G

100 g centeio em flocos

50 g de espelta ou cevadinha em flocos

100 g de gérmen de trigo torrado em flocos

25 g de farelo de trigo

20 g de gergelim

50 g de semente de girassol

10 g de linhaça

60 g de avelã com a pele

60 g de cranberry ou cereja seca

2 colheres (sopa) de uva-passa

2 colheres (sopa) de sementes de papoula (p. 80)

PARA SERVIR

leite

iogurte grego e frutas frescas picadas (ambos opcionais)

Preaqueça o forno a 180°C. Coloque todos os flocos, o farelo de trigo, o gergelim, a semente de girassol e a linhaça em uma assadeira e espalhe tudo. Asse por cerca de 15 minutos, revirando o conteúdo algumas vezes no decorrer do processo. (Também dá para fazer tudo isso em uma frigideira seca, se preferir, leva só alguns minutos; você vai sentir o aroma tostado.)

Pique grosseiramente a avelã e coloque em uma assadeira também. Asse por cerca de 4 minutos. (Mais uma vez, você também pode fazê-lo em uma frigideira seca, e de fato é mais fácil para se certificar de que elas não vão queimar.)

Junte todos os ingredientes para o müsli, que pode ser armazenado em um recipiente hermético por até 2 semanas.

Para cozinhar, coloque 50 g do mix de müsli e 75 ml de leite por pessoa em uma panela. Aqueça até quase ferver, mexa devagar, depois tampe e deixe descansar por 5 minutos, para que os ingredientes amoleçam.

Sirva o müsli com o leite e adicione iogurte e frutas frescas também, se quiser. Eu gosto principalmente de mirtilos com o sabor do centeio.

cogumelo no shoyu com ovo em fitas e gergelim preto

Essa receita foi descaradamente surrupiada do Caravan, um restaurante londrino que ficou conhecido por seu café da manhã. Não tenho a menor ideia de como eles fazem – esse é o meu chute. As tiras de omelete dão um toque japonês. O estranho é que os cogumelos não têm gosto de comida oriental, são apenas profundamente saborosos. Uma porção de umami de estalar os beiços.

1 PORÇÃO

1 colher (sopa) de óleo de amendoim ou girassol

150 g de cogumelo paris ou shiitake fatiado

1½ colher (chá) de shoyu

1½ colher (sopa) de crème fraîche (creme de leite misturado com iogurte integral natural) (p. 22)

pimenta-do-reino moída na hora

1 colher (chá) de manteiga

1 ovo levemente batido

gergelim branco ou preto para servir

Aqueça o óleo em uma frigideira e cozinhe os cogumelos em fogo alto, mexendo com uma colher de pau para ficarem bem corados por inteiro. Assim que estiverem com uma bela cor dourada (cerca de 2 minutos), adicione o shoyu e deixe borbulhar e secar por alguns segundos, depois adicione imediatamente o crème fraîche e a pimenta-do-reino. Mexa e, assim que aquecer – uma questão de segundos –, retire do fogo.

Derreta a manteiga em uma frigideira pequena antiaderente. Tempere o ovo com pimenta-do-reino, adicione à frigideira, incline-a para cobrir todo o fundo e deixe cozinhar como se fosse uma omelete, mas não dobre uma metade sobre a outra: coloque sobre uma tábua e fatie em tiras. Sirva os cogumelos com as fitas de omelete e polvilhe gergelim sobre elas.

inverno

comer no inverno

Essa é a estação que dizemos temer. Pensamos que um céu cinzento significa comida com cor de burro quando foge. Mas isso não é verdade; para provar, basta folhear as páginas que se seguem. Justamente quando mais precisamos delas, as cores explodem no hortifrúti: laranjas vermelhas como sangue, romãs brilhantes como rubis, brócolis com brotinhos lilases e ruibarbo com cor de chiclete cor-de-rosa. E sem esquecer as folhas amargas: também é a hora da couve roxa cor violeta.

O tempo frio nos faz ansiar pelo aquecimento central em casa, e queremos um apoio psicológico também, então nosso apetite se torna mais conservador. Embora seja uma fantasia, nos convencemos de que é necessário comer para sobreviver. Nós nos reforçamos com purê de batata e arroz branco na manteiga, mas não precisamos disso. As leguminosas e os grãos – com especiarias, bem temperados – são altamente gratificantes, melhores para a saúde e para saciar a fome por mais tempo. Você pode ficar com sono após um prato de gratin dauphinois, mas uma tigela de dhal picante ou feijão-branco misturado com uma pasta de alho e aliche vão reconfortar e revigorar. Então, não pense só nas frutas e nos legumes que estão na época, lembre-se de todas essas leguminosas que podem ser cozidas para o seu conforto.

início do inverno

acelga
aipo
aipo-rábano
alho-poró
avelã
batata
beterraba
castanha portuguesa
chicória
cogumelos selvagens
couve
couve-de-bruxelas
couve-flor
nabo
nabo-redondo
nozes
pastinaca
raiz-forte
repolho
rutabaga
tupinambo

abacaxi
clementina
cranberry
maçã
maracujá
marmelo
pera
romã
tangerina

cervo
coelho
faisão
galinha-d'angola
ganso
pato
perdiz
tetraz

bacalhau
badejo do Alasca
cavalinha
hadoque
halibute
linguado
mexilhão
pregado
raia
robalo
salmonete
sargo
solha
tamboril
trilha
vieira
vôngole

meados do inverno

laranja
laranja vermelha
limão
ruibarbo

final do inverno

acelga
brócolis roxo
salmão

carmim & branco

Delicado e muito bonito. Você pode aumentar a quantidade de queijo feta, mas é melhor não inventar muito com esse prato. Trata-se de uma daquelas saladas em que, graças à extrema simplicidade, você saboreia cada ingrediente. O visual fica ainda mais bonito se você arranjar algumas microfolhas, ou consulte a p. 329 para saber onde encontrar as sementes para cultivá-las você mesmo.

6 PORÇÕES COMO ENTRADA

2 grapefruits rosas

150 g de rabanete (de preferência bicolores)

1 pé de couve roxa

1 bulbo pequeno de erva-doce

suco de 1 limão-siciliano

½ colher (chá) de açúcar

4 colheres (sopa) de azeite extravirgem

sal e pimenta-do-reino moída na hora

125 g de queijo feta, idealmente envelhecido em barril, esmigalhado

um punhado de microfolhas vermelhas (se tiver)

folhas rasgadas de 5 raminhos de hortelã

Corte os grapefruits em gomos: retire uma tampa em cima e embaixo de cada fruta para ficarem com uma base. Com uma faca bem afiada, remova a casca e a pele branca de cada grapefruit, trabalhando ao redor da fruta em tiras largas de cima a baixo. Faça isso sobre uma tigela, enfie uma faca de lâmina fina e afiada entre a pele de cada lado de cada gomo, e assim solte-o.

Corte as folhas dos rabanetes (se estiverem bem frescas e vivas, reserve-as para adicionar à salada). Apare e descarte a pontinha feiosa debaixo de cada rabanete, depois lave-os muito bem. Com uma faca ou um fatiador, corte-os em fatias bem finas.

Descarte as folhas desbotadas e machucadas da couve roxa e corte as folhas restantes em fatias no sentido do comprimento. Apare as pontas da erva-doce (reserve eventuais folhinhas para a salada) e corte-as em quatro. Remova a camada de fora mais dura e corte uma fatia pequena da base. Mais uma vez, usando uma faca ou um fatiador, corte a erva-doce em fatias muito finas. Assim que você fizer cada fatia, misture-a com metade do suco de limão (caso contrário, ela vai escurecer).

Para fazer o molho, misture o restante do suco de limão com o açúcar, o azeite extravirgem, sal e pimenta-do-reino. Prove.

Disponha todas as frutas e legumes que você preparou em pratos individuais – ou em uma travessa grande – e adicione o feta, as microfolhas (se tiver algumas) e a hortelã. Regue com o molho e sirva imediatamente.

coma os vegetais (sejam eles verdes, vermelhos, roxos...)

Quando eu era pequena, ganhei o *Livro de árvores da Joaninha*. Ele tinha fotos de todas as espécies principais para eu conseguir reconhecê-las e me lembrar de suas características. Amei o livro, mas me recusei a levá-lo para "observar árvores", argumentando que muita informação estragaria o meu prazer. Sempre senti a mesma coisa em relação à comida. Não quero me sentar em frente a um pacote de nutrientes, mas sim de uma refeição. Sinto uma alegria especial com um ovo quente com antepastos (a receita da p. 30). O aliche salgadinho e derretido, os brócolis adocicados amaciados por uma gema de ovo escorregadia e untuosa... é bocado atrás de bocado de puro prazer. Mas botar o prato sob uma lupa, rotular suas propriedades ou cozinhá-lo só porque é "saudável" seria matá-lo. Portanto, sempre fui reticente em relação ao que as frutas, os legumes e as verduras fazem pela sua saúde. Mas, quando comecei a prestar atenção na minha própria alimentação, descobri que havia um prazer a mais em conhecer as propriedades saudáveis disso ou daquilo, mesmo que seja só para lembrar de forma vaga por que um tomate faz bem. E, como no caso das árvores da Joaninha, posso aprender e, depois, fechar o livro.

Não vou listar as propriedades de tudo que vai do abacate até o zimbro. Se você quiser os detalhes, consulte o livro *What to Eat*, de Joanna Blythman, uma ótima referência sobre as propriedades saudáveis dos alimentos. Frutas, legumes e verduras são os alimentos sobre os quais nutricionistas e médicos mais concordam, encorajando-nos a comer. Por quê? O relatório sobre alimentação e câncer do World Cancer Research Fund (2007) é claro: consuma mais frutas, legumes e verduras – "coma principalmente alimentos de origem vegetal", mais especificamente. Mas deve-se considerar um pequeno detalhe. Os estudos desde meados da década de 1990 indicam que as frutas e os vegetais *podem* ajudar no combate ao câncer. Não há certeza definitiva, ela ainda depende de muito trabalho. De todo modo, já é um bom indicador saber que as frutas e os legumes e verduras podem ajudar a reduzir o risco de doenças cardiovasculares, hipertensão e diabetes, além do câncer. E isso ocorre porque são repletos de fitoquímicos e antioxidantes. Fitoquímicos são substâncias químicas encontradas naturalmente nas plantas cujas propriedades nos protegem de doenças. Os vegetais os produzem para defender a si próprios, mas as pesquisas mostram que os fitoquímicos podem nos proteger também. A ação deles varia conforme a cor e o tipo do alimento, portanto o melhor é comer a maior gama de frutas e vegetais (e de cores) possível.

Os fitoquímicos podem agir da mesma forma que os antioxidantes e até impedir a formação de substâncias carcinogênicas (agentes causadores de câncer). Alguns fitoquímicos conhecidos: o licopeno, encontrado em tomate cozido, que parece reduzir o risco de ataques cardíacos e câncer; e a luteína, presente nas verduras, que protegeria contra doenças cardiovasculares e o câncer de mama.

A vantagem dos antioxidantes é nos defender do impacto prejudicial dos radicais livres (que são subprodutos de processos químicos normais do corpo; podem atacar células saudáveis, danificar o DNA e assim permitir o crescimento de tumores). A ação dos antioxidantes ainda não é totalmente compreendida, mas como eles parecem curar e proteger (em vez de prejudicar), faz sentido consumi-los em boas quantidades. Entre os alimentos ricos em antioxidantes estão mirtilo, cranberry, amora, framboesa, morango, maçã, cereja, ameixa, abacate, laranja, uva vermelha e grapefruit. (E não há nada nessa lista que eu não comeria com prazer.)

O professor Richard Béliveau e o doutor Denis Gingras, pesquisadores do câncer da Universidade de Montreal, escreveram o trabalho mais claro e confiável que encontrei sobre a relação entre nutrição e câncer. Eles relacionam alguns dos principais alimentos benéficos no livro *Food to Fight Cancer* [comidas para combater o câncer], dando nota máxima para as seguintes frutas e os seguintes legumes e verduras: repolho e outras crucíferas, como brócolis; alho e outros da mesma família; frutas vermelhas; tomate; frutas cítricas; verduras de folha verde-escura, como espinafre; e outros vegetais de cor escura, como a beterraba. (E há ainda outros alimentos na lista: derivados de soja, como tofu; cúrcuma; chá verde; peixes gordurosos [como o salmão]; chocolate do tipo meio amargo ou amargo; e vinho. Sim, é isso mesmo que você leu, chocolate e vinho!)

Ver a comida por essa perspectiva pode parecer um pouco distante do prazer de comer. E é fácil se perder quando todo dia se afirma isso ou aquilo quanto a esse ou àquele alimento. Sou cética em relação a "superalimentos" caros. Goji, semente de chia... vamos ver como eles se comportam a longo prazo. De qualquer forma, uma boa saúde é resultado de comer bem e de modo variado, e não de jogar um punhadinho de frutinhas caras na sua granola.

É muito mais fácil apreciar o que determinado alimento tem de bom se você gosta dele ou se aprende como ele é cultivado. Eu não tinha certeza sobre o agrião (seria só mais uma comida da moda?) até visitar uma fazenda em Hampshire. Enquanto conversava com o dr. Steve Rothwell, o cérebro científico por trás de tudo que é cultivado por lá, ele colhia e comia agrião o tempo todo. Nada poderia parecer mais saudável do que aqueles canteiros verde-escuros irrigados com água de nascente, e de fato uma pesquisa realizada na Universidade do Ulster descobriu que uma porção diária de agrião (cerca de 85 g) reduziu o dano ao DNA das células e aumentou a capacidade delas para resistir a outros danos do DNA causados por radicais livres. Eu também descobri que o agrião está no topo da lista de algo chamado Índice de Densidade de Nutrientes Agregados (ANDI), uma lista reunida por um médico norte-americano que dá pontos para frutas, legumes e verduras (de 1 a 1.000) por suas qualidades nutricionais. O agrião tem mais vitamina C que a laranja, mais cálcio que o leite, mais vitamina E que os brócolis e mais folato que a banana. Eu gostava mesmo de agrião, mas, desde a minha visita a Hampshire, passei a consumi-lo todos os dias – e foi fácil incorporá-lo à rotina. Os especialistas com quem conversei dizem que você não precisa comer os vegetais crus (um cozimento leve é melhor para os vegetais crucíferos, por exemplo), mas se você empregar métodos variados – cru, assado e cozido no vapor, por exemplo –, assim como faz quando pensa na gama de cores, vai aproveitá-los ao máximo.

Nós ainda não entendemos completamente a relação entre frutas, legumes e verduras e a saúde, mas parece boa ideia comer coisas que têm alta probabilidade de nos proteger do câncer e de doenças cardiovasculares. E alguns dos principais especialistas nem acham que cinco por dia é suficiente; o conselho deles é comê-los "em abundância". Eu não consumo vegetais só por razões de saúde, assim como não recorro a colheradas de óleo de fígado de bacalhau. Eu os como porque gosto. Muitas vezes, quando faço um prato de vegetais deste livro, penso "carne, quem precisa dela?". Um pedaço de carne é... bem, um pedaço de carne. Há um certo limite para o que você pode fazer com ela. Mas vegetais? Cor, textura, sabor, os diferentes métodos de cozimento que podem ser usados... Eles são uma bênção da natureza. Pense no arco-íris.

abóbora assada, labneh, gremolata de nozes e romã

Um dos meus pratos favoritos. Em vez de abóbora, você pode usar cenoura ou beterraba (ou uma mistura de ambas) e também substituir as folhas de espinafre por agrião, se preferir.

4 PORÇÕES

PARA O LABNEH

300 g de iogurte natural de consistência firme

1 dente de alho amassado

uma boa pitada de sal

PARA A ABÓBORA E A SALADA

1,2 kg de abóbora-cheirosa ou japonesa

4 colheres (sopa) de azeite

½ colher (chá) de canela em pó

½ colher (chá) de pimenta-de-caiena

5 cm de gengibre descascado e bem picado

pimenta-do-reino moída na hora

suco de ½ limão-siciliano pequeno

125 g de folhas de espinafre baby

um maço pequeno de coentro

sementes de ¼ de romã

PARA A GREMOLATA

35 g de nozes

raspas de 1 limão-siciliano (removidas com um ralador)

2 dentes de alho muito bem picados

2 colheres (sopa) de folhas de salsa picada

PARA O MOLHO

2 colheres (chá) de melaço de romã

um toque de mostarda de Dijon

4 colheres (sopa) de azeite extravirgem

uma pitada de açúcar (opcional)

suco de limão-siciliano

Faça o labneh um dia antes, como indicado na p. 104, usando iogurte, alho e sal.

Preaqueça o forno a 190°C. Corte a abóbora ao meio, retire e descarte as sementes e as fibras. Corte em fatias com cerca de 2 cm de espessura na parte mais grossa. Descasque cada fatia, se quiser, ou deixe a casca, se não se importa em tirá-la no prato.

Em uma panela pequena, aqueça o azeite comum, a canela, a pimenta-de-caiena e o gengibre. Coloque as fatias de abóbora em uma assadeira e despeje essa mistura sobre elas, misturando com as mãos para a abóbora ficar bem coberta com o tempero. Tempere com sal e pimenta-do-reino.

Leve ao forno quente e asse por 35 minutos, ou até ficar macia e ligeiramente caramelizada; regue com o caldo de vez em quando. Coloque em um prato de servir e esprema o limão por cima.

Faça a gremolata tostando as nozes no forno por 5 minutos (fique de olho nelas, pois queimam facilmente). Depois, basta picar todos os ingredientes da gremolata juntos.

Tire o labneh drenado do tecido fino ou pano em que foi envolvido e divida-o com delicadeza em pedacinhos pequenos.

Coloque o melaço de romã, a mostarda, o sal e a pimenta em uma vasilha e misture o azeite extravirgem. Prove e adicione o açúcar (se for usar) e o limão; esse molho precisa ser bem ajustado para ter bom equilíbrio agridoce, siga o seu paladar.

Usando cerca de três quartos do molho, misture delicadamente o espinafre, o coentro e a abóbora em uma tigela rasa e ampla.

Distribua as bolinhas de labneh por cima. Espalhe a gremolata e as sementes de romã, regue com o restante do molho e sirva.

bolinho frito de beterraba e de cenoura com molho de endro e iogurte

A beterraba deixa esses bolinhos com uma cor incrível, mas, se você preferir algo de tom mais suave, use nabo ou abóbora. Também são possíveis outras versões: adicione 200 g de feta esmigalhado para fazer bolinhos de estilo grego; ou acrescente à cebola, fritando por alguns minutos, 1 pimenta dedo-de-moça pequena picada e sem sementes, 2 colheres (chá) de cominho em pó, 2 colheres (chá) de gengibre em pó e 1 colher (chá) de coentro em grãos triturado, para fazer bolinhos com tempero indiano (se optar por esta última versão, use folhas de coentro no iogurte).

4 PORÇÕES (8 UNIDADES)

PARA O BOLINHO

- 2½ colheres (sopa) de óleo de amendoim
- 1 cebola pequena bem picada
- 2 dentes de alho amassados
- 150 g de batata
- 200 g de cenoura
- 200 g de beterraba
- 2 ovos ligeiramente batidos
- sal e pimenta-do-reino moída na hora

PARA O MOLHO

- 200 g de iogurte natural de consistência firme
- 2 dentes de alho amassados
- 1 colher (sopa) de azeite extravirgem
- 1 colher (sopa) de folhas de endro picadas, e mais para servir

Aqueça ½ colher (sopa) de óleo de amendoim em uma frigideira grande antiaderente e refogue um pouco a cebola até ficar macia, mas sem dourar. Junte o alho e refogue por mais 2 minutos. Coloque em uma tigela.

Rale grosso todos os outros vegetais, mantendo-os separados. Depois de ralar cada um, coloque-os em um pano de prato e esprema o excesso de umidade (melhor usar um paninho de pia descartável e limpo, pois as beterrabas vão manchar tudo). Acrescente os legumes à cebola com os ovos, tempere bem com sal e pimenta e misture. Faça o molho misturando todos os ingredientes.

Aqueça outra colher (sopa) de óleo de amendoim na frigideira. Despeje uma quantidade suficiente de massa para fazer um lote de bolinhos com cerca de 8,5 cm de diâmetro cada um. Frite em fogo médio, até formar uma crosta de um lado, depois vire cada um com cuidado e frite mais uma vez, até formar uma crosta também. Não doure demais, ou eles vão queimar por fora antes de cozinhar. Depois que a crosta se formar, passe para fogo baixo e frite por 4-5 minutos de cada lado, ou até os legumes ficarem cozidos (você vai saber pelo gosto se estão cozidos por dentro; a batata fica adocicada). Se quiser, mantenha no forno (em fogo baixo) os bolinhos já fritos, enquanto termina os outros, adicionando mais óleo à frigideira, se necessário.

Sirva os bolinhos com o molho de iogurte salpicado por cima com mais endro.

frango japonês com ovo e tigela de arroz (oyaka domburi)

Esse é um prato clássico japonês. Ele tem um nome lindo: "oyaka" significa "pai e filho". Não estou certa se minha interpretação disso – chamando-o de "prato familiar" – está correta, ou se o nome é uma brincadeira com o fato de o prato conter um ovo e uma galinha (quem é o pai e quem é o filho?).

Essa receita exige o dashi (caldo japonês), mas fazer dashi é muito fácil e rápido, não se assuste. Flocos de bonito seco são caros, mas você não precisa de muito. Siga as instruções com cuidado: a temperatura e o momento em que você faz as coisas é importante, ou ele pode ficar ligeiramente amargo, ou com um gosto de peixe muito forte. O dashi pode ser conservado por 3-4 dias na geladeira, mas não congela bem (normalmente isso prejudica o sabor).

Esse prato é tradicionalmente feito com arroz branco, mas o integral dá um sabor mais profundo. Todos os ingredientes japoneses podem ser comprados on-line (veja as pp. 328-9).

4 PORÇÕES

PARA O DASHI

12,5 cm quadrados de alga kombu

25 g de flocos de bonito

PARA O RESTANTE

150 g de arroz integral

4 ovos

400 ml de dashi

2 colheres (sopa) de shoyu

1 colher (chá) de açúcar

1 colher (sopa) de saquê ou xerez seco

175 g de peito de frango sem pele cortado em fatias na diagonal com cerca de 0,5 cm de espessura

90 g de cebola cortada em fatias finíssimas

15 g de raminhos de agrião sem os talos grossos

1 folha de alga nori tostada e esmigalhada (opcional)

Para fazer o dashi, coloque a alga kombu em uma panela com 1 litro de água. Para potencializar o sabor, deixe de molho por 15 minutos, depois leve ao fogo médio. Assim que surgirem bolhinhas na superfície e nas laterais, retire a panela do fogo. Espalhe os flocos de bonito na água e deixe-os afundar. Após 4 minutos, passe o caldo por uma peneira forrada com um filtro de café (se você deixar os flocos de bonito por muito tempo, o caldo adquire um sabor muito forte). Descarte os sólidos.

Cozinhe o arroz em bastante água fervente, até ficar macio (cerca de 25-30 minutos), depois escorra e devolva-o à panela. Cubra para manter aquecido.

Bata um pouco os ovos; os japoneses gostam de ver traços de clara no prato finalizado.

Coloque o dashi medido em uma frigideira funda ou uma panela, junto com o shoyu, o açúcar e o saquê, e aqueça suavemente. Quando surgirem bolhinhas, adicione o frango e a cebola e escalde por cerca de 2 minutos. O frango ficará branco.

Despeje os ovos sobre o frango que escalda e cozinhe por cerca de 1 minuto, ou até notar que o ovo está firme, mas ainda úmido. Você está basicamente fazendo uma omelete, mas em um pouco de líquido em vez de gordura. A omelete deve descolar da lateral da panela. Quebre-a em quatro.

Divida o arroz entre quatro tigelas e coloque a mistura de frango e ovo por cima, servindo colheradas sobre o arroz quente. Enfeite com o agrião e a alga nori (se for usar) e sirva imediatamente.

repolho com cebola crocante, tahine e sumagre

Repolho e couve combinam muito bem, pois o primeiro é mais adocicado, e a segunda, mais forte e amarga. Você também pode adicionar lentilha cozida no último minuto (basta juntar na panela e aquecer ao refogar a couve). Eu sei que parece desnecessário cozinhar duas folhas de modo diferente, mas elas exigem tratamentos diferentes antes de serem misturadas. Se você não quer cebola frita crocante, basta deixá-la de fora.

6 PORÇÕES COMO ACOMPANHAMENTO

PARA O MOLHO DE TAHINE

4 colheres (sopa) de tahine

2 colheres (sopa) de azeite extravirgem, e mais, se necessário

suco de ½ limão-siciliano

2 colheres (sopa) de iogurte natural

2 dentes de alho pequenos ralados

sal e pimenta-do-reino moída na hora

PARA AS VERDURAS

½ repolho verde (ou qualquer outro repolho com folhas macias)

300 g de couve ou escarola (ou uma mistura)

3½ colheres (sopa) de azeite

1 cebola cortada em fatias finas

4 dentes de alho cortados em fatias finas

1 colher (chá) de pimenta-calabresa, ou a gosto (você pode querer um pouco mais)

1 colher (chá) rasa de manteiga sem sal

uma boa espremida de suco de limão-siciliano

½ colher (chá) de sumagre

Para fazer o molho de tahine, bata o tahine (basta usar um garfo) e adicione aos poucos 3½ colheres (sopa) de água, o azeite extravirgem, o suco de limão, o iogurte e o alho. Em alguns momentos, pode parecer que o molho vai talhar, mas continue, ele ficará homogêneo. Prove e tempere com sal e pimenta-do-reino. (Você também pode querer adicionar um pouco mais de água ou azeite extravirgem para diluir a mistura. As várias marcas de tahine têm consistências diferentes, então é preciso alterar a quantidade de água e de temperos.) O molho final deve ter a consistência de um creme de leite espesso.

Retire o miolo duro do repolho. Mantendo-as separadas, rasgue as folhas do repolho e da couve, retirando o talo duro, e corte-as em tiras. Mergulhe a couve em água fervente por 5 minutos, depois escorra bem.

Enquanto isso, aqueça 1½ colher (sopa) de azeite comum e frite a cebola em fogo alto, até ficar dourada e crocante. Reserve.

Aqueça o restante do azeite comum em uma panela com tampa e refogue o repolho por 1 minuto junto com o alho e a pimenta-calabresa. Depois, adicione 1 colher (sopa) de água, sal, pimenta-do-reino e manteiga. Tampe e cozinhe em fogo médio por cerca de 2 minutos, sacudindo a frigideira de vez em quando. Destampe, adicione a couve escorrida, tempere a gosto e refogue por mais alguns minutos, até aquecer tudo. O alho deve ficar dourado. Esprema o suco de limão. Coloque em um prato de servir, regue com o molho de tahine (sirva o restante à parte), cubra com a cebola crocante e polvilhe o sumagre.

sopa de trigo com espinafre e romã

Essa receita é baseada em uma sopa do Azerbaijão, mas eu tomo certas liberdades com o melaço de romã (a versão original é bem agridoce) e cozinho os legumes por muito menos tempo. O resultado consegue ser bem pé no chão e primordial – as leguminosas, a muita verdura – e ainda com uma abundância de notas "altas" (a acidez frutada das romãs, a pureza do endro e da hortelã). Você não precisa fazer o relish pedaçudo de nozes e alho para acompanhar – basta espalhar nozes torradas e picadas e sementes de romã por cima, se preferir.

6 PORÇÕES

PARA A SOPA

- 2 colheres (sopa) de azeite
- 1 cebola grande cortada em fatias finas
- 2 dentes de alho bem picados
- 2½ colheres (chá) de cominho em pó
- ¼ de colher (chá) de canela em pó
- 100 g de ervilha seca
- 100 g de lentilha
- 1 litro de caldo de legumes ou de galinha (ou água), e mais, se necessário
- 50 g de trigo bulgur (para quibe)
- 6 colheres (sopa) de melaço de romã
- sal e pimenta-do-reino moída na hora
- 200 g de folhas de espinafre rasgadas e sem os talos grossos
- 10 g de folhas de endro picadas
- 10 g de folhas de hortelã rasgadas
- 15 g de folhas de salsa picadas grosseiramente

PARA FINALIZAR

- 1 dente de alho picado
- sal marinho
- 25 g de nozes tostadas e picadas grosseiramente
- 2 colheres (sopa) de azeite extravirgem
- 2 colheres (sopa) de folhas de endro e/ou hortelã, ou de salsa, rasgadas
- sementes de ½ romã

Aqueça o azeite em uma panela de fundo grosso e refogue a cebola por cerca de 10 minutos, até ficar macia e um pouco corada. Adicione o alho e refogue por mais alguns minutos, depois junte o cominho e a canela e refogue por mais 1 minuto. Adicione a ervilha, a lentilha e o caldo (ou a água) e leve à fervura. Reduza o fogo, tampe e cozinhe por cerca de 25 minutos.

Adicione o trigo bulgur, o melaço de romã, 300 ml de água, sal e pimenta-do-reino. Volte à fervura, reduza o fogo e cozinhe por mais 15 minutos.

Adicione o espinafre e todas as ervas e aqueça bem. Essa mistura final é tradicionalmente cozida por cerca de 20 minutos, mas a sopa fica com um sabor muito mais fresco – sem mencionar o visual mais verde – se você cozinhar só por alguns minutos agora, o tempo suficiente para o espinafre murchar. (Se você fizer a sopa com antecedência, adicione o espinafre e as ervas ao reaquecê-la.)

Ajuste a consistência se preciso, adicionando mais água ou caldo. Trata-se de uma sopa espessa, mas não um purê. Prove o tempero também.

Para finalizar o prato, coloque o alho e um pouco de sal marinho em um pilão e triture até obter uma pasta. Adicione as nozes e moa até obter uma mistura grossa, depois junte o azeite extravirgem. Coloque colheradas dessa mistura sobre cada tigela de sopa e salpique com as ervas e as sementes de romã.

sopa de cevada e salmão com couve e iogurte

Eu cresci tomando caldo de cevada com vegetais – ele sacia e revigora –, e essa é uma versão escandinava. O peixe dá apenas um gostinho ao prato, não é a atração principal. Se você prefere algo mais substancioso, sirva com creme azedo misturado com endro em vez de iogurte. Se quiser, você pode deixar a batata de fora, aumentando a quantidade de cevada em 75-100 g.

6-8 PORÇÕES

1,7 litro de caldo de peixe ou galinha suave, e mais, se necessário

100 g de cevadinha

1 cenoura grande bem picada

1 alho-poró grande picado

150 g de batata, descascada e cortada em cubinhos

sal e pimenta-do-reino moída na hora

40 g de couve sem os talos mais duros, as folhas rasgadas

200 g de salmão cru ou defumado, sem a pele e cortado em pedaços

150 ml de iogurte

1 colher (sopa) de suco de limão

1 colher (sopa) de folhas de endro picadas

Coloque o caldo, a cevada e a cenoura em uma panela e leve à fervura. Reduza o fogo e cozinhe por 15 minutos. Adicione o alho-poró, a batata, sal e pimenta e cozinhe por mais 30 minutos.

Se o caldo reduziu muito, complete com água. Adicione a couve nos últimos 5 minutos e, nos últimos 2 minutos, acrescente o salmão e cozinhe, mexendo (esse tempo será suficiente para cozinhar o salmão cru ou aquecer o peixe defumado). Você pode adicionar mais caldo ou água, se parecer grosso demais.

Misture o iogurte com o suco de limão e o endro e tempere com sal e pimenta. Sirva cada prato de sopa coberto com uma colherada generosa do iogurte com endro e ofereça o restante em uma tigela, para acompanhar.

menu de inverno joias de clima frio

kafta de lentilha coral | codorna picante com salada de laranja vermelha e tâmara | iogurte com calda de mel e açafrão, compota de amêndoa e damasco

Uma grande refeição – tão bonita que é quase um banquete –, em que a única coisa mais cara é a codorna. A época das laranjas vermelhas utilizadas na salada do prato principal não costuma durar muito tempo, então arranje-as antes que sumam do mercado.

kafta de lentilha coral e cenoura com romã, coentro e tahine

Facílima de fazer, bonita, irresistível. Se não achar a pasta de pimentão turca, de sabor muito vibrante, use a de harissa (há uma receita de pasta de pimentão turca no meu livro *Salgado, doce, defumado*).

6 PORÇÕES (CERCA DE 30 UNIDADES)

35 ml de tahine

suco de 1¾ limão-siciliano

4 dentes de alho amassados

sal e pimenta-do-reino moída na hora

6 colheres (sopa) de azeite extravirgem

90 g de lentilha coral

50 g de trigo bulgur (para quibe)

200 g de cenoura

uma pitada de açúcar

150 ml de suco de cenoura ou água

1 colher (sopa) de azeite

1 cebola roxa bem picada

1 colher (sopa) de cominho em pó

1 colher (chá) de páprica

1 colher (sopa) de pasta de pimentão turca ou harissa

1 colher (sopa) de extrato de tomate

folhas de 2 maços de coentro bem picadas

sementes de 1 romã

25 g de minifolhas de salada

Para fazer o molho de tahine, misture o tahine com 75 ml de água, depois junte o suco de ½ limão, 1 dente de alho amassado, sal, pimenta-do-reino e 2 colheres (sopa) de azeite extravirgem. Prove o tempero. Você precisa de uma consistência adequada, então talvez precise de mais água. Deve ficar como um creme de leite grosso.

Coloque a lentilha em uma panela com 250 ml de água. Leve à fervura, reduza o fogo para ferver de leve, tampe e cozinhe por 20 minutos, até a lentilha ficar completamente macia. Retire do fogo e adicione o trigo bulgur, mexa, tampe e reserve por 20 minutos, para os grãos incharem.

Cozinhe a cenoura com o açúcar, o sal e a pimenta no suco de cenoura ou na água (o suco de cenoura intensifica o sabor). Quando estiver completamente macia, escorra, amasse e misture na lentilha.

Aqueça o azeite comum e refogue a cebola por cerca de 7 minutos, até ficar completamente macia. Acrescente o cominho, a páprica e o alho restante e refogue por mais 2 minutos. Misture a pasta de pimentão e a polpa de tomate e refogue por mais 30 segundos. Junte à mistura de lentilha e cenoura. Adicione o suco de 1 limão, metade do coentro, sal e pimenta e 2 colheres (sopa) de azeite extravirgem. Prove o tempero.

Molde a massa de kafta em bolinhas do tamanho de uma noz e faça uma covinha de um lado. Coloque-as em uma travessa. Encha cada covinha com sementes de romã. Misture o coentro restante e as folhas de salada com o restante do azeite extravirgem e do limão, coloque em uma travessa e regue com o molho de tahine. Sirva com a salada.

codorna picante com salada de laranja vermelha e tâmara

Adocicada, azedinha e suculenta. Se você achar as tâmaras doces demais, reduza a quantidade. Ou equilibre a doçura misturando erva-doce crua e raspada com a laranja vermelha e a tâmara.

6 PORÇÕES

PARA A MARINADA

5 colheres (sopa) de azeite

3 colheres (sopa) de melaço de romã

1½ colher (chá) de cominho em pó

½ colher (chá) de canela em pó

6 colheres (chá) de pasta de harissa

4 dentes de alho amassados

4 colheres (chá) de açúcar mascavo

4 colheres (sopa) de suco de limão

sal e pimenta-do-reino moída na hora

PARA A CODORNA E A SALADA

12 codornas

6 laranjas vermelhas ou comuns

12 tâmaras medjool sem caroço e cortadas em quatro no comprimento

2 pimentas dedo-de-moça vermelhas pequenas, sem sementes e picadas

folhas de 1 maço de coentro (cerca de 20 g)

folhas de 12 raminhos de hortelã

sementes de ½ romã, ou compre um pacote e use 2 colheres (sopa) bem cheias

PARA O MOLHO

2 dentes de alho amassados

6 colheres (sopa) de azeite extravirgem (frutado, e não herbáceo)

6 colheres (sopa) de suco de laranja vermelha ou laranja-pera

4 colheres (sopa) de melaço de romã

2 colheres (chá) de mel líquido

uma gota de água de flor de laranjeira (só um respingo, mesmo)

Para fazer a marinada, basta misturar tudo junto. Coloque as codornas em uma travessa rasa de cerâmica ou vidro e regue com a marinada, virando as aves para que fiquem bem envoltas no tempero. Cubra com filme de PVC e leve à geladeira por algumas horas (durante a noite é ainda melhor, se você tiver tempo).

Na hora de cozinhar, preaqueça o forno a 190°C. Coloque as codornas em uma assadeira pequena e regue com a marinada. Tempere com sal e pimenta-do-reino. Asse por 25 minutos.

Enquanto isso, prepare a salada (ou faça-a logo antes de cozinhar a codorna). Corte uma tampa em cima e embaixo das laranjas, para que fiquem com uma base. Com uma faca bem afiada, retire a casca e a pele branca, trabalhando em torno da fruta, descascando tiras largas de cima a baixo. Sobre uma tigela, deslize uma faca de lâmina bem fina e afiada entre a pele de cada lado de cada gomo, para soltá-lo. Coloque os gomos em uma tigela com a tâmara, a pimenta dedo-de-moça, as ervas, sal e pimenta-do-reino.

Bata todos os ingredientes do molho juntos com um garfo. Regue a salada de laranja com dois terços do molho.

Divida a salada entre seis pratos e espalhe as sementes de romã. Arrume a codorna temperada por cima e regue com o restante do molho. Sirva com trigo bulgur ou cuscuz.

iogurte com calda de mel e açafrão, compota de amêndoa e damasco

Uma sobremesa muito simples com um visual maravilhoso. Se você não gosta de açafrão, dê uma chance ao menos dessa vez – ele é bem sutil na receita e rende uma cor impactante.

6 PORÇÕES

PARA A COMPOTA

225 g de damasco seco

75 ml de suco de maçã

suco de 1 limão-siciliano

1 tira larga de casca de limão-siciliano

1 tira larga de casca de laranja

4 colheres (sopa) de xarope de agave

sementes trituradas de 8 bagas de cardamomo

PARA A CALDA DE MEL

uma boa pitada de pistilos de açafrão

100 ml de mel líquido (o ideal é o mel de flor de laranjeira)

½-¾ colher (sopa) de água de flor de laranjeira, ou a gosto

PARA SERVIR

200 g de iogurte natural de consistência firme

2 colheres (sopa) de amêndoa laminada tostada

Na noite anterior àquela em que você quer comer, coloque todos os ingredientes da compota em uma panela com 275 ml de água e leve à fervura. Reduza imediatamente o fogo para uma fervura branda e cozinhe por 10-15 minutos. É importante ficar de olho, porque alguns damascos secos são mais moles que outros, e não é bom que todos desmanchem (tudo bem se apenas alguns desmancharem). Às vezes leva 10 minutos para eles amolecerem e incharem, às vezes um pouco mais. A ideia é obter uma calda com damascos inchados. Se ela estiver um pouco rala demais (depende de quanto tempo os damascos cozinharam), remova os damascos com uma escumadeira, ferva a calda até engrossar um pouco e depois recoloque a fruta. Deixe esfriar na calda, depois coloque em uma tigela, cubra e reserve durante a noite (remova as tiras de casca antes de servir). Você pode manter os damascos cobertos na geladeira por 1 semana.

É melhor preparar a calda de mel no dia anterior, também, pois o açafrão continua soltando seu sabor nela. Coloque 2 colheres (sopa) de água fervente em 1 xícara (chá) e acrescente o açafrão. Mexa bem para soltar a cor e o sabor do açafrão, depois adicione o mel com a água de flor de laranjeira. Misture, cubra e deixe durante a noite.

Para servir, coloque a calda da compota em pequenas taças ou tigelinhas, cubra com um pouco do iogurte, acomode os damascos e regue com uma colherada do mel com açafrão. Espalhe algumas amêndoas por cima e sirva.

salada de farro com mostarda e legumes de inverno assados

Esse prato tem cores lindas e suaves e é muito fácil de adaptar. Você pode servi-lo como acompanhamento de um prato principal à base de legumes ou carne, ou como prato principal mesmo, acrescentando alguns cogumelos salteados (selvagens, se houver), nozes ou avelãs tostadas, queijo de cabra esmigalhado ou raspas de gouda. A espelta ou o trigo em grão podem ser usados no lugar do farro (veja na p. 224 como cozinhá-los). Aqueles que controlam a ingestão de carboidratos podem desconsiderar a mandioquinha e aumentar a quantidade dos outros legumes.

6 PORÇÕES COMO ACOMPANHAMENTO, 4 COMO PRATO PRINCIPAL

PARA A SALADA

6 cenouras descascadas e cortadas ao meio no sentido do comprimento (ou em quatro se forem muito gordas)

3 mandioquinhas preparadas como as cenouras

300 g de aipo-rábano (ou aipo comum) cortado em meia-lua

½ couve-flor dividida em floretes pequenos (use o talo central para fazer sopa)

3 colheres (sopa) de azeite

sal e pimenta-do-reino moída na hora

150 g de farro

1 colher (sopa) de azeite extravirgem

2 colheres (chá) de vinagre balsâmico branco

¾ de colher (sopa) de sementes variadas: gergelim, girassol e sementes de abóbora vão bem

PARA O MOLHO

1 colher (chá) de mostarda com grãos

1-2 colheres (chá) de mel líquido

5 colheres (chá) de vinagre de maçã

8 colheres (sopa) de azeite extravirgem (frutado, e não herbáceo)

2 dentes de alho amassados

uma pitada de pimenta-calabresa (opcional)

1 colher (sopa) de folhas de salsa bem picadas

Preaqueça o forno a 190°C. Coloque a cenoura, a mandioquinha, o aipo-rábano e a couve-flor em uma assadeira onde caibam em uma única camada: eles devem assar, e não suar. Regue com o azeite comum, tempere com sal e pimenta e revire-os para ficarem bem cobertos com o azeite. Asse por cerca de 40 minutos, ou até ficarem macios e com partes bem douradas.

Enquanto isso, cozinhe o farro. Coloque-o em uma panela e cubra com bastante água fria. Leve à fervura, reduza o fogo e cozinhe por cerca de 20-25 minutos, até ficar macio (mesmo cozido ele ainda se mantém *al dente*). Escorra e tempere imediatamente com o azeite extravirgem, vinagre balsâmico branco, sal e pimenta (isso mantém o grão úmido e o tempera melhor).

Para fazer o molho, coloque a mostarda, o mel e o vinagre em uma xícara ou jarrinha, tempere bem e, usando um garfo, misture o azeite extravirgem em um fluxo constante. Misture todos os outros ingredientes do molho e prove.

Misture delicadamente todos os legumes junto com o farro e o molho, depois acrescente as sementes de que gosta.

experimente essa receita em versão crua... Faça-a com vegetais crus, mas sem a mandioquinha. A couve-flor crua deve ficar em floretes pequenos. Faça fitas de cenoura com um fatiador de legumes, pique o aipo-rábano (ou aipo comum) em palitinhos (esprema o suco de limão imediatamente por tudo, para não escurecer) e, para substituir a mandioquinha, junte a mesma quantidade de beterraba (a cor dela fica linda) em discos finos ou palitinhos. Cozinhe o farro e misture com os legumes e o molho. Você pode adicionar agrião também.

salada de quinoa, lentilha preta, manga e frango defumado com molho korma

Eu adoro o visual desse prato – um leque fantástico de cores vivas. Use frango comum se não gostar de defumado, ou salmão cozido desfiado, ou até mesmo salmão cru fatiado deixado a marinar no suco de 2 limões por 5 minutos.

4 PORÇÕES COMO PRATO PRINCIPAL

250 g de lentilha preta

250 g de quinoa branca

1 manga madura mas ainda firme

35 g de folhas de agrião sem os talos grossos

300 g de frango defumado sem pele e cortado em fatias bonitas

10 g de folhas de hortelã rasgadas

2 colheres (sopa) de azeite

suco de ½ limão

PARA O MOLHO

suco de 1 limão

½ colher (chá) de açúcar, ou a gosto

1 colher (chá) de pasta de curry bem picante

4 colheres (sopa) de óleo de amendoim ou canola

sal e pimenta-do-reino moída na hora

3 colheres (sopa) de creme de leite light

Coloque a lentilha em uma panela e cubra com água. Leve à fervura e cozinhe por 15-30 minutos, ou até a lentilha ficar macia, mas sem desmanchar (o tempo de cozimento depende do tempo da lentilha). Enquanto isso, toste a quinoa em uma frigideira seca por cerca de 2 minutos, depois coloque-a em uma outra panela, adicione água fervente, tampe e cozinhe por 15 minutos.

Descasque a manga e corte as laterais carnudas de cada lado do caroço. Fatie cuidadosamente esses pedaços com a espessura de 3 mm. É muito difícil retirar perfeitamente a polpa da manga mais perto do caroço, então use só as laterais carnudas para esse prato e o restante para outra coisa (ou coma).

Faça o molho. Usando um garfo, bata tudo junto, exceto o creme de leite, depois junte este também. Prove o tempero.

Escorra as lentilhas, passe-as rapidamente em água quente, depois misture-as em uma tigela com a quinoa escorrida, a manga, o agrião, o frango, a hortelã, o azeite, o suco de limão, sal e pimenta (prove e ajuste se você precisar, grãos e lentilhas têm de ser bem temperados). Regue com o molho korma cremoso pouco antes de servir.

uma versão vegetariana... Se você quiser um prato vegetariano, substitua o frango por 1½ abacate e adicione 3 cebolinhas picadas.

um amor de cenoura

Sim, três saladas de cenoura (e algumas outras nas páginas a seguir). Desde a primeira vez que provei uma salade de carottes râpées (raladas ou à juliana misturadas com vinagrete) em uma viagem de intercâmbio à França, acho a cenoura um ingrediente perfeito para saladas. Tem crocância, boa textura, doçura, cor. E sacia mais do que folhas. Salada de cenoura existe em todo o planeta, também, então ela faz você viajar. E o que dizer da saúde? Cenouras são ricas em vitaminas C e E, que ajudam a neutralizar os danos dos radicais livres nas células, e são ótima fonte de betacaroteno (quanto mais forte a cor laranja, mais betacaroteno elas contêm), que se converte em vitamina A. Acredita-se também que ajudam a proteger a visão contra doenças degenerativas (como catarata).

salada marroquina de cenoura

No Marrocos existem saladas feitas com cenoura crua ou cozida (algumas bem doces). As versões de cenoura cozida, embora boas, têm um sabor menos fresco. Eu prefiro apenas escaldar as cenouras – deixam de estar cruas, mas ainda ficam *al dente*, sem amolecer. As ervas são opcionais; às vezes o coentro e a hortelã deixam todo prato marroquino com o mesmo gosto, então adicione ou não as ervas, dependendo do que mais você vai servir.

4 PORÇÕES

450 g de cenoura
2 dentes de alho amassados
2 colheres (sopa) de suco de limão
sal e pimenta-do-reino moída na hora
¼ de colher (chá) de pasta de harissa
½ colher (chá) de açúcar mascavo
uma boa pitada de canela em pó
¼ de colher (chá) de cominho em pó, ou a gosto
¼ de colher (chá) de páprica doce, ou a gosto
2 colheres (sopa) de azeite extravirgem
2 colheres (sopa) de folhas de coentro picadas (opcional)
folhas rasgadas de 4 raminhos de hortelã (opcional)

Limpe e descasque as cenouras e corte-as em rodelas ou bastõezinhos. Coloque tudo em uma panela, cubra com água e adicione o alho. Leve à fervura e cozinhe as cenouras até elas já não estarem mais cruas, mas sem deixar amolecer (devem ficar *al dente*, embora não crocantes). Não consigo dar um tempo exato de cozimento, pois vai depender de como você cortar as cenouras – portanto, verifique a textura no decorrer do processo.

Enquanto isso, misture o suco de limão, o sal, a pimenta-do-reino, a pasta de harissa, o açúcar e as especiarias junto com o azeite extravirgem. Escorra a cenoura logo que ficar no ponto e adicione o molho imediatamente. Prove o tempero. Adicione as ervas (se for usar) e sirva.

salada japonesa de cenoura e nabo daikon

Muito simples. Eu gosto dessa salada com arroz integral cozido e uma salada de agrião – a combinação fica irresistível –, mas você pode usar como acompanhamento para muitos dos pratos orientais deste livro, como a tigela de arroz japonês, o frango japonês com gengibre e alho, o atum grelhado com purê de abacate e wasabi ou a salada de abacate, salmão cru e arroz integral (pp. 43, 63, 291 e 306).

4-6 PORÇÕES

250 ml de vinagre de arroz

3 colheres (sopa) de açúcar

700 g de nabo japonês (daikon)

700 g de cenoura

1½ colher (chá) de sal

Aqueça o vinagre e o açúcar delicadamente em uma panela, mexendo um pouco para o açúcar dissolver. Deixe esfriar completamente.

Limpe e descasque o nabo e a cenoura, mantendo-os separados, e corte-os em palitinhos. Coloque-os em um escorredor de macarrão (ou uma peneira). Misture 1 colher (chá) de sal no nabo e ½ colher (chá) na cenoura, misturando bem com as mãos. Reserve por 10 minutos e depois esprema o excesso de água de ambos. Coloque tudo em uma tigela limpa e junte a mistura de vinagre doce. Mantenha na geladeira e sirva gelado. Dura bem por cerca de 5 dias.

salada de cenoura com especiarias, tâmaras e gergelim

Nunca me canso disso. É ótimo sozinho ou junto com arroz integral, ou homus. Se você não tiver tâmara, experimente uva-passa ou damasco seco, vão muito bem. Adicione outras sementes, como abóbora ou girassol, que dão uma ótima crocância (e fazem bem).

4 PORÇÕES

4 cenouras descascadas

suco de 1 limão (alguns podem estar secos, então você pode precisar de 2 limões)

4 tâmaras medjool sem caroço, fatiadas

2 colheres (sopa) de folhas de coentro ou hortelã picadas grosseiramente

1 colher (sopa) de gergelim preto ou branco tostado

2 colheres (sopa) de óleo de canola ou azeite

1 colher (chá) de sementes de cominho

1 colher (chá) de sementes de mostarda

uma boa pitada de pimenta-calabresa

2 dentes de alho pequenos cortados em fatias finas

50 g de folhas de espinafre baby picadas

Rale grosso a cenoura em uma tigela (ou corte-a em palitinhos, o que leva mais tempo, mas dá uma ótima textura). Adicione o suco de limão, as tâmaras, as ervas e o gergelim.

Aqueça o óleo em uma frigideira pequena e adicione as sementes de cominho e de mostarda. Frite em fogo médio até elas começarem a pipocar, depois junte a pimenta-calabresa e o alho e reduza o fogo. Refogue em fogo brando por cerca de 2 minutos, até o alho dourar um pouco. Misture esse refogado imediatamente ao resto da salada e adicione o espinafre. Prove antes de colocar sal.

salada de cenoura e nabo com molho de amendoim picante

Sempre que sirvo carne junto com essa salada me pergunto por que me dou ao trabalho: ninguém está nem aí para a carne, é a salada que agrada em cheio. A receita é fresca, crocante, picante e irresistível. Como acompanhamento, basta arroz integral ou macarrão soba, ou, ainda, outro prato de legumes, como a berinjela japonesa no missô (p. 188).

6 PORÇÕES COMO ACOMPANHAMENTO

PARA A SALADA

150 g de nabo japonês (daikon)

1 cenoura grande

6-10 rabanetes, dependendo do tamanho

125 g de broto de feijão

10 g de folhas de coentro

25 g de folhas de mizuna ou agrião

1 colher (sopa) de vinagre de arroz

suco de 1 limão

1 colher (chá) de açúcar

PARA O MOLHO DE AMENDOIM APIMENTADO

1½ colher (sopa) de óleo de amendoim

3 echalotas fatiadas

2 dentes de alho bem picados

2 cm de gengibre descascado e muito bem picado

1 pimenta dedo-de-moça vermelha pequena, sem sementes e cortada em tirinhas

4 colheres (sopa) de amendoim moído grosso

2 colheres (chá) de açúcar dourado

suco de 1 limão

½ colher (sopa) de shoyu

2 colheres (sopa) de óleo de gergelim

Descasque o nabo e a cenoura, apare embaixo e em cima e corte em bastões muito finos. Coloque-os na água gelada (o que ajuda a deixá-los crocantes) enquanto faz o resto da salada.

Limpe os rabanetes e fatie-os muito finamente com o auxílio de um fatiador, se tiver um. Ou corte-os em palitinhos. Coloque na água fria também.

Para o molho, aqueça o óleo de amendoim em uma frigideira e adicione as echalotas. Refogue em fogo médio, até dourarem, depois junte o alho, o gengibre e a pimenta dedo-de-moça e refogue por mais 1 minuto. Acrescente o amendoim e o açúcar e mexa por mais alguns minutos. Você deve ver e sentir o cheiro do açúcar caramelizando. Quando isso acontecer, retire a panela do fogo e adicione o suco de limão e o shoyu. Acrescente 1-2 colheres (sopa) de água (a quantidade depende da potência e da consistência do molho) e o óleo de gergelim.

Escorra e seque o nabo, a cenoura e o rabanete e coloque em uma travessa larga e rasa com o broto de feijão, o coentro e a mizuna (ou o agrião). Misture o vinagre de arroz com o suco de limão e o açúcar, mexa até dissolver o açúcar e regue a salada. Coloque o molho de amendoim por cima e sirva imediatamente.

menu de inverno especiarias e defumados

salada de cenoura mandalay | hadoque defumado com lentilha ao perfume indiano | sorbet de laranja vermelha e cardamomo

Às vezes dá vontade de oferecer aos amigos algo grandioso; em outras ocasiões você quer um cardápio que use apenas ingredientes cotidianos, mas de forma inteligente. Se for esse o caso, experimente o menu que se segue. Cenoura, lentilha e peixe defumado são coisas simples e básicas. Um bom jantar para uma noite úmida de inverno.

salada de cenoura mandalay

Uma salada muito útil – fácil de fazer e barata – e bem viciante. Fica deliciosa só com arroz integral (e um dhal ou uma salada de lentilha), ou como recheio de sanduíche, junto com espinafre e frango, ou com algum tipo de purê de feijão substancioso.

4-6 PORÇÕES

- 2 colheres (chá) de farinha de grão-de-bico
- 400 g de cenoura ralada grosseiramente
- suco de 2 limões
- 1 colher (sopa) de molho de peixe (nam pla), ou mais, a gosto
- 1 pimenta dedo-de-moça verde pequena, sem sementes e muito bem picada
- 1 colher (chá) de açúcar
- ½ colher (chá) de sal
- 6 echalotas
- 2 colheres (sopa) de óleo de amendoim
- 1 colher (sopa) de amendoim tostado picado
- 2 colheres (sopa) de folhas de coentro picadas
- 2 colheres (sopa) de folhas de hortelã picadas

Coloque a farinha em uma frigideira pequena seca em fogo médio. Mexa até sentir um cheiro de tostado e notar que o tom dela ficou mais escuro (mas não exagere). Transfira para uma tigela. Coloque as cenouras em outra tigela e adicione o suco de limão e o molho de peixe. Aperte a cenoura com as costas de uma colher de pau, para amassá-la um pouco. Transfira para uma travessa, adicione a farinha de grão-de-bico tostada, a pimenta dedo-de-moça, o açúcar e o sal e misture.

Fatie as echalotas no sentido do comprimento. Aqueça o óleo em uma frigideira em fogo médio-alto. Adicione a echalota e refogue por cerca de 10 minutos, até dourar. Se ela começar a dourar antes disso, abaixe o fogo. Com uma escumadeira, retire da panela e coloque sobre papel-toalha. Separe os pedaços muito amontoados para o excesso de óleo ser bem absorvido e deixe secar por cerca de 10 minutos, até ficar crocante e fria.

Pouco antes de servir, adicione à cenoura o amendoim, a echalota crocante e as ervas.

menu salada de cenoura mandalay | hadoque defumado com lentilha ao perfume indiano | sorbet de laranja vermelha e cardamomo

hadoque defumado com lentilha ao perfume indiano

Essa receita mescla sabores ingleses e indianos e foi inspirada no kedgeree [prato típico britânico, mistura de peixe defumado, arroz, limão, curry, ovos cozidos e salsa fresca]. Leva um pouco de creme de leite – e você pode reduzir a quantidade dele, se houver preocupação com a gordura, ou até aumentar. Se não tiver certeza, leia as pp. 284-5, que talvez ajudem na decisão.

4-6 PORÇÕES

- 2 cebolas grandes
- 15 g de manteiga
- 3 colheres (chá) de curry em pó
- ¼ de colher (chá) de cúrcuma
- ½ colher (chá) de gengibre em pó
- ½ colher (chá) de pimenta-de-caiena
- sementes moídas de 10 bagas de cardamomo
- 125 g de batata descascada (se você se incomoda com a casca) e cortada em pedaços
- 100 g de trigo bulgur (para quibe)
- 1 litro de caldo de galinha bem perfumado (de preferência caseiro)
- sal e pimenta-do-reino moída na hora
- 150 g de lentilha de puy
- 1 folha de louro
- 50 ml de creme de leite
- 500 g de filé hadoque defumado, sem pele, quebrado em pedaços grandes
- 2 colheres (sopa) de folhas de coentro picadas
- 1 colher (sopa) de óleo de amendoim ou girassol
- 1 colher (chá) de açúcar mascavo
- suco de ½ limão, mais alguns gomos para servir

Pique muito bem uma das cebolas e corte a outra em rodelas finas.

Aqueça a manteiga em uma panela e refogue a cebola picada até ficar macia e um pouco corada. Adicione os temperos e cozinhe por mais 2 minutos. Junte a batata, o trigo e o caldo e leve à fervura. Tempere com sal e pimenta. Reduza para fogo médio e mantenha uma fervura leve até as batatas ficarem macias.

Enquanto isso, coloque a lentilha em outra panela e cubra com água. Leve à fervura, adicione o louro, reduza o fogo e cozinhe a lentilha até ficar macia (isso pode levar 15-30 minutos, dependendo da idade da lentilha). Quando estiver pronta, escorra e tempere bem. Adicione a lentilha e o creme de leite ao "caldo" com a batata e o trigo para aquecer bem, depois acrescente o peixe e deixe-o escaldar suavemente por cerca de 2 minutos, até ficar cozido. Junte a maior parte do coentro.

Enquanto o peixe cozinha, frite rapidamente a cebola fatiada no óleo em fogo alto, até dourar. Adicione o açúcar e deixe-o caramelizar, enquanto a cebola escurece. Esprema o suco de limão. Divida o cozido entre pratos aquecidos, disponha as cebolas caramelizadas por cima de cada porção e salpique o coentro restante. Ofereça gomos de limão para acompanhar.

sorbet de laranja vermelha e cardamomo

A cor do sorbet pode variar bastante, dependendo da polpa das laranjas vermelhas; às vezes ela está vermelho-alaranjada, outras, mais rosada. Se você não gosta do cardamomo, deixe-o de fora. Mas ele é o ingrediente que "amarra" a sobremesa aos outros dois pratos do menu.

4-6 PORÇÕES

135 g de açúcar cristal

8 bagas de cardamomo amassadas

raspas da casca de 1 laranja vermelha ou laranja comum

250 ml de suco de laranja vermelha ou comum

suco de ½ limão-siciliano

pistache, para servir (opcional)

Coloque 150 ml de água e o açúcar em uma panela e aqueça, mexendo para dissolver o açúcar. Adicione o cardamomo, as raspas e o suco de laranja e leve à fervura. Tire do fogo e deixe esfriar.

Coe e coloque o líquido em uma máquina de sorvete (ou despeje em um recipiente amplo e raso próprio para congelador) e leve para gelar. Se você escolher este último método, quando começar a firmar em volta das bordas, bata tudo muito bem com um garfo. Faça isso três ou quatro vezes durante o processo de congelamento, para quebrar os cristais de gelo e o sorvete ficar macio. Se você não quer fazê-lo à mão, coloque em um processador de alimentos e bata um pouco, mas eu nunca me dou a esse trabalho, para não ter que lavar tudo depois.

Sirva o sorvete com um pouco de pistache – amassado ou picado – por cima de cada porção (se for usar).

experimente também... **sorbet de laranja e alecrim** Faça exatamente da mesma maneira (use laranja comum ou vermelha) e coloque um raminho de alecrim na calda, em vez do cardamomo. Coe antes de transferir para a máquina de sorvete. Frutas cítricas funcionam muito bem com alecrim. A lavanda – prima do alecrim – também fica boa.

pesto de couve com linguine de trigo integral

Ok, reconheço – essa receita soa como a versão virtuosa da tradicional. Mas não é. De fato eu a prefiro à de pesto de manjericão (que sempre achei um pouco perfumada e forte demais). Se você não é o maior fã de couve, essa pode ser uma maneira de comê-la; tem bom tempero e textura. Também é possível fazer com outros tipos de verdura, da mesma maneira.

Eu acho as massas integrais em geral muito duras. Mal consigo mastigar, elas parecem feitas só para nos castigar. Mas linguine e espaguete são um assunto diferente.

Misture brócolis cozido no vapor (sim, não estou brincando!) para fazer uma dose dupla de verdura.

4 PORÇÕES

450 g de linguine integral

sal marinho

300 g de couve (as folhas devem pesar cerca de 250 g sem os talos duros)

25 g de manteiga

4 colheres (sopa) azeite extravirgem (herbáceo, e não frutado)

10 g de salsa

2 filés de aliche de boa qualidade, escorridos

2 dentes de alho picados

50-75 g de parmesão ou pecorino ralado

uma boa pitada de pimenta--calabresa (opcional)

Coloque o linguine em uma panela grande de água fervente levemente salgada e deixe ferver até ficar cozido, mas ainda *al dente*.

Ao mesmo tempo, faça o pesto. Lave bem a couve e tire os talos duros. Leve uma panela grande de água à fervura, mergulhe as folhas e escalde por 5 minutos. Escorra bem. Coloque a couve cozida em um processador de alimentos junto com a manteiga, o azeite extravirgem, a salsa, o aliche, o alho e 50 g do queijo. Adicione a pimenta (se for usar). Bata usando o botão pulsar. Eu gosto desse pesto quando ele ainda não virou um purê e tem ainda pedaços grandes, por isso não exagero ao pulsar.

Prove, adicionando o restante do queijo, se quiser. Para ser honesta, acho que não precisa de mais nada, o sabor já fica marcante e ótimo. Mas você é quem decide.

Escorra o linguine e devolva-o à panela com um pouco da água de cozimento. Misture o pesto e sirva imediatamente.

mais verdura, por favor... **pesto de agrião** Excelente com linguine de farinha integral e um ovo pochê. E faz muito bem. Coloque 60 g de agrião, 10 g de folhas de salsa (ou manjericão), 30 g de pecorino ralado, 1 dente de alho, 40 g de pinhole tostado (ou castanha-de-caju, mais adocicada), 6 colheres (sopa) de azeite extravirgem, sal e pimenta em um processador de alimentos e pulse a mistura. Rende quatro porções com a massa.

pesto calabrês Até meus filhos, bem exigentes, gostam disso. Aqueça 2 colheres (sopa) de azeite e cozinhe 1 pimentão vermelho bem picado e ½ cebola picada por cerca de 10 minutos, até caramelizar um pouco. Adicione 50 g de berinjela picadinha e deixe cozinhar por mais 10 minutos, depois junte 1 tomate italiano picado, 1 dente de alho picado e uma boa pitada de pimenta-calabresa e cozinhe por mais 5 minutos. Pulse a mistura junto com 60 g de ricota, 40 g de amêndoa, 2 colheres (sopa) de azeite extravirgem, sal, pimenta e 10 g de folhas de manjericão. Rende quatro porções com a massa.

gordura boa, gordura má

A batalha das gorduras – saturada, poli-insaturada, monoinsaturada – é travada há mais de 50 anos. Eu costumava ignorá-la. Não conseguia acompanhar. Não entendia os termos. E amo manteiga. Mas prestar atenção no debate me ensinou muita coisa: você pode estar comendo coisas que a Organização Mundial da Saúde, nada menos que ela, considera tóxicas (sem eufemismos). Então continue a leitura.

A manteiga foi proibida na minha casa – exceto para fazer bolos e doces – em meados dos anos 1970. Mamãe nos colocou à base de margarina com baixo teor de gordura. Parecia uma opção saudável. Os cientistas soaram o alarme sobre as doenças cardiovasculares pela primeira vez na década de 1950. Nos anos 1960 elas eram as grandes assassinas, e continuam sendo, ainda hoje. A gordura saturada – encontrada na manteiga e na carne vermelha – e o colesterol viraram os bodes expiatórios da dieta. Mas a perspectiva sobre o colesterol mudou desde então (uma taxa de colesterol elevada no sangue é um fator de risco para doenças cardiovasculares, mas não existe correlação direta entre o colesterol na dieta e o nível de colesterol no sangue). Além disso, hoje é aceito que as margarinas e produtos afins feitos pelo processo de hidrogenação – meio pelo qual as gorduras poli-insaturadas são solidificadas – fazem muito mal (são "tóxicas", segundo a OMS). O processo cria gorduras trans que entopem as artérias e são uma causa provável das doenças cardiovasculares. Os fabricantes hoje utilizam um processo diferente (chamado interesterificação) para fazer margarinas com baixo teor de gordura, mas a gordura trans continua na área. E você não pode vê-la. Biscoitos, bolos e doces industrializados, alimentos processados e de delivery podem conter gordura trans (que é barata e estende a vida útil do produto). A British Heart Foundation já se manifestou a favor da eliminação da gordura trans e, até que isso aconteça, deve-se permanecer em estado de alerta. Verifique os rótulos (procure por "gordura vegetal hidrogenada", "gordura vegetal parcialmente hidrogenada", "gordura vegetal" e "margarina") e não compre comida em delivery. Esse é o tipo de fonte de gordura sobre o qual não resta dúvida.

Então, o que isso nos diz sobre a gordura saturada? Muita gente não acredita que gordura seja igual a doença cardiovascular. Os franceses, argumenta-se, comem carne vermelha e queijo e não têm as altas taxas de doenças cardiovasculares encontradas na Grã-Bretanha ou nos EUA. O júri ainda não chegou a um veredito. Pode existir uma correlação entre gordura saturada e doenças cardíacas e circulatórias, mas não é tão forte como a que se verifica, por exemplo, entre tabaco e câncer de pulmão. Quando passamos a prestar atenção na gordura saturada, a relação era descrita como de causa e efeito. Alguns médicos especializados em obesidade afirmam que a ênfase em reduzir a gordura nos deixou ainda mais acima do peso, pois ao cortar a gordura tendemos a comer mais carboidratos simples ou pobres em fibras. Especialistas também apontam que os alimentos ricos em gordura satisfazem mais, o que nos ajuda a comer menos (algo que as dietas ricas em carboidratos simples, com seus picos de glicose, não fazem).

Nós reduzimos de forma significativa a ingestão de gordura, de modo que hoje 33% da nossa ingestão de calorias vem em forma de gordura, em comparação aos 40% da década de 1960. Mas a doença cardiovascular ainda é um grande problema, e as taxas de obesidade continuam a subir. Há claramente algo de muito errado na nossa maneira de comer, mas seria a gordura o principal vilão?

Antes de você se lambuzar naquela barra de manteiga, considere a pesquisa sobre as dietas ricas em gordura, como a Atkins. Um estudo norte-americano de 2002 descobriu que pessoas cuja dieta contava com 60% de calorias na forma de gordura perderam mais peso e tinham melhor taxa de colesterol que outras pessoas na dieta da American Heart Association, pobre em gordura e relativamente rica em carboidratos. Cinco anos mais tarde, um outro estudo norte-americano descobriu que os seguidores da dieta Atkins tinham "altos níveis de LDL" (o "colesterol ruim"). Os pesquisadores também declararam que a dieta parecia ser "potencialmente prejudicial" para a saúde cardiovascular. Meio confuso, não é? Mas, enfim, parece que ficar de olho nas gorduras saturadas – até sabermos mais sobre elas – é medida sensata. E, claro, não devemos substituir gorduras saturadas por carboidratos simples, ou então estaremos resolvendo um problema e criando outro.

E quanto às gorduras poli-insaturadas, mais frequentes nos óleos de cozinha? Achava-se que elas eram saudáveis, mas os óleos de milho, girassol, cártamo e uva são ricos em ácidos graxos ômega-6 e, considera-se hoje, podem ser prejudiciais se usados em excesso. A boa notícia é que as pesquisas sugerem que o azeite (composto principalmente de gordura monoinsaturada) reduz a pressão arterial e o nível de gorduras ruins no sangue e protege contra doenças do coração. Duas outras gorduras monoinsaturadas – os óleos de canola e abacate – são boas também (óleo de abacate é delicioso, tem um lindo tom verde e um sabor rico e amanteigado). Óleos de nozes, avelã e linhaça prensados a frio também têm qualidades (embora sejam para molhos, e não para cozinhar).

Não confunda os ácidos graxos ômega-6 com os ácidos graxos ômega-3. A pesquisa mostra claramente que os ômega-3, encontrados nos peixes gordurosos, ajudam a prevenir derrames e doenças cardiovasculares e melhoram a função cerebral. Tudo de bom que você já ouviu sobre peixes gordurosos parece ser verdade. Então, pode consumi-los à vontade (embora a ressalva atual inclua "desde que sejam sustentáveis").

Na busca de uma conclusão clara, fui ao site da British Heart Foundation. A postura é inequívoca. "Evite gorduras saturadas sempre que possível." Eles também aconselham a prestar atenção na ingestão de qualquer tipo de gordura, embora muitos especialistas discordem veementemente dessa última parte, aconselhando-nos, em vez disso, a substituir a gordura saturada por gorduras monoinsaturadas (como o azeite).

E quanto a mim? Bem, estou cortando todos os produtos "com baixo teor de gordura" – iogurte desnatado, queijo light –, pois eles geralmente levam também coisas menos saudáveis, em especial açúcar (que é definitivamente ruim; consulte as pp. 24-6), adicionado para substituir a gordura. Estou vigiando o quanto de manteiga e queijo eu como (você sabe quando come quantidades "equilibradas" ou não). A carne vermelha não é um problema, pois não a consumo muito, embora goste. Adoro legumes e grãos, e as considerações ecológicas sobre comer muita carne (o planeta não suporta sua produção) também são importantes para mim. Eu não ingiro muita gordura poli-insaturada – exceto por um pouco de fritura – e uso muita gordura monoinsaturada (azeite, principalmente). É tão maravilhoso quanto manteiga e mais variado, portanto fico feliz disso tudo ser aprovado.

O que parece claro é que os alimentos adulterados – como os óleos hidrogenados – podem ser um desastre. Margarinas podem ser feitas de forma diferente agora, mas, dada a nossa experiência, não tenho muita confiança. Também está claro que cozinhar a própria comida em vez de comprar alimentos com gorduras escondidas é o bom caminho a percorrer. Em algumas manhãs eu talvez coloque manteiga na torrada, e em outro dia pode ser um fio de azeite extravirgem e um purê de abacate. Ambos me soam deliciosos. E, nos dois casos, sei exatamente o que e quanto estou comendo.

Aqui vai uma consideração para terminar. A maior fonte de gorduras no Reino Unido, e em especial de gordura saturada, são produtos processados, como hambúrgueres, salsichas e tortas. Biscoitos e bolos são a segunda maior fonte, seguidos do leite e, por último, da manteiga. Talvez não devesse ser exatamente a manteiga na torrada a grande fonte das nossas angústias...

risoto de alho-poró, espelta e queijo de cabra

Agora virou moda fazer "risoto" com cevadinha, farro e espelta, além do arroz próprio para esse fim. A cevadinha é a mais bem-sucedida, pois fica bem cremosa. O farro também é delicioso (e faz bem), mas os grãos ficam mais firmes e menos cremosos. Use a mesma quantidade de espelta e caldo e você consegue fazer todo tipo de risoto. Outra opção é adicionar couve no final; basta remover os talos grossos, escaldar em água fervente por 5 minutos e escorrer.

4 PORÇÕES COMO PRATO PRINCIPAL

1 litro de caldo de legumes ou de galinha

2 colheres (sopa) de azeite ou óleo de canola

½ cebola bem picada

4 alhos-porós aparados e cortados em rodelas de 2 cm

2 dentes de alho bem picados

300 g de espelta sem farelo ou cevadinha

80 g de queijo de cabra esmigalhado

pimenta-do-reino moída na hora

Coloque o caldo em uma panela, leve à fervura e reduza o fogo para muito baixo.

Aqueça o azeite ou óleo em uma panela grande em fogo médio. Adicione a cebola e o alho-poró e refogue suavemente por cerca de 10 minutos, até ficarem macios. Junte o alho e refogue por mais alguns minutos, depois misture a espelta. Refogue em fogo brando por 1-2 minutos, misturando os grãos na gordura, e depois comece a acrescentar o caldo, meia concha por vez, mexendo sempre e deixando que seja absorvido antes de adicionar mais. Deve demorar cerca de 35 minutos para a espelta ficar macia (mas ainda um pouco *al dente* no miolo de cada grão). Se o caldo acabar antes, adicione um pouco de água fervente.

Misture com cuidado a maior parte do queijo de cabra. Junte a pimenta-do-reino. Prove o tempero (você não deve precisar de sal se usou caldo de galinha, mas talvez precise se usou o de legumes). Sirva imediatamente com o queijo de cabra restante espalhado por cima de cada prato.

uma versão com cevadinha... risoto de abóbora e castanha-portuguesa

Aqueça 2 colheres (sopa) de azeite em uma panela e refogue 800 g de abóbora (peso pré--preparado) picada, em dois lotes, se necessário, até caramelizar em alguns pontos. Reserve. Adicione outra colher (sopa) de óleo e refogue 1 cebola pequena bem picada, 2 dentes de alho picados e 1 talo de aipo picado, até dourar um pouco. Acrescente 300 g de cevadinha e mexa para revestir no caldo de cozimento. Junte 1 litro de caldo quente de galinha ou de legumes, uma concha por vez (não precisa mexer sem parar, só de vez em quando). Em 30 minutos ele deve estar macio e cremoso. Devolva a abóbora à panela depois de 15 minutos e adicione 75 g de castanha portuguesa cozida e dividida ao meio 5 minutos antes do fim. Tempere com sal e pimenta-do-reino. Junte 1 colher (sopa) de folhas de salsa ou sálvia picadas, verifique o tempero e sirva com parmesão ralado. Rende quatro porções.

centeio em grão com frutas e gorgonzola

Há uma mistura de quente e frio nessa receita, mas ela funciona mesmo assim e é muito adaptável; você pode refogar a pera fatiada, se preferir (nesse caso, use 2 peras e corte-as em fatias com cerca de 0,75 cm de espessura).

Se você quer que a receita acompanhe outros pratos, deixe as peras de fora e sirva em uma tigela grande, ou disponha a salada de forma mais cuidadosa, em pratos individuais. Você pode usar couve roxa crua em vez de repolho roxo morno, e trigo em grão ou arroz integral em vez de centeio, se preferir.

O conjunto todo tem um sabor maravilhoso de castanhas. O importante é temperar bem.

6-8 PORÇÕES (DEPENDE SE FOR UMA ENTRADA OU UMA SALADA PARA ACOMPANHAR)

PARA A SALADA

200 g de centeio em grão

sal e pimenta-do-reino moída na hora

suco de 1 limão-siciliano, e mais para o molho

40 g de cranberry seco

1 pera bem gorda e bem madura

½ colher (sopa) de azeite

125 g de repolho roxo cortado em tiras com cerca de 2 cm de espessura

50 g de agrião sem os talos grossos

125 g de gorgonzola esmigalhado

40 g de noz-pecã tostada e picada

½ colher (sopa) de semente de girassol

½ colher (sopa) de semente de papoula (p. 80)

PARA O MOLHO

1 colher (sopa) de vinagre balsâmico

1¼ colher (chá) de mostarda de Dijon

1¼ colher (chá) de maple syrup ou mel

4 colheres (sopa) de óleo de nozes ou avelã

1¼ colher (sopa) de azeite extravirgem (frutado, e não herbáceo)

Deixe o centeio de molho na água durante a noite, depois enxágue bem. Coloque em uma panela com bastante água para cobrir e leve à fervura. Reduza o fogo um pouco e cozinhe por cerca de 50-60 minutos, até ficar macio. No decorrer do processo, certifique-se de que há água suficiente na panela e junte mais, fervente, se preciso. Escorra, tempere o centeio com sal e pimenta e adicione o suco de ½ limão. Coloque o cranberry seco em uma tigelinha, cubra com água fervente e deixe de molho por 15 minutos, depois escorra.

Enquanto isso, corte a pera ao meio, retire o miolo e fatie fino. Esprema o suco de ½ limão-siciliano por cima, para que a fruta não escureça.

Para fazer o molho, misture o vinagre, a mostarda, o maple syrup, sal e pimenta e depois bata com um garfo, acrescentando o óleo e o azeite. Adicione suco de limão a gosto.

Aqueça o azeite comum e refogue o repolho roxo em fogo médio por cerca de 3 minutos, até ele murchar. Tempere. Coloque o centeio em uma travessa rasa e ampla (ou divida-o entre os pratos) e adicione o restante dos ingredientes (exceto a semente de papoula). Misture delicadamente os vários ingredientes (tente não esmagar o queijo) junto com o molho. Verifique o tempero novamente – grãos precisam ser bem temperados – e polvilhe a semente de papoula. Sirva ainda morno.

couve roxa e cebola roxa sobre creme de feijão-branco

É realmente incrível o que você pode fazer com um pouco de feijão cozido. Aqui ele vira uma iguaria bem elegante (e, se você escolher um recipiente adequado para servi-lo, fica parecendo uma pintura). Folhas amargas, cebola adocicada, feijão substancioso, os diferentes componentes funcionam muito bem juntos.

Coma como prato principal, com legumes variados. Pratos italianos são os melhores para acompanhar: experimente salada de lentilha beluga com uva assada e couve roxa, mas use agrião em vez de couve roxa como folha, ou abóbora e tupinambo assado com agresto (consulte as pp. 172 e 178). Também fica bom com um peixe bem carnudo.

6 PORÇÕES

PARA O CREME DE FEIJÃO

2 colheres (sopa) de azeite

½ cebola picada

1 dente de alho amassado

2 latas de 400 g de feijão-branco lavado e escorrido, ou 500 g de feijão-branco cozido e escorrido

150 ml de caldo de galinha ou água

sal e pimenta-do-reino moída na hora

4 colheres (sopa) de azeite extravirgem, e mais para servir

uma boa espremida de limão

PARA O RESTANTE

2 pés grandes de couve roxa

2 cebolas roxas

3 colheres (sopa) de azeite

4 colheres (sopa) de vinagre balsâmico

Para fazer o creme de feijão, aqueça o azeite comum em uma panela normal e refogue a cebola até que fique macia, mas sem dourar. Adicione o alho, o feijão cozido, o caldo (ou a água), sal e pimenta-do-reino. Cozinhe em fogo médio por cerca de 4 minutos.

Bata o feijão e seu líquido de cozimento em um liquidificador ou processador de alimentos junto com o azeite extravirgem e o suco de limão. Prove e ajuste o tempero. Você pode reservar o creme para reaquecer depois ou servi-lo à temperatura ambiente.

Corte cada radicchio ao meio, depois divida cada metade em quatro partes. Retire a base e um pouco do miolo branco de cada porção, sem deixar os pedaços desmoronarem. Parta as cebolas ao meio e apare a base de cada uma delas. Corte cada metade em fatias no sentido do comprimento, em forma de meia-lua, com cerca de 2 cm de largura na parte mais espessa (ou apenas fatie na horizontal, se preferir).

Misture o azeite comum, o vinagre balsâmico, o sal e a pimenta-do-reino em um prato e junte a cebola e a couve roxa. Revire-os com delicadeza para cobri-los bem e reserve por cerca de 10 minutos.

Aqueça uma chapa com grelha até ficar bem quente e frite a cebola rapidamente, até ficar bem corada dos dois lados. Abaixe bem o fogo e deixe a cebola cozinhar até ficar macia, virando com frequência.

Enquanto isso, espalhe o creme de feijão sobre uma travessa; reaqueça-o suavemente primeiro, se quiser.

Aumente o fogo da chapa e adicione a couve roxa. Deixe-a corar dos dois lados – isso é muito rápido – e murchar. Coloque a couve roxa e a cebola por cima do creme de feijão. Tempere com sal e pimenta, regue com um pouco de azeite extravirgem e sirva.

cenoura uzbeque

É só cenoura, mas de um jeito como você nunca viu. Honestamente, dá para comer só com arroz ou cuscuz – e ser bem feliz. Junte uma colherada de iogurte também. Se quiser um outro prato de legumes para acompanhar, certifique-se de que contraste com esse, que é adocicado.

6 PORÇÕES

1 colher (sopa) de óleo de canola ou amendoim

1 cebola cortada em fatias finas

2 tomates pelados e cortados em fatias finas no comprimento

4 dentes de alho bem picados

2 pimentas dedo-de-moça verdes pequenas, sem sementes e picadas

¼ de colher (chá) de canela em pó

½ colher (chá) de cominho em pó

600 g de cenoura cortada em bastões

75 g de groselha-vermelha ou uva-passa branca

1 colher (sopa) de cranberry seco

¼ de colher (chá) de pistilos de açafrão

350 ml de caldo de legumes, galinha ou água, e mais, se necessário

1 colher (sopa) de polpa de tomate

2 colheres (chá) de mel líquido, ou a gosto

sal e pimenta-do-reino moída na hora

1 colher (sopa) de pistache sem sal e sem casca, picado grosseiramente

2 colheres (sopa) de folhas de coentro ou hortelã picadas

Aqueça o óleo em uma panela grande e frite a cebola em fogo médio, até dourar. Adicione os tomates e refogue por cerca de 3 minutos, até começarem a amolecer. Junte o alho e a pimenta dedo-de-moça e refogue por mais 1 minuto; junte a canela e o cominho e refogue por mais 1 minuto. Acrescente todos os outros ingredientes, exceto o pistache e as ervas, e leve à fervura.

Reduza o fogo e cozinhe a cenoura por cerca de 25 minutos, até ficar bem macia. A mistura deve permanecer úmida, mas sem muito caldo. Se ficar muito aguada, aumente o fogo e ferva um pouco o líquido, para reduzir. Se, por outro lado, estiver muito seca, adicione um pouco mais de caldo ou água.

Prove para verificar o tempero e o equilíbrio – deve estar doce e salgado. Junte o pistache e as ervas e sirva.

atum grelhado com purê de abacate e wasabi

Fica pronto em minutos, sustenta, tem sabor marcante... tudo o que você poderia querer.

4 PORÇÕES

PARA O ATUM

2 colheres (sopa) de azeite

3 dentes de alho amassados

4 colheres (sopa) de shoyu

pimenta-do-reino moída na hora

4 filés de atum de 175 g

gengibre em conserva, para servir

PARA O PURÊ

1 abacate médio bem maduro

1 colher (chá) de pasta de wasabi, ou a gosto

suco de 1 limão, ou a gosto

sal

Misture o azeite, o alho, o shoyu e a pimenta-do-reino. Coloque os filés de atum em um prato e regue-os com a marinada, virando-os para cobri-los. Deixe descansar por 30 minutos.

Para fazer o purê, corte o abacate ao meio, descarte o caroço e retire a polpa com uma colher. Amasse junto com o suco de limão e o wasabi, adicionando sal a gosto. Acrescente wasabi, sal ou limão, o que achar necessário.

Aqueça uma chapa com grelha até ficar bem quente. Retire o atum da marinada e sacuda suavemente o excesso. Grelhe os filés por cerca de 1 minuto de cada lado (assim eles ficam bem úmidos por dentro, e praticamente crus no meio).

Sirva o atum acompanhado do purê de abacate e gengibre. Se quiser, ofereça arroz integral também.

experimente isso com... **alho-poró com mostarda de missô** Retire as folhas duras de 6 alhos-porós e descarte-as. Corte a base de cada alho-poró e apare as folhas verde-escuras do topo. Corte o alho-poró em pedaços de 4 cm. Lave muito bem, verificando se não sobrou nada de areia ou terra entre as camadas. Cozinhe no vapor por 4-6 minutos. Eles devem ficar completamente macios no meio; teste com a ponta de uma faca. Transfira para uma toalha limpa e seque-os delicadamente. Com um garfo, bata ½ colher (sopa) de mostarda de Dijon, 1½ colher (sopa) de missô escuro, 2 colheres (sopa) de missô branco, 1 colher (sopa) de mel líquido e 1½ colher (sopa) de vinagre de arroz. Misture delicadamente essa pasta com o alho-poró e polvilhe com gergelim. Rende quatro porções.

feijão-rajado e couve com molho de aliche e alecrim

Se estiver com pressa, você pode fazer essa receita com feijão enlatado, lavado e escorrido, e ainda assim ela ficará boa. Mas o feijão cozido em casa tem uma untuosidade e uma profundidade de sabor que o enlatado não tem. No verão, feijão borlotti fresco também é maravilhoso (nesse caso, use o dobro do peso, 400 g). Basta tirar os grãos frescos das vagens e cozinhar em água fervente por 30-40 minutos, ou até ficarem macios, e substituir a couve por 500 g de espinafre, adicionando as folhas ao prato no final do tempo de cozimento, só o suficiente para murcharem.

Esse é um prato bem "carnudo", embora não tenha carne. Fica delicioso com farro (veja na p. 223 como cozinhá-lo). Se você está no espírito de comer carne, também combina muito bem com cordeiro assado (e nada mal com frango assado). O molho de aliche é definitivamente uma receita a se guardar. Fica excelente com peixes bem carnudos, como o tamboril.

4 PORÇÕES COMO PRATO PRINCIPAL, 6 COMO ACOMPANHAMENTO

PARA O FEIJÃO E A COUVE

- 200 g de feijão-rajado deixado de molho durante a noite e escorrido
- ½ cabeça de alho (cortada ao meio na horizontal), mais 2 dentes de alho cortados em fatias finas
- alguns talos de salsa
- 1 pimenta vermelha seca esmigalhada
- 1 cenoura picada
- 1 folha de louro
- 3 talos de aipo
- 8 colheres (sopa) de azeite extravirgem
- suco de 1 limão-siciliano
- sal e pimenta-do-reino moída na hora
- 500 g de couve
- ¼ de colher (chá) de pimenta-calabresa

PARA O MOLHO

- 1 colher (chá) de folhas de alecrim
- 6 filés de aliche escorridos do óleo
- suco de ¼ de limão-siciliano, ou a gosto
- 2½ colheres (sopa) de azeite extravirgem

Coloque o feijão em uma panela de fundo grosso com água até cobrir, junte a ½ cabeça de alho, os talos de salsa, a pimenta vermelha, a cenoura, o louro, 2 dos talos de aipo (cada um deles partido ao meio) e 4 colheres (sopa) do azeite extravirgem. Leve fervura, reduza o fogo para o mais baixo possível, tampe e cozinhe por 1 hora, ou até os grãos ficarem macios, mas sem desmanchar. Escorra o feijão e remova o alho, os talos de salsa, a cenoura, o louro e o aipo. Volte o feijão à panela com mais 2 colheres (sopa) do azeite extravirgem e o suco de ½ limão, sal e pimenta-do-reino.

Para fazer o molho, amasse o alecrim num pilão, depois acrescente o aliche e esmague até obter uma pasta. Junte aos poucos o suco de limão e, em seguida, o azeite extravirgem, um pouco de cada vez, moendo no decorrer do processo. Você não está fazendo maionese, então não espere que isso emulsione. O molho terá uma textura irregular, mas a moagem tornará os ingredientes mais homogêneos. Adicione a pimenta-do-reino e reserve.

Retire os talos duros da couve (descarte-os), depois mergulhe as folhas em uma panela com água fervente. Cozinhe por 5 minutos, depois escorra.

Corte o talo de aipo restante em cubinhos e aqueça as 2 colheres (sopa) de azeite extravirgem que sobraram em uma panela grande (de preferência uma frigideira alta). Refogue o aipo por 1 minuto, ou só até começar a amolecer, ainda estando *al dente*. Adicione o alho fatiado e a pimenta-calabresa e refogue por mais 1 minuto, depois acrescente o feijão e a couve. Aqueça cuidadosamente sem esmagar ou cozinhar demais. Verifique o tempero, adicione um pouco mais de limão e sirva com o molho.

macarrão soba com pimenta dedo-de-moça, brócolis e ovo frito

Feito de farinha de trigo-sarraceno, o macarrão soba japonês é mais saudável que a massa italiana e tem um sabor que lembra carne. Ele pode ser comido frio, com molho, ou quente (e é muito popular nos caldos no Japão). Eu também o sirvo em pratos japoneses que são geralmente acompanhados de arroz integral, como a tigela de arroz japonês (p. 43). A receita a seguir rende um almoço perfeito para uma pessoa e sacia de forma surpreendente.

1 PORÇÃO

70 g de macarrão soba

60 g de brócolis japonês

1 colher (sopa) de óleo de amendoim

1 cm de gengibre descascado e muito bem picado

1 pimenta dedo-de-moça vermelha pequena, sem sementes e cortada em fatias finas

2 dentes de alho cortados em fatias finas

2 colheres (sopa) de shoyu

3 cebolinhas picadas

1 ovo grande

gergelim preto

Coloque o macarrão soba em uma panela com água fervente. Deve levar cerca de 7 minutos para cozinhar (mas siga as instruções da embalagem), e você precisa ter todos os outros ingredientes já preparados.

Apare a base dos brócolis. Cozinhe-os no vapor até amaciarem (2-4 minutos, dependendo da espessura).

Enquanto isso, aqueça metade do azeite em uma frigideira e refogue levemente o gengibre, a pimenta dedo-de-moça e o alho, até este dourar um pouco. Junte o shoyu e depois escorra o macarrão e adicione-o à frigideira. Acrescente os brócolis e as cebolinhas. Em outra frigideira pequena, frite o ovo no óleo restante. Coloque o macarrão e os brócolis em uma tigela e deslize o ovo por cima. Polvilhe com gergelim preto e sirva imediatamente.

ceviche de robalo com abacate e grapefruit

Essa receita pode ser feita com uma anchova bem fresca se você preferir uma opção mais barata que o robalo. Fica maravilhosa – tem um sabor refrescante, levemente adocicado devido ao grapefruit, e picante – tanto que eu às vezes como o ceviche puro, sem mais nada.

4 PORÇÕES COMO ENTRADA OU PRATO PRINCIPAL LEVE

PARA O CEVICHE

400 g de filé de robalo bem fresco

½ cebola roxa pequena cortada em fatias muito finas

1 pimenta dedo-de-moça vermelha pequena, cortada em fatias muito finas

1 dente de alho cortado em fatias muito finas

suco de 2 limões

sal e pimenta-do-reino moída na hora

2 grapefruits rosas ou brancos

1 abacate médio maduro

10 g de folhas de coentro picadas

PARA O MOLHO

2½ colheres (sopa) de azeite

3 colheres (sopa) de verjus (p. 178)

Coloque o filé do robalo sobre uma tábua com a pele para baixo e, com uma faca bem afiada, na diagonal, faça fatias bem finas (quase transparentes, como um carpaccio), deixando a pele. Coloque o peixe, a cebola, a pimenta dedo-de-moça e o alho em uma travessa rasa de vidro ou cerâmica. Misture o suco de limão com ¼ de colher (chá) de sal, regue o peixe e revire-o delicadamente para cobri-lo por inteiro. Cubra com filme de PVC e leve à geladeira por 1 hora, virando o peixe mais uma vez na metade desse tempo.

Separe o grapefruit em gomos: corte uma tampa em cima e embaixo de cada fruta, para que fiquem com uma base plana. Com uma faca bem afiada, retire a casca e a pele branca de cada grapefruit, trabalhando ao redor da fruta, em tiras largas de cima a baixo. Trabalhe sobre uma tigela: escorregue uma faca de lâmina fina e afiada entre a pele de cada lado dos gomos para soltá-los.

Para preparar o abacate, parta-o ao meio e retire o caroço. Corte cada metade em fatias e depois descasque cada fatia, com cuidado para não amassar. Polvilhe com sal e pimenta-do-reino.

Quando o peixe estiver "cozido" no limão, coe o líquido. Bata o azeite com o verjus e um pouco de sal para fazer o molho. Disponha o peixe marinado (com a cebola, a pimenta dedo-de--moça e o alho) em pratos, juntamente com o abacate e o grapefruit. Regue com o molho e polvilhe o coentro.

peixe assado à moda de goa com pimenta dedo-de-moça verde e chutney de coco

De vez em quando eu compro um coco fresco e quebro-o na soleira da porta de casa (para vê-lo pular bem no meio dos arbustos de lavanda!), mas hoje é possível adquirir potinhos de coco fresco, o que é uma bênção para receitas como essa. Trata-se de um prato de grande impacto, que faz todo mundo sorrir quando chega à mesa. Tem o cheiro de férias exóticas.

6 PORÇÕES

PARA O CHUTNEY

½ colher (sopa) de óleo de amendoim, e mais para o peixe

½ cebola picada

¾ de colher (chá) de sementes de cominho

¾ de colher (chá) de sementes de mostarda

3 dentes de alho picados

folhas de 1 maço de 100 g de coentro, mais alguns raminhos para servir (opcional)

4 pimentas dedo-de-moça verdes pequenas, sem sementes e picadas

suco de 3 limões

1 colher (chá) de açúcar

2,5 cm de gengibre descascado e ralado

125 g de coco fresco sem a casca escura e picado, mais um pouco de coco em raspas finas para servir (opcional)

sal

PARA O PEIXE

6 pargos sem escamas, limpos e sem as vísceras (com cerca de 300 g cada um)

gomos de limão, para servir

Preaqueça o forno a 180°C.

Para o chutney, aqueça o óleo em uma frigideira e refogue ligeiramente a cebola, até amolecer, mas sem dourar. Transfira para um processador de alimentos. Coloque as sementes de cominho e de mostarda na frigideira e toste-as até ficarem perfumadas. Transfira para o processador de alimentos também, juntamente com todos os outros ingredientes do chutney. Bata usando o botão pulsar, até obter uma pasta dura. Prove o tempero.

Faça dois cortes de cada lado dos peixes. Tempere-os por dentro e por fora com sal. Insira um pouco de chutney nos cortes e dentro de cada peixe também. Coloque os peixes sobre um pedaço de papel-alumínio ou papel-manteiga levemente untado com óleo, em uma assadeira, e pincele a parte de cima de cada um deles com um pouco mais de óleo. Leve ao forno e asse por 20 minutos, ou até a carne perto da espinha ficar branca e não mais translúcida como carne de peixe cru.

Sirva cada convidado com um peixe inteiro, mais chutney e gomos de limão, espalhando lascas de coco e raminhos de coentro (se for usar) sobre os peixes. O arroz integral é uma boa opção para acompanhar, assim como o kachumber (p. 89).

menu de inverno refeição digna de uma pintura

bagna cauda | frango georgiano com molho de nozes e beterraba quente ralada | bolo de laranja e romã

Um cardápio com cores fantásticas – por si só, a bagna cauda já lembra a tela de um velho mestre –, que destrói completamente o mito de que comida de inverno é algo sem cor.

bagna cauda de tempo frio

Essa receita é do chef Brett Barnes, que cozinha em um dos meus restaurantes preferidos, o Ducksoup, no Soho, em Londres. A bagna cauda é um molho piemontês que eu comi na Itália muitas vezes, mas a versão de Brett é, de longe, a melhor que já provei: marcante, substanciosa e complexa. Você não precisa se ater aos legumes que sugiro aqui, experimente com cenouras, raízes e verduras cozidas.

Sim, esse molho é gordo – e com gordura saturada, pois tem manteiga –, mas a gordura saturada pode não ser o bicho-papão que nós pensávamos (leia mais nas pp. 284-5). E ninguém come isso todo dia. Você pode fazer com a metade da manteiga indicada, ou substituí-la por azeite extravirgem (muitas receitas de bagna cauda são feitas só com azeite). Mas essa é fiel à receita de Brett.

6 PORÇÕES

PARA A BAGNA CAUDA

75 g de aliche enlatado da melhor qualidade, peso drenado

1 cabeça de alho, os dentes separados e descascados

250 ml de leite, e mais, se necessário

30 g de pão de fermentação natural sem casca (tipo italiano)

100 g de manteiga sem sal, cortada em cubos

PARA OS VEGETAIS

1 maço de rabanete sem folhas

2 pés de endívia, as folhas separadas

1 cabeça de acelga chinesa, as folhas separadas

18 floretes de brócolis, a base aparada

Pique o aliche. Coloque o rabanete e a endívia em uma travessa.

Cozinhe o alho no leite em fogo muito brando, até ficar completamente macio. Deve levar cerca de 10 minutos. Tenha cuidado para não cozinhar demais. Nesse ponto, o leite deve apenas cobrir o alho.

Retire a panela de alho e leite do fogo e adicione o pão rasgado em pedacinhos bem pequenos, depois o aliche. Volte ao fogo baixo e cozinhe por 2 minutos, mexendo sempre (um daqueles fouets pequenos para bater molho é ideal aqui). Se você achar que a mistura está espessa demais, adicione um pouco de leite – apenas cerca de 2 colheres (sopa). Depois de cozido e batido por alguns minutos, você deve obter uma massa espessa e homogênea. Junte a manteiga, um pouco de cada vez, até obter uma emulsão grosseira mas cremosa.

Enquanto isso, cozinhe levemente a acelga e os brócolis (no vapor ou na água fervente por 2-4 minutos, dependendo do tamanho).

Coloque a acelga e os brócolis no prato com os outros legumes. Sirva com o molho quente.

frango georgiano com molho de nozes e beterraba quente ralada

Esse molho de nozes é baseado em uma receita da Geórgia chamada satsivi. O molho original é mais ralo (diluído com caldo de galinha), mas eu prefiro essa versão, mais espessa. Para acompanhar, trigo bulgur (para quibe), farro ou arroz integral (veja na p. 223 como cozinhá-los) vão bem. Você pode misturar algumas verduras com os grãos – couve ou espinafre –, mas não faça nada muito extravagante, já há sabor suficiente. Podem-se comprar as flores de calêndula secas utilizadas na culinária georgiana em farmácias naturais (consulte mais referências na p. 329).

6 PORÇÕES

PARA A BETERRABA

400 g de beterraba

1½ colher (sopa) de azeite

sal e pimenta-do-reino moída na hora

3 dentes de alho amassados

½ colher (chá) de coentro em grãos triturado

15 g de salsa sem os talos, as folhas picadas grosseiramente

2 colheres (chá) de vinagre de vinho tinto

½ colher (sopa) de azeite extravirgem

PARA O FRANGO

1,8 kg de frango

1 colher (chá) de pimenta-de-caiena

2 colheres (sopa) de azeite

1 limão-siciliano cortado ao meio

PARA O MOLHO

2 colheres (sopa) de azeite

1 cebola muito bem picada

75 g de nozes quebradas

2 dentes de alho amassados

¼ de colher (chá) de canela em pó

½ colher (chá) de coentro em grãos triturado

¼ de colher (chá) de pimenta-de-caiena

¼ de colher (chá) de páprica

uma boa pitada de feno-grego moído

½ colher (chá) de flores de calêndula secas, e mais para servir

½ colher (sopa) de vinagre de vinho tinto

235 ml de caldo de galinha

2 colheres (sopa) de folhas de coentro picadas

Preaqueça o forno a 190°C. Apare as beterrabas em cima e embaixo e coloque-as sobre duas camadas de papel-alumínio. Regue com o azeite comum, tempere com sal e pimenta e feche as folhas em volta delas, fazendo um pacotinho. Coloque em uma assadeira pequena e leve ao forno por 1 hora, ou até ficar macio para a ponta de uma faca afiada.

Tempere o frango por dentro e por fora com sal e pimenta e polvilhe com a pimenta-de-caiena. Coloque em uma assadeira. Regue com o azeite comum, depois esprema as metades de limão sobre a ave. Coloque as metades de limão dentro do frango e asse no forno junto com a beterraba por 1h15.

Enquanto isso, amasse o alho, os grãos de coentro e a salsa para a beterraba, até obter uma pasta.

Faça o molho de nozes enquanto o frango está no forno. Aqueça o azeite comum em uma frigideira e refogue a cebola por cerca de 10 minutos, até ficar macia e um pouco dourada. Adicione as nozes, o alho, as especiarias e a calêndula e refogue por 4 minutos ou mais, mexendo com frequência. Coloque isso em um pilão grande e moa até formar uma pasta grossa (tradicionalmente é moído até ficar homogêneo, mas prefiro com um pouco de textura). Devolva à panela e adicione o vinagre. Cozinhe em fogo médio-baixo e adicione aos poucos o caldo de galinha, um pouco de cada vez, mexendo e deixando a mistura engrossar. Prove o tempero e junte o coentro picado.

Verifique se o frango está cozido perfurando a carne entre uma das sobrecoxas e o peito: o caldo deve sair transparente, sem nenhum traço rosado.

Quando as beterrabas estiverem frias o suficiente para manusear, descasque-as e rale-as em uma tigela, depois adicione a pasta de alho e ervas, o vinagre e o azeite extravirgem. Você pode servir à temperatura ambiente.

Sirva o frango polvilhado com algumas pétalas de calêndula secas e acompanhado do molho de nozes e da beterraba mornos.

bolo de laranja e romã

Incrivelmente fácil. Tem açúcar, eu sei, mas para um bolo não é nada exagerado – e, afinal, se trata de uma sobremesa. Sirva fatias finas junto com iogurte grego. É muito, muito molhadinho (quase um pudim), portanto cuidado ao transferi-lo da fôrma de bolo para um prato.

8 PORÇÕES

PARA O BOLO

50 g de farinha de rosca integral
100 g de amêndoa moída
175 g de açúcar mascavo
2 colheres (chá) de fermento em pó
raspas da casca de 1½ laranja
215 ml de azeite, e mais para untar
4 ovos ligeiramente batidos
sementes de ½ romã

PARA A CALDA

suco de 1 laranja
100 ml de suco de romã (suco integral, e não "bebida à base de suco de romã")
1 colher (sopa) de melaço de romã
2 colheres (sopa) de mel líquido

Em uma tigela, misture a farinha de rosca, as amêndoas, o açúcar e o fermento em pó. Adicione as raspas de laranja, o azeite e os ovos e bata bem até amalgamar tudo.

Despeje a massa em uma fôrma redonda de fundo removível com 20 cm. Coloque no forno frio e ajuste o fogo para 190°C. Asse por 45-50 minutos, ou até o bolo dourar e um palito inserido no meio sair limpo.

Enquanto isso, prepare a calda aquecendo suavemente todos os ingredientes juntos. Mexa um pouco até o mel dissolver, em seguida aumente o fogo e cozinhe por 5 minutos. Você deve obter cerca de 100 ml de calda.

Quando o bolo estiver cozido, fure-o por inteiro com um garfo e despeje a calda devagar sobre a superfície dele; a calda vai penetrar na massa. Deixe o bolo esfriar completamente na fôrma. Ele vai afundar um pouco no meio, mas não se preocupe, isso cria um belo ninho para as sementes de romã. Espalhe as sementes por cima antes de servir.

salada de abacate, salmão cru e arroz integral

Um ótimo prato para um almoço ou jantar de meio de semana. Se você não gosta de peixe cru, pode cozinhá-lo, mas peixe cru tem algo de muito gratificante – e sacia de verdade.

4 PORÇÕES

200 g de arroz integral

3 colheres (sopa) de vinagre de arroz

2,5 cm de gengibre descascado e ralado

8 colheres (sopa) de azeite

1 colher (sopa) de óleo de gergelim

2 colheres (chá) de mel líquido, ou a gosto

sal e pimenta-do-reino moída na hora

1 abacate médio

150 g de rabanete (idealmente bicolor) cortado em fatias muito finas

2 cebolinhas bem picadas, a parte branca incluída

75 g de agrião (use apenas raminhos com talos finos, guarde o resto para uma sopa)

gengibre em conserva

pasta de wasabi (opcional)

shoyu, para servir

PARA O SALMÃO

600 g de filé de salmão de ótima qualidade, sem pele, sem espinhos, cortado em fatias com cerca de 2 mm de espessura

suco de 2 limões

2 colheres (chá) de açúcar

Leve uma panela de água salgada à fervura e cozinhe o arroz até que fique macio (pode demorar até 25 minutos). Enquanto o arroz cozinha, misture o vinagre de arroz com o gengibre, o azeite, o óleo de gergelim, o mel, o sal e a pimenta-do-reino.

Você precisa marinar o salmão enquanto cozinha o arroz. Quanto mais tempo marinar, mais o suco de limão vai "cozinhar" o peixe, então você pode apenas colocar o salmão em uma travessa de cerâmica ou vidro com o suco de limão, açúcar, sal e pimenta, ou pode deixá-lo por 3-4 minutos, a gosto.

Parta o abacate ao meio e retire o caroço. Corte cada metade em fatias, depois descasque cada fatia.

Quando o arroz estiver cozido, escorra e misture com a maior parte do molho (você precisa reservar um pouco para temperar o abacate), o rabanete, a cebolinha e o agrião. Prove, pois o arroz precisa de uma boa mão de tempero. Transfira para os pratos e coloque o salmão e as fatias de abacate ao lado. Coloque algumas fatias de gengibre em conserva sobre o salmão e regue o restante do molho sobre o abacate. Moa um pouco de pimenta-do-reino por cima. Adicione um pouquinho de wasabi a cada prato (se for usar) e ofereça shoyu para cada um se servir como quiser.

cavalinha com tempero marroquino e trigo durum

O trigo durum tem um sabor de castanha, e adoro sua textura – os grãos são bem grandes. Mas é bem suave, por isso precisa de um bom tempero. Ele funciona muito bem com ingredientes que têm sabor marcante, como a cavalinha, e é ótimo com pratos marroquinos (leia mais sobre isso na p. 224).

4 PORÇÕES

PARA O TRIGO DURUM

250 g de trigo durum

2 colheres (sopa) de suco de limão do frasco de limão confit

2 colheres (sopa) de azeite extravirgem

50 g de azeitona verde sem caroço e picada

3 colheres (sopa) de folhas de coentro picadas

2 limões confit (ou 1 limão, se você usar limões caseiros maiores)

PARA O PEIXE

½ colher (sopa) de cominho em pó

2 colheres (chá) de pimenta-de--caiena

½ colher (chá) de pimenta-calabresa

½ colher (chá) de gengibre em pó

2 dentes de alho amassados

4 colheres (sopa) de azeite

4 cavalinhas

sal e pimenta-do-reino moída na hora

suco de ½ limão-siciliano

Um dia antes de comê-lo, coloque o trigo durum de molho em bastante água em uma tigela grande. No dia seguinte, escorra bem.

Coloque o trigo durum demolhado e escorrido em uma panela e cubra com bastante água. Leve à fervura e depois reduza o fogo para ferver de leve. Cozinhe por 50-60 minutos, ou até ficar macio. Os grãos vão inchar e amolecer, mas terão ainda uma certa textura. Fique de olho no nível da água e certifique-se de que o grão está sempre coberto.

Preaqueça o forno a 200°C. Para fazer o peixe, misture o cominho, a pimenta-de-caiena, a pimenta-calabresa, o gengibre e o alho com o azeite comum. Esfregue essa mistura por todo o peixe, por dentro e por fora, e tempere por inteiro com sal e pimenta-do--reino. Coloque em uma assadeira e esprema o limão por cima. Asse em forno quente por 20 minutos.

Escorra o trigo durum e misture imediatamente com o suco do limão confit, o azeite extravirgem, as azeitonas, o coentro, sal e pimenta-do--reino. Parta ao meio os limões confit e retire a polpa (descarte-a). Corte a casca em tirinhas e acrescente ao trigo durum também.

Confira o ponto de cozimento do peixe: olhe a parte mais grossa da carne, perto da espinha – ela deve estar branca e nada translúcida como carne crua. Sirva o peixe temperado com o trigo durum.

frango com iogurte e romã

A maioria dos pratos neste livro tem sabores fortes. Não são sutis. Mas esse aqui é diferente – afora o caldinho ácido das romãs por cima, tudo o mais é cremoso e moderado.

4 PORÇÕES

1½ colher (sopa) de azeite

sal e pimenta-do-reino moída na hora

8 sobrecoxas de frango sem pele e com osso

1 cebola grande cortada em fatias finas

1 colher (chá) de cominho em pó

½ colher (chá) de pimenta-de-caiena

¼ de colher (chá) de pimenta--calabresa

6 dentes de alho amassados

400 ml de caldo de galinha

250 g de iogurte natural de consistência firme

1 colher (sopa) de farinha de trigo

sementes de ½ romã

1 colher (sopa) de folhas de coentro bem picadas

Aqueça o azeite em uma panela larga de fundo grosso ou uma frigideira de lateral alta. Tempere o frango e doure-o um pouco dos dois lados. Retire da panela e reserve. Adicione a cebola à gordura do frango e refogue-a até que fique macia e um pouco dourada. Polvilhe o cominho, a pimenta-de-caiena, a pimenta--calabresa e o alho e refogue por mais alguns minutos.

Devolva o frango à panela e adicione o caldo. Leve à fervura e reduza imediatamente o fogo para muito baixo. Tampe e deixe por 20 minutos, depois descubra e mantenha no fogo por mais 15 minutos. O líquido vai reduzir um pouco, e o frango deve ficar bem cozido (quando você furar a peça mais grossa, o caldo deve ser transparente e nada rosado). Se sobrarem mais do que cerca de 200 ml de líquido, retire o frango e deixe ferver para reduzir.

Misture o iogurte com a farinha (isso o estabiliza e o impede de talhar). Adicione uma pequena concha do caldo de cozimento ao iogurte e misture bem. Depois, adicione o iogurte à panela e misture com cuidado. Se você tiver removido o frango para reduzir o caldo, devolva-o agora. Aqueça delicadamente, espalhe as sementes de romã e o coentro e sirva.

cordeiro com ruibarbo curdo e ervilha seca

Esse guisado é na verdade servido como prato principal no Curdistão, com grãos para acompanhar. Eu achei que ele renderia um bom acompanhamento para um cordeiro, mas você pode experimentá-lo como prato principal (na Inglaterra, não há o costume de usar ruibarbo como ingrediente salgado, mas fica bom) Minha receita é baseada em um livro maravilhoso chamado *Silk Road Cooking* [culinária da Rota da Seda], da chef e escritora iraniano-americana Najmieh Batmanglij.

Já que a receita pede filé de cordeiro, você pode fazer o guisado com antecedência e cozinhar o cordeiro no último minuto. O molho também fica muito bom com carne de caça (veja abaixo), embora a escolha seja bem pouco ortodoxa.

6 PORÇÕES

5 colheres (sopa) de azeite
1 cebola cortada em fatias finas
4 dentes de alho bem picados
1 pimenta dedo-de-moça vermelha pequena, sem sementes e bem picada
½ colher (chá) de cúrcuma
100 g de ervilha verde seca
800 ml de caldo de galinha, cordeiro ou legumes
½ colher (chá) de pistilos de açafrão
1 tomate grande picado
suco de 1 limão
2 colheres (sopa) de açúcar cristal, ou a gosto
sal e pimenta-do-reino moída na hora
450 g de ruibarbo cortado em pedaços de 3 cm, ou maçã verde
20 g de folhas de salsa
folhas de 8 raminhos de hortelã
15 g folhas de endro
20 g de folhas de coentro
300 g de filé de cordeiro limpo

Aqueça 2 colheres (sopa) de azeite em uma panela e refogue a cebola por cerca de 5 minutos, até ficar macia. Adicione o alho e a pimenta dedo-de-moça e refogue por mais 2 minutos; em seguida, acrescente a cúrcuma e refogue por mais 1 minuto. Junte a ervilha, o caldo e o açafrão. Leve à fervura, reduza o fogo e cozinhe por cerca de 30 minutos. Preaqueça o forno a 200°C.

Adicione o tomate, o limão, o açúcar, sal e pimenta à mistura de ervilha e mexa. Volte à fervura, reduza o fogo para uma fervura leve e coloque o ruibarbo (ou a maçã). Tampe e cozinhe por 15 minutos. O ruibarbo deve cozinhar mas não desmanchar. Misture-o delicadamente aos outros ingredientes juntamente com todas as ervas, tomando cuidado para não deixá-lo amolecer demais. Tempere e depois prove para ajustar o sal, a pimenta e o equilíbrio agridoce.

Polvilhe o cordeiro com sal e pimenta e aqueça as 3 colheres (sopa) de azeite restantes em uma frigideira. Doure os filés por inteiro, transfira-os para uma assadeira e leve-os ao forno por 10 minutos. Retire os filés, cubra-os e mantenha-os aquecidos, descansando, por 10 minutos.

Corte os filés de cordeiro em fatias grossas. Sirva com o guisado de ruibarbo e ervilha, um pouco de iogurte natural de consistência firme e algum grão (o trigo para quibe vai muito bem aqui). Uma salada de agrião também é bom acompanhamento.

experimente esse guisado com... Carne de vitela. Pincele 6 bifes de uma carne de vitela (com cerca de 175 g cada, cortados da perna ou do lombo) com azeite e tempere com sal e pimenta-do-reino. Aqueça uma frigideira até ficar bem quente, depois sele os bifes dos dois lados, até que adquiram uma bela cor dourada. Abaixe o fogo e frite por cerca de 2 minutos e meio de cada lado, até ficarem malpassados. Corte cada bife em quatro fatias, para revelar a bela coloração rosada no interior, e sirva em pratos quentes com colheradas do guisado para acompanhar. Rende seis porções.

frango vietnamita grelhado com salada de mesa

A salada da mesa vietnamita não é como a que conhecemos, pois os vários ingredientes não são misturados, e sim oferecidos separadamente. Cada comensal deve pegar pedaços de frango e legumes variados, enrolá-los em grandes folhas de alface e mergulhar o pacotinho em um molho quente. Comida do tipo mais maravilhoso para se comer com as mãos. Com bons guardanapos, claro.

4 PORÇÕES

PARA O FRANGO

3 talos de capim-limão, só a parte branca, bem picados

4 dentes de alho picados

sal e pimenta-do-reino moída na hora

1 colher (chá) de açúcar

1 colher (sopa) de molho de peixe (nam pla)

2½ colheres (sopa) de óleo vegetal ou de girassol

4 peitos de frango sem pele

PARA O MOLHO

8 dentes de alho

2 pimentas dedo-de-moça vermelhas pequenas, sem sementes e bem picadas

2 cm de gengibre descascado e ralado

6 colheres (chá) de açúcar

suco de 2 limões

8 colheres (sopa) de molho de peixe (nam pla)

PARA A SALADA

1 manga pequena levemente verde

3 cenouras cortadas em bastõezinhos

½ pepino cortado em bastõezinhos

100 g de broto de feijão

folhas de 1 maço pequeno de hortelã

folhas de 1 maço pequeno de manjericão

125 g de folhas de alface-romana grandes

Primeiro coloque o frango para marinar. Em um pilão ou um processador de alimentos pequeno, moa o capim-limão junto com o alho e um pouco de sal e pimenta. Depois acrescente o açúcar, o molho de peixe e o óleo. Coloque o frango em uma tigela e regue com a marinada, revirando-o para cobrir bem. Cubra e deixe na geladeira por algumas horas ou durante a noite.

Para fazer o molho, use um pilão ou um processador de alimentos pequeno para moer ou bater o alho, a pimenta dedo-de-moça, o gengibre e o açúcar, depois adicione o suco de limão e o molho de peixe. Junte 4-5 colheres (sopa) de água (depende de quão forte você quiser) e misture bem.

Para fazer a salada, descasque a manga e corte as metades de cada lado do caroço. Corte em fatias ou bastões. Retire o resto da manga e faça o mesmo. A fruta deve ficar intacta e não mole ou machucada, portanto guarde partes menos que perfeitas para fazer uma vitamina (ou coma).

Agora, basicamente, basta acomodar toda essa variedade de frutas, legumes e ervas em uma travessa. Você pode misturar os ingredientes (exceto as folhas de alface) ou mantê-los separados e deixar as pessoas escolherem o que desejam adicionar aos seus pratos.

Aqueça uma chapa com grelha até ficar bem quente e tire o frango da marinada. Grelhe cada pedaço dos dois lados, primeiro em fogo médio-alto e depois em fogo baixo, até o frango ficar cozido, virando-o de vez em quando.

Sirva o frango com a salada, o molho e um pouco de arroz integral para acompanhar. Geralmente os comensais escolhem suas frutas, legumes, ervas e frango, enrolam tudo em uma folha de alface e mergulham no molho. Deixe as pessoas à vontade.

carpaccio de filé-mignon com lentilha preta, raiz-forte e iogurte

Delicioso, substancioso, luxuoso, ótimo para receber. Filé-mignon custa caro, eu sei, mas essa receita pede uma quantidade muito pequena por pessoa.

6 PORÇÕES COMO PRATO PRINCIPAL

PARA O PRATO

4 beterrabas médias ou 8 pequenas

1 colher (sopa) de azeite, e mais para as beterrabas

sal e pimenta-do-reino moída na hora

½ cebola roxa bem picada

½ talo de aipo bem picado

1 dente de alho bem picado

250 g de lentilha preta ou comum

5 colheres (sopa) de azeite extravirgem, e mais para servir

1 colher (sopa) de vinagre balsâmico branco

uma boa espremida de suco de limão-siciliano

2 colheres (sopa) de folhas de endro picadas

1 peça de 450 g de filé-mignon maturado

4 cm de raiz-forte fresca, descascada e ralada

PARA O MOLHO DE IOGURTE

125 ml de iogurte desnatado

½ dente de alho amassado

1 colher (sopa) de azeite extravirgem

Para fazer as beterrabas, preaqueça o forno a 220°C. Remova todas as folhas. Se estiverem bonitas e frescas, reserve-as (podem decorar o prato final também). Se estiverem murchas, descarte-as. Lave as beterrabas e coloque-as sobre duas folhas de papel-alumínio em uma assadeira (utilize folhas de tamanho que permita embrulhá-las em um único pacote). Regue com azeite e tempere com sal e pimenta. Puxe o papel-alumínio ao redor das beterrabas, vede as bordas dobrando uma na outra e leve ao forno quente. Asse por cerca de 30 minutos, ou 1h se usar beterrabas médias, depois verifique o ponto com a ponta de uma faca; se não estiverem macias até o meio, devolva ao forno.

Enquanto isso, cozinhe a lentilha. Aqueça 1 colher (sopa) de azeite comum em uma panela e adicione a cebola e o aipo. Refogue até os legumes ficarem macios, mas sem dourar. Junte o alho e refogue por mais 2 minutos, depois acrescente a lentilha e água suficiente para cobrir por cerca de 5 cm. Leve à fervura, reduza o fogo e cozinhe até a lentilha ficar macia (verifique após 15 minutos; o tempo de cozimento depende da idade dela). Escorra e adicione imediatamente o azeite extravirgem, o vinagre balsâmico branco, o suco de limão, o sal, a pimenta-do-reino e o endro.

Se você reservou algumas folhas de beterraba, lave-as bem, depois escalde-as em água fervente salgada por 3 minutos. Retire-as com uma escumadeira para um pano de prato limpo e seque as folhas.

Limpe a carne com papel-toalha e retire qualquer gordura ou pele branca da superfície. Com uma faca bem afiada – eu uso uma de filetar peixe –, corte a carne em fatias muito finas no sentido contrário ao das fibras. Coloque-a entre duas folhas de papel-manteiga umedecidas e bata com um martelo de carne ou rolo de massa (bata vários pedaços de uma vez só).

Misture todos os ingredientes para o molho e tempere a gosto.

Divida as beterrabas assadas em dois ou quatro pedaços cada, dependendo do tamanho, e disponha em pratos junto com a carne, a lentilha e as folhas escaldadas (se for usar). Regue as beterrabas e as folhas com azeite extravirgem. Tempere as folhas com sal e pimenta. Espalhe um pouco da raiz-forte e ofereça o restante em uma tigelinha, servindo o molho de iogurte em outro recipiente.

carne de caça assada com beterraba e raiz-forte

Há uma série de pratos leves, marcantes e de cozimento rápido neste livro, mas no inverno dá vontade de comer guisados apurados e macios. Eles não precisam levar vinho, no entanto, e os vegetais podem desempenhar um papel tão importante quanto o da carne. A carne de caça é deliciosa – magra e de sabor forte – e fica perfeita com grãos integrais, como cevada, trigo para quibe, farro ou espelta para acompanhar (veja as pp. 223-4 para aprender a cozinhá-los). A única exigência é prestar muita atenção e mexer sempre, pois a carne de caça pode ficar seca. Um prato para um dia de inverno daqueles.

6 PORÇÕES

- sal e pimenta-do-reino moída na hora
- 25 g de farinha de trigo
- 1 kg de carne de caça para assar, cortada em cubos (javali, por exemplo)
- 1 colher (sopa) de óleo de amendoim ou girassol, e mais, se necessário
- 2 cebolas picadas grosseiramente
- 10 bagas de zimbro amassadas
- 1 raminho de alecrim
- 500 ml de caldo de carne ou frango, e mais, se necessário
- 1 colher (sopa) de geleia de ameixa ou groselha
- 300 g de beterraba
- 1½ colher (sopa) de folhas de endro picadas
- raiz-forte fresca ralada, para servir

Preaqueça o forno a 150°C. Tempere a farinha com sal e pimenta, depois passe a carne por essa mistura (você só precisa de uma fina camada, então sacuda bem o excesso).

Aqueça o óleo em uma frigideira de cabo refratário de fundo grosso. Doure a carne por inteiro em lotes, removendo cada pedaço assim que dourar. Não encha demais a panela ou a carne vai fazer vapor em vez de dourar. Refogue a cebola na mesma panela (você pode precisar de um pouco mais de óleo), até ficar macia e dourada, depois acrescente o alecrim e o zimbro e devolva a carne à panela. Adicione o caldo e a geleia e tempere.

Corte as beterrabas em fatias com cerca de 1 cm de espessura na parte mais grossa e adicione à panela. Leve à fervura, reduza o fogo para bem baixo, tampe e leve ao forno. Depois de 1h30, destampe e mexa de vez em quando por até 30 minutos mais: o líquido vai reduzir e engrossar e a carne deve ficar bem macia. Se parecer seca, adicione um pouco mais de caldo ou água. Prove o tempero. Polvilhe o endro e a raiz-forte e sirva.

para um toque diferente... Você pode substituir a beterraba por abóbora e usar um pouco de mel em vez de geleia de groselha. Esse prato fica bom com a gremolata de nozes (p. 254) no lugar do endro e da raiz-forte. Ou então substitua a beterraba por cogumelos variados frescos e secos.

lichia no chá de jasmim

Bastante sutil e com perfume delicado. Tenha cuidado para não deixar o chá perfumado demais – não mantenha em infusão por muito tempo – e não adicione muito suco de limão, ou ele vai se sobrepor aos outros sabores.

4 PORÇÕES

2 saquinhos de chá verde com perfume de jasmim

125 g de açúcar cristal

um pouco de suco de limão, a gosto

24 lichias descascadas e sem caroço

Coloque os saquinhos de chá em uma jarra ou bule e adicione 300 ml de água fervente. Deixe por apenas 90 segundos, para que não fique muito forte e perfumado. Retire, descarte os saquinhos e coloque o chá em uma panela com o açúcar. Aqueça o conteúdo da panela, mexendo para ajudar a dissolver o açúcar. Leve à fervura e cozinhe até reduzir em um terço. Junte o limão, mas cuidado – é só para avivar os sabores, e não para sobrepujar a delicadeza do jasmim. Deixe esfriar completamente.

Coloque as lichias em um prato e regue com a calda. Sirva assim, sem acompanhamento. Qualquer outra coisa vai mascarar os sabores.

uma alternativa para todos os meses...

Se não for época de lichia, você pode usar lichia em calda (elas são um bom produto). Faça a calda como acima, mas use chá verde com aroma de rosas. Escorra uma lata de 400 g de lichia em calda, coloque as frutas em uma tigela e acrescente 200 g de framboesa. Despeje a calda por cima. Se você não encontrar chá verde com aroma de rosas, use chá verde e adicione 1 colher (chá) de água de rosas (prove no decorrer do processo, pois as águas de flores variam em intensidade). Framboesa, rosa e lichia ficam sublimes juntas. Você também pode usar água com aroma de gerânio em vez de água de rosas (veja as pp. 328-9 para saber onde encontrar). Rende de quatro a seis porções.

ruibarbo rosa cozido com anis-estrelado

Simples, não muito doce e bom como café da manhã ou sobremesa. O ruibarbo assado é muito mais fácil de fazer que o escaldado (eu sempre deixo o escaldado desmanchar, já o assado fica inteiro e lindo). Se você quiser incrementar a receita, adicione manga madura fatiada, ou manga e lichia, ou grapefruit (veja abaixo) ao ruibarbo cozido; todos deixam esse prato com um visual impressionante.

6 PORÇÕES
500 g de ruibarbo novo
100 g de açúcar dourado
suco de 1 laranja pequena
1 anis-estrelado

Preaqueça o forno a 170°C.

Apare as extremidades dos caules do ruibarbo e corte em pedaços com cerca de 3,5 cm. Coloque em um refratário onde os pedaços caibam em uma única camada. Polvilhe com o açúcar e adicione o suco de laranja. Quebre o anis-estrelado em 3-4 pedaços e adicione ao líquido no prato.

Cubra com um pedaço de papel-alumínio e asse no forno por 20-30 minutos, até o ruibarbo ficar macio, mas sem desmanchar. Ele não deve ficar mole demais. Deixe esfriar.

experimente acrescentar... manga ou grapefruit

Essa receita fica deliciosa – e linda demais – junto com manga ou grapefruit. Adicione o dobro de suco de laranja e mais 25 g de açúcar – assim você terá mais calda –, cozinhe o ruibarbo e deixe esfriar completamente. Depois, adicione 1 manga pequena – é preciso descascá-la, cortar as laterais de cada lado do caroço, depois fatiar na espessura de 3 mm. Misture tudo delicadamente ao ruibarbo, tomando cuidado para não desmanchá-lo. Grapefruit rosa ou vermelho precisa ser dividido em gomos (veja p. 44). Adicione os gomos de duas frutas ao ruibarbo assim que esfriar. As duas versões rendem oito porções ou mais.

compota morna de marmelo e pera com cranberry

Marmelos são extravagantes e doces como mel, então você não precisa de muito para se satisfazer. Eles combinam muito bem com peras – os marmelos chegam a ser doces *demais* puros –, e o cranberry também corta a doçura. Sobras ficam fabulosas com um mingau.

8 PORÇÕES

450 ml de suco de cranberry

135 g de açúcar mascavo

½ pau de canela quebrado

3 cravos

3 marmelos descascados, cortados em quartos e sem caroço

suco de 1 limão-siciliano

2 tiras da casca de 1 laranja (sem a parte branca)

3 peras bem gordas (não muito maduras), descascadas, cortadas em quartos e sem caroço

150 g de cranberry fresco (ou 100 g de cranberry seco reidratado)

Coloque o suco de cranberry, o açúcar, a canela e o cravo em uma panela larga de fundo grosso junto com 150 ml de água e leve à fervura devagar, mexendo um pouco para ajudar a dissolver o açúcar. Assim que ferver, reduza o fogo para o mais baixo possível, junte o marmelo, o suco de limão e as raspas de laranja e cozinhe por 15 minutos. Acrescente as peras e escalde-as suavemente por mais 15 minutos (dependendo de quão maduras elas estão). Vire as frutas de vez em quando para que todos os lados entrem em contato com a calda.

Quando os marmelos e as peras estiverem quase macios, acrescente o cranberry e misture delicadamente. Cozinhe por mais 5-10 minutos. O cranberry deve estourar e colorir a calda, e as frutas devem ficar completamente macias. Você provavelmente não precisará reduzir a calda: os marmelos possuem muita pectina, portanto a calda deve engrossar ao esfriar.

Transfira as frutas e a calda para uma tigela de servir (retire a canela e os cravos). Sirva em temperatura ambiente com iogurte.

romã, laranja e tâmara com calda de água de flor de laranjeira

Fresco, leve, perfumado – sempre tenho vontade de comer esse prato. Não prepare com muita antecedência. Ele fica gostoso um pouquinho gelado, mas é melhor não colocá-lo na geladeira por muito tempo, pois perde o brilho (e as laranjas ficam um pouco moles demais).

4-6 PORÇÕES

suco de 3 limões-sicilianos

150 g de açúcar cristal

1 tira larga de casca de limão, sem a parte branca

1 tira larga de casca de laranja, sem a parte branca

2 colheres (sopa) de água de flor de laranjeira

8 tâmaras sem caroço

5 laranjas

120 g de sementes de romã

Aqueça 325 ml de água, o suco de limão e o açúcar juntamente com as cascas, mexendo de vez em quando para ajudar a dissolver o açúcar. Leve à fervura, reduza o fogo e cozinhe por 10-12 minutos, até o líquido engrossar um pouco. Mais tarde você vai adicionar laranja e suco, o que vai deixá-lo mais fino novamente. Deixe esfriar, depois coe para remover as cascas e adicione a água de flor de laranjeira.

Parta as tâmaras ao meio, depois corte cada metade em três fatias.

Corte uma tampa em cima e embaixo das laranjas para ficarem com uma base. Com uma faca bem afiada, retire a casca e a pele branca de cada uma, trabalhando ao redor da fruta em tiras largas de cima a baixo. Você pode cortar as laranjas em fatias ou separar em gomos – de qualquer forma, apanhe o suco que escorrer e adicione à calda.

Coloque as laranjas em uma tigela rasa, formando camadas com as sementes de romã e as tâmaras. Regue com a calda. Leve à geladeira, isso fica delicioso e refrescante servido gelado. Ofereça iogurte natural de consistência firme – levemente adocicado, se quiser – para acompanhar.

o bom pão

Hoje em dia é muito mais fácil achar um bom pão artesanal, mas cuidado com coisas pretensamente saudáveis. A palavra "integral" é aberta a interpretações da mesma forma que o termo "natural". E pensar que todos os pães pretos são iguais – e igualmente saudáveis – é a mesma coisa que pensar que um Fusca é tão bom quanto um Rolls-Royce, uma vez que os dois são carros.

Padarias artesanais surgem por toda parte e é lá que você vai encontrar um bom pão. (E quero dizer padarias artesanais *de verdade*, e não padarias pequenas "incrementadas" que fazem pães com uma aparência melhor mas usam o mesmo coquetel das industriais, com aditivos artificiais, melhoradores e processamentos não declarados.) Padarias artesanais *de verdade* empregam métodos mais lentos para fazer o pão, geralmente usam menos farinhas industriais (e mais saudáveis), pequenas quantidades de fermento e ampla gama de grãos. Têm a capacidade de transformar farinha, água, sal e fermento em pequenas obras de arte e lidar com as variações naturais em seus produtos. Nem sempre dispõem de lojas próprias, mas você pode encontrar seus pães em feiras e delicatessens. No Reino Unido, a The Real Bread Campaign (www.realbreadcampaign.org), uma instituição de caridade que promove o pão como se deve (ao contrário do pão industrial, que no Reino Unido segue um processo conhecido como Chorleywood Bread Process), indica aos consumidores onde encontrar bons pães.

Sei que isso soa um pouco preciosista e que esse tipo de pão não é barato. Mas por que seria melhor, em vez de apoiar empresas pequenas que se preocupam com seus produtos, simplesmente não se preocupar com o que você come? E basta comparar as duas experiências. Coma um pedaço de pão integral fatiado que você comprou em um supermercado e, em seguida, prove um pão artesanal bem-feito. O pão do supermercado não é tão gostoso, na verdade tem muito pouco sabor. O da padaria artesanal revela sabor muito melhor – complexo e profundo –, e aqui vai a melhor parte (sobretudo se você está controlando o peso): o pão artesanal nos garante mais saciedade, de modo que não precisamos de outra fatia, e depois mais outra. Posso comer três fatias de pão de supermercado em seguida (tenho certeza de que não sou a única que, em momentos de estresse, pode viver à base de torrada), mas e do pão bom? Uma fatia. Não só tenho mais prazer, como também fico muito mais satisfeita. O pão artesanal é mais substancioso e denso. E os pães de fermentação natural, que parecem caros quando você compra, duram dias (você precisa tostá-lo no terceiro dia, mas isso só realça seu sabor marcante).

Tudo bem comer pão se você está controlando o peso? Todos os pães brancos e alguns pães integrais têm índices glicêmicos (IG) altos: geram picos de glicose e insulina no sangue (leia mais sobre isso nas pp. 24-5). Eu não proibi a baguete aqui em casa, mas como só de vez em quando. Pães de fermentação natural de fato, o pumpernickel de centeio integral e alguns outros de centeio apresentam IG mais baixo por causa da fermentação longa, então eu os prefiro aos comuns. E essa preferência não se deve só ao fato de que é melhor comer carboidratos complexos – é principalmente porque eles têm um sabor incrível e rico que faz você experimentar o pão como um alimento, e não como um "enchimento". Eu não compro pão branco fatiado, exceto para fazer sanduíches nostálgicos de tomate (sanduíches de pão de fôrma molenga e encharcados com tomate eram a minha lancheira no tempo de escola). Você também pode fazer o seu próprio pão (há receitas neste livro e, quando você começa, se acostuma). Mas se for comprar, compre um bom. Você vai se sentir melhor, vai comer melhor... e vai comer menos.

pão preto

Esse pão – o clássico russo – é do fabuloso livro *Short and Sweet*, do padeiro australiano Dan Lepard, sobre pães e doces. Eu mudei a receita só um pouquinho. Trata-se de um dos pães mais deliciosos que eu faço, macio e flexível, com um sabor profundo e complexo. Uma só fatia dele parece ser muito mais gratificante do que duas de qualquer outro tipo de pão. Coma-o com peixe cru ou defumado, ou em um café da manhã em estilo escandinavo.

Pão de centeio é fácil de comprar – e é por isso que não dei uma receita no livro –, mas pão preto não. Esse aqui é uma delícia de fazer. A massa tem uma cor de ferrugem linda e um aroma doce inebriante.

RENDE 1 PÃO GRANDE

150 g de farinha de centeio

2½ colheres (chá) de fermento em pó

3 colheres (chá) de açúcar mascavo

2 colheres (sopa) de cacau em pó

2 colheres (sopa) de pó para café instantâneo

75 g de melado

4 colheres (chá) de cominho em grãos, mais 1 colher (chá) para finalizar

50 g de manteiga sem sal

425 g de farinha de trigo branca especial para pães

2 colheres (chá) de sal

150 g de cenoura crua ralada bem fino

óleo de amendoim

1-2 colheres (chá) de gergelim

Coloque 225 ml de água fria em uma panela e leve à fervura. Acrescente 50 g da farinha de centeio batendo com um garfo – vai parecer um mingau – e deixe esfriar até ficar morno (cerca de 15 minutos). Junte o fermento e 1 colher (chá) de açúcar, misture bem, tampe e reserve à temperatura ambiente por 45 minutos. Aqueça mais 100 ml de água e adicione o cacau, o café, o melado, 4 colheres (chá) de cominho em grãos, o resto do açúcar e a manteiga. Mexa até a manteiga derreter. Deixe amornar.

Coloque a farinha branca e o resto da farinha de centeio em uma vasilha com o sal. Faça uma cova no meio e despeje a mistura de fermento dentro dela, seguida do líquido com o melado e a cenoura. Misture até obter uma massa pegajosa. Unte de leve as mãos e um pedaço pequeno da sua superfície de trabalho e coloque a massa ali. Sove-a com as mãos, ou use uma batedeira com um gancho para massa. Se fizer à mão, sove por 10 minutos; na batedeira, por 5 minutos. A massa vai ficar lustrosa, elástica e com uma cor de ferrugem salpicada de cenoura. E um cheiro delicioso. Coloque em uma tigela levemente untada e cubra com um pedaço de filme de PVC untado. Reserve à temperatura ambiente por 1 hora (ela deve aumentar de tamanho em cerca de 50%).

Sove a massa novamente por 30 segundos, depois molde em um pão redondo com a dobra para baixo e coloque em uma assadeira untada com óleo. Cubra com o filme de PVC untado e deixe à temperatura ambiente por cerca de 1 hora. Preaqueça o forno a 220°C.

Retire o filme de PVC – a massa estará bem lisa e fofa – e pincele a superfície com água. Polvilhe o gergelim e os grãos de cominho e corte uma cruz funda por cima com uma faca serrilhada. Asse no forno quente por 20 minutos, depois reduza o fogo para 180°C e asse por mais 20 minutos. Se você deslizar o pão para fora do forno e bater embaixo ele deve soar oco. Deslize para uma grade e deixe esfriar.

Considerações finais

Este livro foi finalizado quando eu comecei uma lista de diretrizes (eu esqueço tudo, então adoro listas). Não era uma "dieta", mas uma maneira de comer que levava em conta o meu conhecimento recém--adquirido. Este é meu diário de auxílio pessoal, mas espero que ele lhe seja útil também.

Por que você se importaria com a maneira como se alimenta uma escritora especializada em comida? Porque é alguém que adora comida, portanto não vai sugerir uma maneira de comer que seja apenas saudável, deixando de lado o agradável. Além disso, cercada por tentações, a escritora conhece bem os perigos enfrentados por aqueles que adoram comida...

Depois de ler este livro, você pode estabelecer as suas próprias linhas. Você sabe melhor do que eu o que é possível na sua vida, sem contar seus pontos fracos. Pode devorar meio quilo de queijo enquanto prepara o jantar, ou pode achar difícil parar só com um copo de vinho. Os pontos a seguir resumem o que eu assumi para mim durante a minha "mudança de apetite".

mantras úteis

Mantras são bons porque você pode chamá-los à mente facilmente. Um dos meus favoritos é do jornalista americano Michael Pollan. É "coma comida de verdade, principalmente plantas, e não demais". A ele, gostaria de acrescentar apenas "saboreie, e atenção aos carboidratos".

Nós ainda não entendemos a relação entre as frutas, os legumes e as verduras e a nossa saúde. Mas essa parece ser a área em que há maior concordância entre os especialistas. Os vegetais são, no máximo, extremamente benéficos e, no mínimo, benignos. Concentrarmo-nos neles parece boa ideia, e quanto mais variedade, melhor (embora os legumes crucíferos e as verduras pareçam oferecer os maiores benefícios). Assim, o meu segundo mantra é: "Coma alimentos verdes, vermelhos e rosa".

Uma das coisas mais chocantes que eu descobri foi como o açúcar – mesmo onde ele ocorre naturalmente – é um dos principais contribuintes para o problema crescente da obesidade. O americano Robert Lustig, especialista em obesidade, acredita que suco de frutas faz tão mal quanto refrigerante (como alguém capaz de beber metade de uma caixa de suco de grapefruit de uma vez só, fico feliz por ele ter me avisado). Comer frutas é melhor, pois elas contêm fibras. Portanto, um dos mantras de Lustig virou meu também: "Coma a fruta, e não o suco".

gorduras

- Gorduras saturadas, como as encontradas na manteiga, em queijos e na carne vermelha, podem não ser tão ruins para nós quanto pensávamos (seguir dietas com baixa gordura não diminuiu as taxas de doenças cardiovasculares ou de câncer). Mas ainda parece sensato ficar de olho no consumo delas. E comer pequenas quantidades de manteiga é melhor do que mudar para uma margarina com baixo teor de gordura que passou por um processo industrial.
- Não consuma gordura trans (escondida em alimentos processados) de jeito nenhum e procure-a sempre nos rótulos dos alimentos.
- Use azeite, óleo de abacate e óleo de canola livremente; óleos de avelã e nozes prensados a frio são bons também (utilize-os em molhos). Fique de olho no consumo de óleos com ômega-6 (milho, girassol, cártamo e uva).
- Não compre nada com "baixo teor de gordura" ou "light". Se tiraram alguma coisa do alimento, existe uma boa chance de terem colocado algo pior (como açúcar) no lugar.

ovos

Parece que não existe nenhuma ligação entre o colesterol da dieta e os níveis de colesterol no sangue. Os ovos estão de volta ao menu.

peixes gordurosos

Cheios de ácidos graxos ômega-3. Consuma-os à vontade, contanto que sejam de criação sustentável.

carboidratos

- Corte carboidratos simples e mude para os grãos integrais. *Fique sempre de olho no açúcar*, sobretudo se você tiver problemas de peso. Para perder peso, você talvez tenha de limitar todos os carboidratos, mesmo os grãos integrais.
- Tenha cuidado ao beliscar frutas, pois elas contém uma grande quantidade de açúcar natural.
- Verifique o IG (índice glicêmico) e a CG (carga glicêmica) de determinados alimentos (especialmente aqueles de que você gosta), para saber quais causam picos de insulina. Confira o ótimo site australiano www.glycemicindex.com (em inglês).

pão

- Coma bons pães integrais feitos à base de uma variedade de grãos, de bons padeiros artesanais.
- Lembre-se de que nem todos os pães integrais são "saudáveis" (alguns não são melhores do que os pães brancos).

café da manhã

Jogue fora os cereais matinais comerciais. Coma cereais integrais ou proteínas para manter a saciedade até o almoço.

lembre-se

- Nada é proibido. Alimentar-se de forma saudável não significa que toda refeição tem de ser saudável. Significa que você deve procurar um *equilíbrio geral.*
- Não é uma questão de "o que você não pode comer", e sim de "o que você pode comer bastante".
- Não coma com pressa e pare de comer quando alcançar satisfação.
- Esteja ciente do que você aprendeu, mas não se deixe tomar pela questão da saúde. Comida é para desfrutar. Quando você saboreia uma comida deliciosa que sabe que não faz bem – croissants maravilhosos, compotas caseiras –, não se angustie com isso. Comer não é isso. *Ame, simplesmente.*
- Mergulhe nas cozinhas saudáveis do mundo – Oriente Médio, Mediterrâneo, Japão, Tailândia, Birmânia, Vietnã – para descobrir pratos saudáveis "por acaso" (há uma lista de livros bons de receitas na bibliografia). Existe um monte de sabores marcantes e fortes por aí, que saltam na ponta da língua e podem satisfazer seu paladar (sem a necessidade de grandes quantidades de açúcar ou comida pesada).

agora é com você...

Este é o meu oitavo livro, e o que mais exigiu de mim. Também foi minha maior surpresa. Antigamente eu resmungava quando as pessoas usavam a frase "alimentação saudável" (eu imediatamente visualizava uma montanha alta de alface-americana e queijo cottage). Mas, de todos os meus livros, este é o que eu mantenho ao lado do fogão. Eu o uso o tempo todo. Meu jeito de cozinhar mudou e amadureceu de uma maneira deliciosa. Espero que *Leve, saudável, delicioso* faça o mesmo por você.

fornecedores

grãos e leguminosas

Os supermercados hoje vendem uma variedade muito maior de grãos integrais e leguminosas – e esse leque deve se ampliar cada vez mais. Mas alguns ingredientes ainda são difíceis de encontrar. Procure em lojas de produtos naturais ou – ainda melhor – faça pesquisas na internet. Não há um único ingrediente que eu não tenha conseguido achar on-line.

HEALTHY SUPPLIES
www.healthysupplies.co.uk
Fabulosa loja on-line que oferece uma ampla variedade de grãos integrais, farinhas integrais, leguminosas, especiarias, frutas secas, sementes, frutas desidratadas, mirin e vinagres orientais. Também vende flores secas de calêndula, usadas na culinária da Geórgia, e de hibisco.

MERCHANT GOURMET
www.merchant-gourmet.com
Entre os produtos dessa marca, presente em alguns supermercados na Grã-Bretanha, destaco o cuscuz gigante de farinha integral e o trigo em grãos. Não uso os grãos e as lentilhas pré-cozidos – eles perdem um pouco a forma –, mas reconheço que podem ajudar quem está com pressa.

REAL FOODS
www.realfoods.co.uk
Grande variedade de grãos, leguminosas e farinhas.

STEENBERGS
www.steenbergs.co.uk
Leguminosas, grãos integrais, frutas secas, sementes, ingredientes para assar pães e bolos, cereais, essências e extratos naturais. E uma imensa variedade de especiarias.

azeites

Queria ter ganhado uma libra para cada vez que indiquei um azeite extravirgem frutado no lugar de um herbáceo. É tão grande o poder de marketing da Toscana que a imensa maioria dos azeites de oliva vem da região, ou pelo menos da Itália. Nada contra eles, mas os azeites mais assertivamente herbáceos ou amargos tendem a sobrepujar os demais sabores de uma receita. Ok, se é o resultado que você deseja, mas a maioria deles não ajuda muito. Para os azeites mais frutados, as melhores áreas de produção são a Ligúria e a França, onde há boa variedade de rótulos engarrafados no local de origem – vá a supermercados e delicatessens ou procure via internet. Os azeites franceses são os mais difíceis de encontrar. O extravirgem da comuna de Les Baux, na Provença, é meu eterno favorito. Os azeites lígures também são adoráveis e untuosos, e também há algumas variedades fabulosas – mais assertivas, mas não herbáceas – em produtores da Sicília.

A L'OLIVIER
www.alolivier.com
Azeites maravilhosos em belas embalagens. E vende azeite extravirgem de Les Baux. Também oferece bons vinagres, como o de framboesa, e óleos raros, como o de Argan, marroquino.

THE OIL MERCHANT
www.oilmerchant.co.uk
Charles Carey, o proprietário, é especialista em azeite de oliva. Vende por atacado e por correio (embora na época da elaboração deste livro seu site não funcionasse plenamente).

especiarias

GOUMANYAT
www.goumanyat.fr
Essa loja vale por si só uma viagem a Paris. Você encontrará especiarias como em nenhum outro local – e, felizmente, pode encomendá-las on-line. Também oferece excelentes águas de flores.

SEASONED PIONEERS
www.seasonedpioneers.co.uk
Aí você encontrará praticamente qualquer especiaria de que precisar.

THE COOL CHILE COMPANY
www.coolchile.co.uk
Todos os tipos de pimentas secas.

ingredientes étnicos e difíceis de encontrar

BELAZU
www.belazu.com
Cuscuz de cevada, compotas de limão, harissas, balsâmicos brancos e azeites.

BRINDISA
www.brindisa.com
Aliches defumados, *anchoas* Ortiz e atum enlatado, bem como outras maravilhas da cozinha espanhola.

BUYWHOLEFOODSONLINE
www.buywholefoodsonline.co.uk
Grãos, leguminosas, farinhas e alguns ingredientes raros, como manteigas de nozes.

HOMESTEAD FARM SUPPLIES
www.homesteadfarmsupplies.co.uk
Tudo para quem quer fazer coalhada de leite de cabra.

JAPAN CENTRE
www.japancentre.com
Tudo o que é nipônico.

MELBURY AND APPLETON
www.melburyandappleton.co.uk
Um fabuloso fornecedor de ingredientes raros das cozinhas de Japão, Vietnã, Tailândia, Itália, Espanha e Oriente Médio. Também oferece grãos integrais, leguminosas e produtos incomuns, como hibisco seco, lentilhas beluga e verjus.

MULLACO
www.mullaco.com
Empresa especializada que trouxe o Oriente Médio para Yorkshire. Águas de flores e xarope de romã, além de uma porção de ingredientes indianos.

NATCO
www.natco-online.com
Ótimo fornecedor, para quem procura ingredientes indianos.

ORIENTAL FOOD SHOP
www.orientalfoodshop.com
Vinagres de arroz, especiarias, molho de soja.

OTTOLENGHI
www.ottolenghi.co.uk
Pertencente ao escritor e restaurateur Yotam Ottolenghi, vende grãos, ingredientes do Oriente Médio, azeites e artigos raros, como água de flores de gerânio.

SCANDINAVIAN KITCHEN
www.scandikitchen.co.uk
Café e loja on-line baseada em Londres e especializada em produtos escandinavos.

SOUSCHEF
www.souschef.co.uk
Ótima variedade de grãos (inclusive freekeh) e quase tudo o que é difícil de encontrar. Um paraíso dos ingredientes incomuns: verjus, pimentão de Aleppo, flores secas de calêndula, suco de yuzu, óleo de pimenta japonesa etc.

THE ASIAN COOKSHOP
www.theasiancookshop.co.uk
Oferece imensa gama de ingredientes – de leguminosas específicas para todo tipo de dhal a itens especializados para comida indiana, birmanesa, japonesa, tailandesa, chinesa e caribenha. Há coisas das quais mesmo eu nunca ouvi falar (pó de beterraba, vinagre de cana das Filipinas...?) Uma arca do tesouro.

THE WASABI COMPANY
www.thewasabicompany.co.uk
Wasabi fresco cultivado na Inglaterra. É caro, mas se você adora raiz-forte, vai entender que vale a pena.

sementes para flores comestíveis, microfolhas e brotos

Alguns mercados agrícolas no Reino Unido hoje oferecem boa variedade de flores comestíveis, e as microfolhas são cada vez mais comuns, inclusive em supermercados. Você pode tentar fazer o seu próprio cultivo – não é nada difícil.

SKY SPROUTS
www.skysprouts.co.uk
Sementes orgânicas para cultivo (inclusive de rabanate rosa chinês, de visual estonteante).

WWW.OTTERFARM.CO.UK
WWW.REALSEEDS.CO.UK

WWW.SARAHRAVEN.COM
Fornecedores de sementes de alta qualidade, com variedade de flores comestíveis.

Brasil

Veja a seguir uma lista de alguns fornecedores brasileiros nos quais você pode encontrar ingredientes indicados nas receitas deste livro.

ingredientes variados

CASA SANTA LUZIA
Al. Lorena, 1.471, Jardins, São Paulo
www.santaluzia.com.br
Ingredientes variados – nacionais e importados.

VARANDA
Pça. Deputado Dario de Barros, 401, Cidade Jardim, São Paulo
www.varanda.com.br
Importados em geral.

ARMAZÉM SÃO VITO
Av. Mercúrio, 222, Brás, São Paulo
www.armazemsaovito.com.br
Cereais, frutas secas, especiarias, temperos.

BOMBAY
www.bombayherbsspices.com.br
Ervas secas, temperos e especiarias. Tem pontos de venda no Brasil todo.

produtos asiáticos e do Oriente Médio

ASIASHOP.COM.BR
Ingredientes asiáticos em geral.

MERCEARIA E BOMBONIERE TOWA
Pça. da Liberdade, 113, Liberdade, São Paulo
www.mbtowa.com.br
Ingredientes para receitas japonesas, chinesas, tailandesas, coreanas e vietnamitas.

MARUKAI
R. Galvão Bueno, 34, Liberdade, São Paulo
www.marukai.com.br
Produtos japoneses.

EMPÓRIO SYRIO
R. Comendador Abdo Schahin, 136, Centro, São Paulo
www.emporiosyrio.com.br
Produtos árabes.

CASA ZILANNA
R. Itambé, 506, Higienópolis, São Paulo
www.zilanna.com.br
Artigos da culinária judaica.

grãos e ingredientes naturais

MUNDO VERDE
www.mundoverde.com.br
Com lojas em diversos pontos do Brasil, vende grãos integrais, produtos orgânicos etc.

ALTERNATIVA
R. Fradique Coutinho, 910, Vila Madalena, São Paulo
www.alternativacasadonatural.com.br
Para produtos naturais.

PANIZZA
www.panizza.com.br
Para flores secas de calêndula e hibisco.

JASMINE
www.jasminealimentos.com.br
Farinhas, grãos e sementes.

ESTAÇÃO DOS GRÃOS
R. Turiassu, 1.367, Perdizes, São Paulo
www.estacaodosgraos.com.br
Grãos, cereais, chás, ervas. Faz entregas em todo o Brasil.

pescados

LAPESCA
R. Tupi, 177, Higienópolis, São Paulo
www.lapesca.com.br
Anchova e salmão defumado.

VINO & MARE
R. Deputado Atílio de Almeida Barbosa, 76, Boa Vista, Curitiba
www.vinoemare.com.br
Anchova defumada.

queijos

LA BUFALINA
R. Conselheiro Brotero, 1.080, Higienópolis, São Paulo
www.labufalina.com.br
Ingredientes italianos, muçarela e ricota fresca feitas no dia.

A QUEIJARIA
R. Aspicuelta, 35, Vila Madalena, São Paulo
www.aqueijaria.com.br
Queijos artesanais.

bibliografia

leituras essenciais

WHAT TO EAT? 10 CHEWY QUESTIONS ABOUT FOOD
Hattie Ellis
Portobello Books, 2012
O melhor lugar para começar: uma abordagem pessoal, acessível e ampla acerca de muitas das ideias nutricionais que estão em debate hoje. Ellis não é nutricionista ou especialista, mas amante da comida. Para você pensar.

FOOD MATTERS: A GUIDE TO CONSCIOUS EATING
Mark Bittman
Simon & Schuster, 2009
Colunista de gastronomia do *New York Times*, Bittman mudou seus hábitos alimentares por causa da saúde e de preocupações com o meio ambiente. Nesse livro, ele derruba as crenças sobre a saúde propagadas pelo governo e aponta o que está errado na dieta americana (e, cada vez mais, global). É impossível parar de ler.

WHAT TO EAT: FOOD THAT'S GOOD FOR YOUR HEALTH, POCKET AND PLATE
Joanna Blythman
Fourth Estate, 2012
Jornalista especializada em alimentação, Blythman investiga todos os tipos de ingredientes sob o ponto de vista das propriedades nutritivas e da ética envolvida na produção. Referência excelente, que eu mantenho na cozinha.

FAT CHANCE: THE BITTER TRUTH ABOUT SUGAR
Dr Robert Lustig
Fourth Estate, 2013
O livro mais persuasivo e assustador que eu li durante minha pesquisa. Você tem de fazer um esforço para entrar no mundo da ciência, mas persevere. E assista à palestra de Lustig on-line (veja na próxima página).

IN DEFENCE OF FOOD: AN EATER'S MANIFESTO
Michael Pollan
Penguin, 2009

WHY WE GET FAT: AND WHAT TO DO ABOUT IT
Gary Taubes
Anchor Editions, 2012

ESCAPE THE DIET TRAP
Dr John Briffa
Fourth Estate, 2013

EAT, DRINK, AND BE HEALTHY
Walter Willett
Free Press, 2003

mais leituras

FOOD RULES, AN EATER'S MANUAL
Michael Pollan
Penguin, 2010

THE OMNIVORE'S DILEMMA
Michael Pollan
Bloomsbury Paperbacks, 2011

PURE, WHITE AND DEADLY
John Yudkin
Penguin, 2012

FOODS TO FIGHT CANCER
Richard Béliveau e Denis Gingras
Dorling Kindersley, 2007

ANTICANCER: A NEW WAY OF LIFE
Dr David Servan-Schreiber
Michael Joseph, 2011

THE DIET DELUSION
Gary Taubes
Vermilion, 2009

THE CHINA STUDY
Dr T Colin Campbell
Benbella, 2006

THE END OF OVEREATING
David A Kessler
Penguin, 2010

STUFFED AND STARVED
Raj Patel
Portobello Books, 2013

FAST FOOD NATION
Eric Schlosser
Penguin, 2002

NOT ON THE LABEL
Felicity Lawrence
Penguin, 2004

EAT YOUR HEART OUT
Felicity Lawrence
Penguin, 2008

THE REVOLUTION WILL NOT BE MICROWAVED
Sandor Ellix Katz
Chelsea Green Publishing, 2006

WHY CALORIES COUNT: FROM SCIENCE TO POLITICS
Marion Nestle e Malden Nesheim
University of California Press, 2012

BAD SCIENCE
Ben Goldacre
Harper Perennial, 2009

THE FAST DIET
Dr Michael Mosley e Mimi Spencer
Short Books, 2013

THE DUKAN DIET
Dr Pierre Dukan
Hodder Paperbacks, 2010

DR ATKINS' NEW DIET REVOLUTION
Robert C Atkins
Vermilion, 2003

THE SPECTRUM
Dean Ornish
Ballantine Books, 2008

THE PALEO DIET
Loren Cordain
John Wiley, 2002

NUTRITIONISM: THE SCIENCE AND POLITICS OF DIETARY ADVICE
GYORGY SCRINIS
Columbia University Press, 2013

SUSHI AND BEYOND: WHAT THE JAPANESE KNOW ABOUT COOKING
Michael Booth
Vintage, 2010

GOOD TO THE GRAIN
Kimberley Boyce
Stewart, Tabori & Chang Inc, 2010

ANCIENT GRAINS FOR MODERN MEALS
Maria Speck
Ten Speed Press, 2011

A COOK'S GUIDE TO GRAINS
Jenni Muir
Conran Octopus, 2002

ROOTS
Diane Morgan
Chronicle Books, 2012

VEGETABLE LITERACY
Deborah Madison
Ten Speed Press, 2013

JANE GRIGSON'S VEGETABLE BOOK
Jane Grigson
Penguin Books, 1980

KNEAD TO KNOW: THE REAL BREAD STARTER
The Real Bread Campaign
Grub Street, 2013

HOW TO BAKE BREAD
Emmanuel Hadjiandreou
Ryland Peters & Small, 2011

THE BREAKFAST BIBLE
Seb Emina e Malcolm Eggs
Bloomsbury, 2013

THE GREAT BRITISH BREAKFAST
Jan Read e Maite Manjon
Michael Joseph Ltd, 1981

JAPANESE COOKING: A SIMPLE ART
Shizuo Tsuji
Kodansha America Inc, 2012

THE JAPANESE KITCHEN
Kimiko Barber
Kyle Cathie, 2004

JAPANESE FARM FOOD
Nancy Singleton Hachisu
Andrews McMeel, 2012

WASHOKU
Elizabeth Andoh
Ten Speed Press, 2005

THE ENLIGHTENED KITCHEN
Mari Fujii
Kodansha America Inc, 2012

HOT SOUR SALTY SWEET
Naomi Duguid, Jeffrey Alford
Artisan, 2000

BURMA: RIVERS OF FLAVOR
Naomi Duguid
Artisan, 2012

THE INDIAN KITCHEN
Monisha Bharadwaj
Kyle Cathie, 2010

VEGETARIAN DISHES FROM THE MIDDLE EAST
Arto Der Haroutunian
Grub Street, 2008

MIDDLE EASTERN COOKERY
Arto Der Haroutunian
Grub Street, 2010

CLASSIC VEGETARIAN COOKERY
Arto Der Haroutunian
Grub Street, 2011

THE SCANDINAVIAN KITCHEN
Camilla Plum
Kyle Cathie, 2010

THE NEW BOOK OF MIDDLE EASTERN FOOD
Claudia Roden
Penguin, 1986

VIETNAMESE: FRAGRANT AND EXOTIC
Ghillie Basan
Aquamarine, 2004

SECRETS OF THE RED LANTERN
Pauline Nguyen
Murdoch Books, 2007

THE ART OF SIMPLE FOOD
Alice Waters
Michael Joseph, 2008

livro da autora editado pela Publifolha

SALGADO, DOCE, DEFUMADO (2013)

tv e internet

TRANSFATS
The Food Programme, BBC Radio 4, apresentado por Sheila Dillon, 2011 (disponível no BBC iPlayer).

SUGAR: THE BITTER TRUTH
Dr Robert Lustig
University of California Television
(disponível em www.youtube.com)

THE SKINNY ON OBESITY (SÉRIE)
University of California Televison
(disponível em www.youtube.com)

THE MEN WHO MADE US FAT (SÉRIE)
BBC Television, repórter Jacques Peretti, 2012.

THE MEN WHO MADE US THIN (SÉRIE)
BBC Television, repórter Jacques Peretti, 2013.

WWW.KELLIESFOODTOGLOW.COM
Site da educadora de saúde Kellie Anderson, que dá consultoria de nutrição nos Maggie's Cancer Caring Centres. Ela mostra comidas fantásticas que também são saudáveis para você. Receitas deliciosas, coloridas e baseadas em vegetais, além de informação sobre a relação entre alimentação e saúde.

BOAFORMA.UOL.COM.BR
Site do UOL com dicas para fazer dietas e manter a boa forma.

WWW.ABCDASAUDE.COM.BR/NUTRICAO
Dicas sobre alimentação saudável e discussão de temas relacionados à nutrição.

índice

sobre a autora

Diana Henry é uma das mais aclamadas escritoras de culinária do Reino Unido. Colunista semanal no *Sunday Telegraph*, recebeu o prêmio Cookery Writer of the Year no Fortnum & Mason Food and Drink Awards de 2013 e já foi duas vezes nomeada Cookery Journalist of the Year pela Guild of Food Writers britânica. Diana também colabora para as revistas *House & Garden*, *Country Living*, *Red* e *Saga*. Este é seu oitavo livro; *Salgado, doce, defumado* foi lançado em 2013 pela Publifolha. Diana vive em Londres com o marido e os filhos.

Título original: *A Change of Appetite*

Publicado originalmente na Grã-Bretanha em 2014 por Mitchell Beazley, um selo do Octopus Publishing Group Ltd., Endeavour House, 189 Shaftesbury Avenue, Londres WC2H 8JY.

Coordenação do projeto: Publifolha
Editora assistente: Adriane Piscitelli
Produtora gráfica: Samantha R. Monteiro

Produção editorial: Página Viva
Tradução: Laura Schichvarger
Consultoria: Adriana Figueiredo
Edição: Carlos Tranjan
Revisão: Denise Roberti, Marina Cervone
Produção gráfica: José Rodolfo de Seixas

Edição original: Octopus Publishing Group Ltd.
Publisher: Denise Bates
Diretor de arte: Jonathan Christie
Fotografia: Laura Edwards
Direção de arte e design: Miranda Harvey
Editora: Lucy Bannell
Produção culinária: Diana Henry, Miranda Harvey
Consultora culinária: Joss Herd
Assistente de de gerência de produção: Caroline Alberti

Dados Internacionais de Catalogação na Publicação (CIP)
(Câmara Brasileira do Livro, SP, Brasil)

Henry, Diana
Leve, saudável, delicioso : receitas de entradas, lanches, pratos principais e sobremesas / Diana Henry ; [tradução Laura Schichvarger]. – 1. ed. – São Paulo : Publifolha, 2015.

Título original: A change of appetite.
ISBN 978-85-7914-551-3

1. Alimentos naturais 2. Culinária (Receitas) 3. Culinária (Vegetais) 4. Receitas culinárias 5. Saúde - Promoção I. Título.

15-00399 CDD-641.5

Índices para catálogo sistemático:
1. Receitas culinárias : Economia doméstica 641.5

Este livro segue as regras do Acordo Ortográfico da Língua Portuguesa (1990), em vigor desde 1º de janeiro de 2009.

Impresso na C&C Offset Printing Co Ltd, China.

PUBLIFOLHA
Divisão de Publicações do Grupo Folha
Al. Barão de Limeira, 401, 6º andar
CEP 01202-900, São Paulo, SP
Tel.: (11) 3224-2186/2187/2197
www.publifolha.com.br

agradecimentos

Meus filhos, Ted e Gillies, e meu parceiro, Ben, comeram um monte de pratos "inovadores" enquanto eu testava as receitas deste livro. (Alguns fracassaram, como o arroz integral cozido no chá-verde, que foi um desastre em especial. E não, não foi incluído no livro.) Obrigada pela paciência em experimentar essa forma diferente de comer. E obrigada, Ted e Ben (os "cientistas" da minha vida), por me ajudar a compreender o material que eu tinha que digerir ao fazer essa pesquisa. Fico feliz que todos vocês agora comem grãos integrais. Mas sei que também adoram bagels, pão branco, brioche... e balinha Haribo Tangfastics (vocês são uma dupla que dá bastante trabalho).

Minha boa amiga e colega escritora na área gastronômica Hattie Ellis me deu muitas orientações. Eu achei a sua ajuda – e o seu livro, *What to Eat* – de valor inestimável. Obrigada, Hattie. Agradeço também a Kellie Anderson, que leu vários capítulos, me manteve no prumo em diversos trechos científicos e foi extremamente generosa com seu tempo e seus conselhos. Obrigada a Yotam Ottolenghi e Chris Young, da Real Bread Campaign, pelos vários conselhos, a Yuki Sugiura, pelas aulas de culinária japonesa, e a Roopa Gulati, pelas aulas de lentilhas... Xanthe Clay, Brett Barnes, Darina Allen, Roopa Gulati, Clare Henry e Levi Roots me permitiram usar suas receitas. Muito obrigada, também.

Um grande obrigada a minha editora, Denise Bates, da Mitchell Beazley, por entender perfeitamente o que eu estava querendo fazer (ela é tão inteligente que conseguiu percebê-lo quando o livro ainda não passava de um copião mal-articulado) e por me deixar dar curso às ideias. E também, claro, por seu apoio inabalável e suas fantásticas considerações.

Obrigada a Jonathan Christie, nosso diretor de arte talentoso e versátil, e à equipe que garante que a cor está certa e que o livro enfim será impresso. Sybella Stephens, Katherine Hockley e Caroline Alberti, não fosse o trabalho de vocês e a atenção ao detalhe, meus livros não ficariam tão bons.

Sou muito grata a Amy Bryant, do *The Sunday Telegraph*, pelas pesquisas adicionais sobre onde comprar on-line uma porção de comidas saudáveis e difíceis de encontrar.

Obrigada também a Rachel Wood e a Kathryn Morrissey, que se engajaram totalmente e entraram no caos criativo das sessões fotográficas.

Minha maior dívida é com a equipe que estava na linha de frente: a designer Miranda Harvey, a fotógrafa Laura Edwards, a editora Lucy Bannell e os cozinheiros Joss Herd e Danny Maguire.

Laura, sua fotografia é incrível e você está amadurecendo tão rápido que deixa a mim e a Miranda sem fôlego. Nós adoramos trabalhar com você.

Joss, eu não conheço ninguém que produza uma comida tão viva, que tenha tanta organização e desenvoltura. Você é muito mais do que uma cozinheira – é também como o sol na cozinha, sempre rindo, sempre positiva. Danny, rosa entre os espinhos, nós te amamos por ser sensato, um grande cozinheiro, um belo galanteador, e por se conter entre nós, mulheres. Espero não termos chocado você com muita frequência.

Lucy, você é, na minha opinião, uma editora genial. Eu nunca vejo o que você corta, mas sei que minha voz sempre fica mais elegante (sem mudar de espírito) e que cada livro meu fica tão perfeito quanto poderia ser. Você está comigo a cada passo do meu caminho. Eu não posso agradecer o suficiente.

Miranda, somos agora uma equipe que existe há tanto tempo que podemos terminar a frase da outra e entender completamente o estilo de cada uma. Trabalhar com você é uma das partes mais gratificantes da minha vida.

Obrigada. Amo todos vocês. Tem sido uma diversão das boas e uma alegria muito criativa.

Nota do editor

Apesar de todos os cuidados tomados na elaboração das receitas deste livro, a editora não se responsabiliza por erros que possam acontecer durante o preparo dos pratos.

Pessoas com restrições alimentares, grávidas e lactantes devem consultar um médico especialista sobre os ingredientes de cada receita antes de prepará-la.

As fotos deste livro podem conter acompanhamentos ou ingredientes meramente ilustrativos.

Observações, exceto se orientado de outra forma:
Use sempre ingredientes frescos.
O forno deve ser preaquecido na temperatura indicada na receita.

Equivalência de medidas:
1 colher (chá) = 5 ml
1 colher (sopa) = 15 ml
1 xícara (chá) = 250 ml